KB250925

부의 설계

일러두기 ──

1. 이 책은 저자의 투자 경험을 바탕으로 쓴 것으로, 세무·법률·금융 분야의 전문 자문을 대체하지 않습니다. 세금 제도, 규제, 금융 관련 법령 등은 2026년 상반기 기준이며, 법률 개정에 따라 달라질 수 있습니다.

2. 이 책에 소개된 투자 전략과 사례는 과거의 결과이며, 미래의 수익을 보장하지 않습니다. 모든 투자에는 원금 손실의 위험이 따릅니다.

3. 이 책에 인용된 통계, 시세, 환율, 수익률 등의 수치는 별도 표기가 없는 한 2026년 상반기 기준이며, 열람 시점과 차이가 있을 수 있습니다.

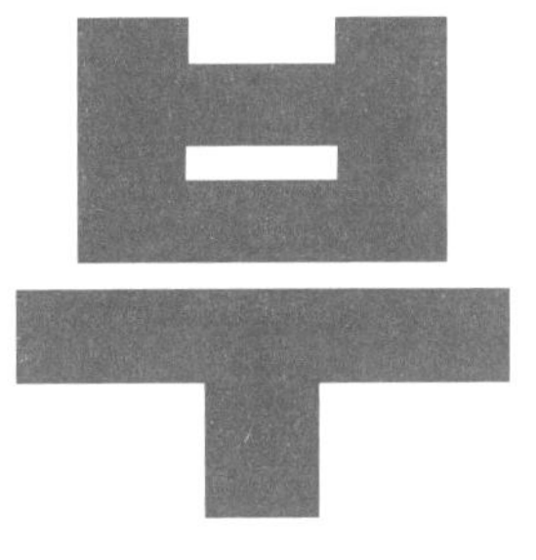

한국경제신문

차례

3장

상방을 여는 성장 동력: 주식

평범한 99%를 위한 경제적 자유로 가는 길

많은 사람이 열심히 일하지만 경제적 자유는 좀처럼 따라오지 않는다. 통장 잔고는 늘 부족하고, 아이 학원비는 오르고 물가는 치솟는데 월급 인상률은 그 속도를 따라가지 못한다. 집 한 채 사는 꿈은 점점 멀어지고, 10년 전에도 똑같은 고민으로 한숨을 쉬었는데 지금도 변함없는 경우가 부지기수다. 소비자로 사는 한 자본주의는 자유를 쉽게 주지 않는다. 높은 소득이 부의 축적을 보장한다는 믿음은 착각이다. 부는 단순한 소득이 아니라 오랜 시간 쌓아온 순자산으로 정의된다. 소득이 늘어날 때마다 생활 수준을 함께 높이는 습관은 부의 축적을 구조적으로 막는 장벽이 된다. 부는 자산을 소비하지 않고 끝까지 지키는 과정에서만 생겨난다. 버는 대로 모두 써버린다면, 부는 영원히 도달할 수 없는 영역으로 남는다.

내일 갑자기 소득이 끊기면 얼마나 버틸 수 있는가? 갑작스러운 해고나 중대한 질병, 사고로 일할 수 없게 된다면 가족을 어떻게 지킬 것인가? 비상금을 모두 소진한 뒤 또 다른 충격이 밀려온다면 어떻게 할 것인가? 주택 대출 원리금, 자동차 할부금, 자녀 교육비는 몇 개월이나 더 감당할 수 있는가? 이런 질문에 명확하고 냉정한 답을 못 낸다면 재무 상태를 점검해봐야 한다. 자본주의라는 게임은 예고 없이 변수를 던진다. 충분한 준비 없이 그 변수와 마주하면 삶의 기반이 흔들릴 수 있다. 2020년 코로나 팬데믹 당시 한국 실업률이 4%대까지 치솟고, 자영업자 폐업률이 급증했다. 많은 가구가 비상금 없이 대출에 의존하며 소득 감소와 고정비 부담을 버텨야 했던 현실이 이를 증명한다.

대다수가 경제적 자유를 이루지 못하는 이유 중 하나는, 부채와 자산의 본질을 제대로 이해하지 못하고 단기적인 만족을 앞세우는 사고방식에 갇혀 있기 때문이다. 부채와 자산은 현금흐름의 방향으로 구분된다. 대부분은 집을 자산으로 여긴다. 하지만 집이 자산이냐 부채냐는 소유 여부가 아니라 현금흐름의 방향으로 결정된다. 매달 대출 이자와 관리비만 지출하는 집은 소득을 만들어내지 못하니 부채일 뿐이다. 반면, 소수는 집을 소득 창출의 도구로 전환한다. 임대료를 통해 현금흐름을 만들거나, 전략적 투자로 부동산 가치를 끌어올려 진짜 자산으로 만든다. 이 차이는 부채에 대한 근본적인 이해에서 비롯된다. 로버트 기요사키(Robert Kiyosaki)가 《부자 아빠 가난한 아빠》(민음인, 2018)에서 강조하듯, 자산은 주머니에 돈을 넣어주고 부채는 돈을 빼간다. 이 원리를 무시하면 부의 축적은 불가능하다. 이 구분을 통해 재무 전략을 재정비하면, 지출이 자산 형성에 기여하는 선순환이 생긴다.

이 책은 좋은 자산을 꾸준히 모아 자산을 형성하자는 철학 위에 세워졌다. 특별한 재능이나 운, 인맥이 없어도 평범한 사람이 경제적 자유에 도달할 수 있는 구체적인 시스템을 제시한다. 그 핵심은 세 가지 자산(부동산, 주식, 비트코인)을 통해 '불로소득'이라는 자본주의의 본질을 내 편으로 만드는 것이다. 불로소득은 나쁜 말이 아니다. 자본주의 사회에서 진짜 자유는 내가 일하지 않아도 자산이 나를 위해 일할 때 찾아온다. 월급으로만 사는 사람은 영원히 시간과 노동을 맞바꾸는 소비자의 삶에 갇히지만, 자산을 통해 현금흐름을 만드는 사람은 생산자로 전환돼 복리의 마법을 경험한다.

이 책의 내용을 간략히 소개하면 다음과 같다. 1장 '부자로 향하는 부의 설계도를 디자인하라'는 복리로 성장하는 자산 시스템을 개괄하며, 소비자에서 생산자로 사고방식을 전환하는 과정을 설명한다. 2장 '부의 핵심 앵커 자산: 부동산'부터 4장 '금보다 희소한 디지털 가치 저장 수단: 비트코인'까지는 부동산, 주식, 비트코인을 세 가지 축으로 세우고, 경제적 자유로 가는 시스템을 만드는 구체적인 전략을 제시한다. 5장 '나만의 자산 포트폴리오를 설계하라'는 부동산의 유동성 함정에서 살아남는 법, 현금의 성격을 띠는 자산으로 방패를 만드는 법, 가족을 위한 시스템 확장, 그리고 영구 앵커 자산 확보 전략을 다룬다.

이 책에서 소개하는 자산 형성 시스템은 특별한 사람만을 위한 것이 아니다. 평범한 월급쟁이, 자영업자, 젊은 직장인, 은퇴를 앞둔 중

년까지 누구나 시작할 수 있다. 그러나 현실에서는 소수만이 이 길을 끝까지 걷는다. 대부분은 당장의 편안함을 선택하고, 남들이 가는 길을 따라가며, 변화를 두려워하기 때문이다.

당신은 어떤 선택을 할 것인가? 10년 전과 똑같은 고민을 10년 뒤에도 반복할 것인가, 아니면 오늘부터 다른 길을 걸을 것인가? 에필로그까지 모든 내용을 읽고 나면 당신은 두 가지 중 하나를 하게 될 것이다. 책을 책장에 꽂아두고 잊어버리거나, 첫 번째 자산을 사기 위해 움직이거나. 10년 뒤 당신이 "그때 시작하기를 정말 잘했다"고 말할 수 있기를, 그리고 그 시작이 바로 오늘이기를 진심으로 바란다. 자본주의를 살아내는 법은 거창한 결심이 아니라, 매일 반복되는 작은 선택들의 누적이다. 당신의 그 작고 위대한 첫걸음을 응원한다.

부자로 향하는

부의 설계도를 디자인하라

01 돈에 의미를 부여하자

재테크의 첫걸음은 모든 돈에 의미를 부여하는 것이다. 수입이든 지출이든 투자든, 한 푼 한 푼이 단순한 숫자가 아니라 '미래의 자유'와 '현재의 만족'을 결정하는 중요한 레버리지(Leverage, 차입을 통해 투자 효과를 확대하는 것)라는 사실을 깨닫는 것이다. 많은 사람이 재테크를 시작하면서 투자 수익률이나 시세 차익, 요즘 뜨는 종목 같은 화려한 수익에만 눈이 멀어버린다. 그러다 보니 정작 자신의 월 소득이 얼마인지, 총자산과 부채는 어떤 구조인지, 여윳돈이 얼마나 남는지조차 파악하지 않은 채 무작정 뛰어드는 경우가 적지 않다. 하지만 재테크에서 결정적인 힘을 발휘하는 것은 눈에 잘 띄지 않는 '뺄셈'이다. 불필요한 지출을 얼마나 잘 잡아내고 줄이느냐가 더 중요하다. 수입은 시장 상황이나 개인의 노력에 따라 어느 정도 늘어날 가능성이 있지만, 지출은 거의 100% 본인의 선택과 습관에 달려 있다. 아무리 많이 벌어도 지출 관리가 엉망이면 돈은 계속 새 나가고, 반대로 소득이 크지 않더라도 지출을 철저히 통제하면 자산이 꾸준히 쌓인다. 눈부신 수익률보다 꾸준한 지출 통제가 장기적으로 훨씬 강력한 복리효과를 내고, 형성한 부를 끝까지 유지해주는 무기가 된다. 그래서 먼저 길러야 할 것은 모든 돈을 미래 가치로 환산하는 눈이다. 이 눈을 기르는 데 효과적인 두 가지 습관이 있다.

첫째, 자신의 경제적 여건을 정확히 환산하는 습관이다. 매달 소득, 총자산, 부채, 순자산을 주기적으로 확인하는 것이다. 대출이 없더라도 부채 개념을 활용해 지출의 무게를 실감하면 효과가 크다. 연 4% 금리를 기준으로 보자. 만약 1억 원을 빌려 썼다면 연 이자는 400만 원, 하루 약 1만 1,000원이다. 내가 지금 1만 원을 쓰는 것은, 1억 원을 빌려 생활하는 상황에서 그 하루 이자를 추가로 내는 것과 같다고 생각하면 지출이 가볍게 느껴지지 않는다. 돈을 쓰는 순간은 결국 미래에 벌어들일 수익을 미리 당겨 쓰는 행위다. 세전 연봉 5,000만 원을 받는 사람은 4% 수익률 기준으로 약 12억 5,000만 원 규모의 안정적 자산을 보유한 셈이다. 내 연봉을 매년 4% 수익을 안정적으로 내주는 '거대한 가상의 자산'이라고 생각하면 작은 지출도 함부로 할 수 없게 되고, 꾸준히 아끼는 습관은 자연스럽게 복리의 기반이 된다.

둘째, 25배 환산법을 활용해서 현재 지출의 미래 가치를 실감해보자. 연 4% 수준의 안정적인 수익률을 기준으로 보면, 지금 사용하는 돈은 단순한 지출이 아니라 미래 자산의 일부를 포기하는 선택이 된다. 현재의 소비 금액에 25를 곱하면 그 돈이 만들어낼 수 있는 원금 규모를 가늠할 수 있는데, 예를 들어 지금 1만 원을 쓰는 것은 장차 25만 원이 만들어낼 1년치 이자(25만 원×4%=1만 원)를 미리 소비하는 것과 같다. 이처럼 모든 지출을 '미래 이자를 당겨 쓰는 행위'로 인식하면 일상적인 소비 역시 일종의 레버리지 관점에서 바라볼 수 있다. 결국 지출을 통제한다는 것은 눈에 보이지 않는 자금을 확보하는 것과 같다. 이를 다시 자산에 투입할 때 비로소 복리 위에 레버리지가 더해지는 강력한 자산 증식 구조가 만들어진다.

가장 좋은 예가 집을 사서 원리금을 갚으며 허리띠를 졸라매는 생활이다. 원리금 부담 때문에 평소 쉽게 지출할 비용이 자연스럽게 줄어들고, 대출 이자를 사실상 무상으로 만드는 효과가 생긴다. 대출 레버리지를 탄 자산은 장기적으로 통화량 증가와 시간의 힘으로 우상향하고, 부채 부담은 상대적으로 줄어든다. 남들이 소비로 풀어질 때 조용히 공부하고 준비하는 사람은 이런 구조를 통해 복리로 격차를 벌린다. 돈이 생기면 바로 자산화하는 것도 효과적인 방법이다. 현금으로 두면 소비 충동이 커지지만, 투자 자산으로 옮기면 소비 욕구가 통제된다. 이자를 포기한다는 관점으로 생각하면 소비 통제는 더욱 단단해진다.

시스템을 만들기 전까지는 스스로를 철저히 통제하는 삶을 살아야 한다. 시스템이 어느 정도 안정적으로 현금흐름을 만들어주면, 그때부터는 그 돈으로 삶의 질을 높이는 현명한 소비를 고민해야 한다. 자수성가한 사람들은 자산을 형성하고 돈을 어떻게 가치 있게 사용해서 경험과 행복으로 전환할지 깊이 공부한다.

　무조건적인 절약만 해서는 삶이 피곤해지고 동기 부여가 지속되지 않는다. 핵심은 자산을 사서 강제 소비 통제 구조를 만들고, 절약·투자·현명한 소비를 동시에 하는 것이다. 재테크는 결국 감정과 충동을 이기는 장기 게임이다. 시장의 장기 승리를 믿고, 작은 지출 하나하나에 의미를 부여하며 꾸준히 버티는 사람이 결국 큰 차이를 만든다. 투자 공부에 앞서 이 마인드를 먼저 잡는 것이 가장 빠르고 확실한 지름길이다.

02 부채로 만드는 자산의 힘

자본주의 시스템을 꿰뚫는 핵심을 하나 꼽아야 한다면, 그것은 '부채'다. 부채의 가장 큰 장점은 세금이 없다는 점이다. 이 무기를 소비가 아니라 소득을 창출하는 자산을 사는 데 쓸 줄 아는 사람은 돈이 돈을 버는 선순환을 만든다. 중요한 건 부채를 소비 도구로 사용하지 않는 것이다. 값비싼 소비재를 구매하고자 할 때, 그 비용을 충당할 자산소득이 없다면 소비 습관을 돌아보고 반성해야 한다. 소비재는 자산에서 나오는 소득으로 구매해야 하며, 어느 정도 자산을 형성하기 전까지는 자산을 매도하거나 매입 자금을 소비재에 투입해서는 안 된다. 이 구조를 이해하고 실천하는 사람은 값비싼 소비재를 구매하면서도 자산을 유지하고 추가 소득을 창출한다. 반면, 이 구조를 이해하지 못한 채 능력이 되지 않는데도 남들 따라 값비싼 소비재를 추구하는 사람은 자산을 축적할 기회를 잃고 양극화의 늪에 빠진다.

양극화는 각 개인의 선택과 의지에 크게 좌우된다. 장기적으로 얼마나 체계적인 재무 시스템을 구축하느냐에 따라 상하단이 결정된다. 한국의 소득 불평등은 OECD(Organization for Economic Co-operation and Development, 경제협력개발기구) 회원국 가운데 상당히 높은 수준이다. 국가데이터처(통계청)의 〈2025년 가계금융복지조사〉를 참고하면 상위 20%의 소득 평균이 하위 20%보다 5.78배 크다고 나타난다. 자본소득까지 포괄적으로 반영해 자산 격차를 측정한 세계불평등데이터베이스(World Inequality Database) 자료를 참고하면 그 차이는 훨씬 더 커진다.[*] 이 불평등의 본질은 단순히 소득 수준의 차이가 아니라 소비 패턴의 차이에서 비롯된 자산 격차에 있다. 소득이 비슷해 보이는 가구라도 소비 통제력에 따라 장기적으로 자산, 특히 부동산과 금융자산이 극단적으로 벌어진다. 이 자산 격차가 다시 소득 불평등과 생활 수준의 양극화를 심화시키는 악순환을 만든다. 한국의 소득 불평등을 개인 차원에서 완화하고 계층 이동 가능성을 높이려면 개별적인 재무 교육이 필수적이며, 장기적인 관점에서 소비 습관을 재고하고 저축·투자 중심의 재무 시스템을 구축해야 한다.

자수성가한 부자들은 왜 검소한 사람이 많을까? 영원히 팔지 않을 자산을 사 모으는 데 초점을 맞추기 때문이다. 그들은 자신만의 엄격한 가치 기준을 가지고 모든 지출과 투자를 판단한다. 아무리 값싼 물

* 세계불평등데이터베이스 홈페이지(wid.world/country/korea/) 참고.

건이라도 자신이 측정한 가치와 가격을 꼼꼼하게 비교한다. 불필요한 지출을 쉽게 허락하지 않는 습관이 뼛속까지 배어 있기 때문이다. 바로 이 습관이 그들을 부자로 이끌었다. 반면에 충분한 가치가 있다고 판단되면 액수가 얼마든 망설임 없이 지불한다. 비싼 투자나 구매라도 장기적으로 소득을 창출하거나 자산을 키울 수 있다면 주저하지 않는다. 이 역시 그들이 부를 쌓은 핵심 이유다. 자수성가한 부자들은 단순히 검소한 것이 아니라, 모든 돈의 흐름을 철저한 가치 기준으로 통제하는 시스템을 내면화한 사람들이다.

즉각적인 보상을 포기하고 기다리는 인내가 장기적으로 더 큰 성공을 가져온다는 사실은 마시멜로 실험*에서도 증명됐다. 투자에서도 마찬가지다. 좋은 자산을 매수하고 직면하는 가장 어려운 점은 그 자산을 끝까지 지켜내는 것이다. 좋은 자산은 시간이 지나면서 가치가 상승하고 안정적인 현금흐름을 만들어낸다. 이를 위해서는 철저한 자기 통제와 인내가 필요하다. 당장의 월급에 취해 소비를 늘리면 언젠가 바닥을 치고 후회할 뿐이다. 소수만이 이 사실을 일찍 깨닫고 소비를 철저히 통제하며 부채 레버리지를 활용해 자산을 늘리고 지키는 시스템을 구축한다.

시스템이란 자산의 집합이 아니라 자기 통제와 인내를 포함한 삶의 방식 그 자체다. 투자는 크게 세 단계로 나눌 수 있다. 종잣돈을 모

---

* 1960년대 말 스탠퍼드 대학의 심리학자 월터 미셸이 진행한 유명한 실험. 4~6세 아이들에게 마시멜로를 하나 주고, 15분 동안 참으면 하나를 더 주겠다고 말한다. 이때 15분을 참았던 아이들이 훗날 학업 성적, 사회적 능력, 건강 등 여러 방면에서 뛰어난 성과를 보였다.

월급쟁이 루지 부의 설계

으는 1단계, 투자 물건을 검색하고 매수하는 2단계, 매수한 자산을 유지하고 키워가는 3단계. 자산을 지키고 보상을 지연하는 3단계가 가장 난이도가 높다. 잘 선택한 부동산은 시간이 지나며 가치가 상승하고, 현금흐름을 창출하며 부를 증식시킨다. 이 과정에서 자기 통제력은 필수다.

자본주의는 복리 게임이다. 돈이 돈을 낳고 자산이 시간을 이겨 부를 창출하는 구조다. 그러나 생산자가 되지 않으면 이 게임에서 살아남기 어렵다. 통화량이 팽창하면 새로 찍힌 돈은 금융 시스템에 가까운 주체들, 즉 중앙은행, 대형 은행, 대기업, 이미 자산을 보유한 부유층에게 가장 먼저 도달한다. 이들은 새 돈으로 부동산, 주식, 채권 같은 자산을 먼저 사들이며 가격을 끌어올린다. 자산 가치가 상승하면 이들은 더 부유해진다. 반면 일반 노동자나 고정수입자, 저축자에게는 그 돈이 훨씬 늦게 도착한다. 이미 자산 가격과 물가가 오른 뒤에야 도달하니, 같은 액수의 돈으로 살 수 있는 실질 구매력은 오히려 줄어든다. 이것이 바로 18세기 경제학자 리처드 캔틸런(Richard Cantillon)이 지적한 '캔틸런 효과'다. 돈의 유통 경로가 불공평하게 설계돼 있어, 돈이 새로 풀릴 때마다 금융 시스템에 가까운 쪽이 유리해지는 구조다. 통화량 팽창의 파도가 밀려오면 그 파도는 부동산, 주식, 비트코인 같은 자산으로 먼저 몰린다. 고정수입에 의존하는 사람은 구매력이 무너지고 결국 빈곤으로 내몰릴 위험이 크다. 지금은 그 파도의 시작일 뿐이다. 생산 수단을 소유하지 않은 사람은 그 파도에 휩쓸릴 수 있다.

03 건강하지 않으면 시스템을 지속할 수 없다

삶은 예측 불가능한 변수로 가득하다. 나이가 들수록 건강 문제는 소득 활동을 위협하는 가장 주요한 요인이다. 현금흐름이 있는 자산과 양질의 부채로 만든 시스템은 이런 변수에 대응하는 가장 강력한 방패가 된다. 자산이 생활비를 충당하고 지속적으로 소득을 창출한다면 소득이 끊어져도 삶의 질은 유지된다. 반면 시스템 없이 대출만 갚으며 살아가는 사람은 변수 하나에 모든 것이 무너질 수 있다.

자본주의를 살아내는 데 재무 시스템만큼 중요한 것이 건강이다. 건강 없이는 어떤 자산도 제대로 굴릴 수 없고 어떤 시스템도 지속할 수 없다. 내가 매일 빠짐없이 러닝을 지속하고 이를 SNS에 공유하는 이유도 여기에 있다. 건강을 유지하면 변수가 닥쳐도 대응할 여력이 생기고, 시스템을 끝까지 운영할 수 있다. 자본주의를 잘 살아내고자

하는 사람이라면 필연적으로 건강을 최우선 투자 대상으로 삼아야 한다. 매일의 운동은 나 자신을 위한 약속이자, 주변 사람들에게 건강한 자극을 주는 행위다. 건강 관리는 재무 시스템과 함께 인생 전체를 지탱하는 든든한 축이 된다.

주변의 한 지인은 40대 중반에 부동산과 주식으로 꽤 의미 있는 자산을 모았다. 겉보기엔 재무적으로 안정적인 구조를 갖춘 상태였다. 그런데 과도한 업무 스트레스와 불규칙한 생활이 쌓이면서 갑작스럽게 큰 병에 걸려 입원했다. 수술과 그 이후의 회복 기간 동안 소득이 거의 끊겼고, 의료비가 예상보다 훨씬 많이 나왔다. 결국 자산 중 일부를 급하게 처분해야 하는 상황에 몰렸다. 재무 시스템 자체는 튼튼했지만, 건강이 무너지자 그 시스템을 지탱할 방법이 없었다.

반면 다른 지인은 매일 꾸준히 운동하는 걸 생활의 기본 루틴으로 삼아왔다. 50대 중반이 넘은 지금도 건강 상태가 매우 좋고, 그래서 소득 활동과 자산 관리를 중단 없이 이어가고 있다. 특별히 대단한 투자 기술이 있는 것도 아니지만, 건강이 뒷받침되니 자산을 급하게 팔아야 할 이유가 없다. 건강이 무너지고 그 상황이 오래 지속되면, 엄청난 자산을 쌓지 않는 한 결국 그 자산을 '소비'해야 하는 순간을 마주한다. 반대로 건강 관리를 꾸준히 하면, 자산을 보존하고 증식시킬 시간이 충분히 확보된다. 매일의 작은 운동 습관이 자산을 지키는 강력하고 저렴한 보험인 셈이다.

부자가 되는 데 행운, 유산, 높은 학력, 뛰어난 머리가 필수라고 믿는 것은 착각이다. 진정한 부는 근면, 인내심, 체계적인 계획, 자기 통제를 바탕으로 한 장기적인 생활 방식의 결과다. 이 원칙은 늘 유효하다. 원칙을 지키는 사람은 실패해도 손실을 최소화하고 교훈을 얻어 더 크게 성장하지만, 운에 기대거나 단기 기회만 노리는 사람은 도태된다. 돈 공부는 평생 계속해야 하며 아는 것을 제3자에게 명확히 설명할 수 있을 때 비로소 진정한 이해가 시작된다. 자산이 스스로 일하며 시간을 버는 구조를 만드는 것이 가장 중요한 미션이다. 이 미션을 외면하면 누구든 시스템에 지배당하며 살아가게 된다. 이 구조를 구축하면, 불확실한 미래에도 안정적인 기반을 마련할 수 있다.

특별한 운도, 뒷배도, 재능도 없는 보통 사람이 경제적 자유를 얻을 수 있을까? 15년 동안 놓지 않았던 질문이다. 숱한 성공과 실패를 반복하며 내린 결론은 단순했다. 지식보다 구조, 감정보다는 시스템, 시장 예측보다는 꾸준한 반복을 갖추면 누구나 경제적 자유에 도달할 수 있다. 그래서 2020년 코로나로 모든 게 멈췄을 때 '꾸자사모(꾸준히 자산을 사서 모은다)'라는 말을 만들었다. 처음엔 내 마음을 다독이는 주문이었으나, 지금은 많은 투자자가 의지하는 버팀목 같은 격언이 됐다. 앞으로 차근차근 풀어낼 '꾸자사모' 원칙을 실천하면 누구나 자본주의를 이해하고 삶의 주도권을 쥘 수 있다.

세 개의 '토지'로 만드는 생산자 시스템

대부분의 사람은 평생 소비자로 살아간다. 월급을 받아 생활비를 쓰고, 남은 돈을 저축하거나 소비한다. 언젠가 은퇴 후 모아둔 돈으로 살기를 기대한다. 그러나 생산자 시스템을 가진 사람은 다르다. 그들은 돈이 돈을 버는 구조를 만들고, 시간이 지날수록 자산이 스스로 증식하는 흐름을 설계한다. 부동산, 미국 주식, 비트코인이라는 세 개의 토지는 각각 안정성, 가치 상승, 구매력이라는 서로 다른 무기를 제공하며, 이 셋을 조합하면 어떤 경제 환경에서도 작동하는 생산자 시스템이 완성된다. 세 개의 축으로 만드는 생산자 시스템을 구체적으로 살펴보자.

첫 번째 토지: 부동산

현실의 토지이자 자본주의의 심장이다. 한국에서 부동산을 무시할 수는 없다. 주거 문제는 반드시 해결해야 하는 만큼 기회가 될 때 내 집을 마련하고, 그것을 생산자 시스템으로 만드는 것이 중요하다. 부동산은 레버리지와 비용의 차이가 큰 자산이다. 특히 한국의 전세 제도는 세입자가 집값의 대부분을 무이자로 빌려주는 구조이고, 적은 자본으로 큰 자산을 굴리는 구조를 제공한다. 은행 대출까지 더하면 레버리지가 배가된다.

통화량 팽창은 부동산을 더 강하게 만들고 소유자는 인플레이션의 수혜자가 된다. 이자, 보유세, 관리비까지 임차인에게 전가되며 임대료와 매매가가 서로를 끌어올리는 선순환이 불로소득을 만든다. 전세와 레버리지를 활용해 시세차익, 현금흐름, 담보 가치를 완성하자. 항상 내 집 마련을 놓고 '기회가 없다', '이젠 늦었다'는 목소리가 나왔지만, 기대치를 낮추면 여전히 매력적인 수익을 주는 부동산이 다수 존재한다. 아직 늦지 않았으며, 오히려 지금 시작하지 않으면 10년 뒤 더 큰 후회를 마주할 수 있다.

두 번째 토지: 미국 주식

혁신의 토지이자 상방을 여는 열쇠다. 혁신은 기업이 성장의 한계를 넘어설 수 있게 하는 핵심 동력이다. 애플(Apple), 구글(Google), 테슬라(Tesla), 엔비디아(NVIDIA)처럼 시장을 주도하는 기업은 대부분 혁신을 통해 경쟁 우위를 확보했다. 유동성이 풍부해지면 자금은 자연스럽게 혁신 분야로 몰린다. 그 과정에서 발생하는 비용 증가는 크게 두 가지 방식으로 처리된다. 소비자에게 가격 인상으로 일부 전가되거나, 기술 개선과 효율화로 비용 자체를 줄이는 것이다.

혁신에서 앞서 나간 기업은 가격 프리미엄을 유지하면서도 수익성을 동시에 높일 수 있고, 시장 지배력을 강화한다. 애플이 아이폰으로 프리미엄 가격대를 꾸준히 지키면서도 칩 설계와 공급망 재편으로 원가를 관리하고, 테슬라는 전기차와 FSD(Full Self-Driving, 완전 자율주행 소프트웨어) 기술로 차별화된 가치를 만들면서 생산 효율을 극대화하고, 엔비디아가 AI 칩 시장을 사실상 장악하며 압도적인 마진을 키워내는 모습이 대표적이다.

유동성이 높아지면서 혁신 경쟁이 본격화되고, 그 경쟁에서 이긴 기업은 가격과 비용 양쪽에서 유리한 위치를 차지한다. 그래서 개인이 할 수 있는 가장 현실적인 선택은 이들 혁신 선도 기업의 지분을 차곡차곡 담아가며, 그 성장 잠재력을 함께 누리는 것이다. 시간이 흐를수록 혁신의 복리효과가 개인 포트폴리오에도 그대로 반영되기 때문이다.

더 나아가 한국 주식과 달리 제약이 적고 국내 부동산과 상관관계가 낮아 분산 효과도 생긴다. 부동산은 안정적이지만 상방이 제한적인 반면, 미국 기술주는 혁신으로 큰 성장을 이끌며 상방이 열려 있다. 포트폴리오에 이런 상방이 열린 복리 자산을 더하면 10년 뒤 자산 규모는 완전히 다른 수준이 된다.

세 번째 토지: 비트코인

디지털 토지이자 미래의 생산물이다. 많은 사람이 비트코인은 투기라고 생각하지만 시야를 넓혀 생각해보면 이보다 매력적인 자산이 없다. 연간 인플레이션이 수천 퍼센트에 달하는 나라, 하루아침에 화폐가 휴지조각이 되는 곳, 전쟁이나 체제 붕괴로 모든 자산이 순식간에 제로(Zero)가 되는 환경에 처한 사람에게 비트코인은 투기가 아니라 생존 도구다. 단 24개의 니모닉(Mnemonic)* 만 머릿속에 새기면 국경도, 은행도, 정부도 막을 수 없는 자산이 된다.

자산 포트폴리오에 비트코인을 최소 1%에서 최대 10% 정도를 편입하길 추천한다. 이는 블록체인 혁명의 초기 단계를 지켜보는 관찰자이자 참여자가 되는 길이기도 하다. 비트코인은 통화량 팽창 시 안전자산으로서 자금을 흡수하는 성질을 지녔으며, 중앙화된 리스크가 없고 채굴 비용이 상승할수록 네트워크는 더욱 견고해진다. 2024년 반감기 이후 기관 유입이 본격화되면서 이미 주류 자산으로 자리 잡았고, 앞으로 가치 저장 수단으로서 핵심 역할을 할 가능성이 크다. 특히 인플레이션이 극심하거나 정치·경제가 불안정한 국가에서는 실질적인 자산 보호와 생존 도구로 기능한다.

지금까지 부동산에만 집중했다면 이제 주식과 비트코인을 더해 상방 잠재력과 유동성을 보강하면 되고, 주식 위주로만 투자했다면 부동산으로 안정감과 레버리지 효과를 챙기면 된다. 비트코인만 보유했다면 부동산으로 현금흐름과 담보 기반을 만들고, 주식으로 혁신 성장의 복리효과를 얹으면 된다. 세 가지 자산을 조합하면 상호보완적인 강력한 자산 포트폴리오가 된다.

....

* 암호화폐 지갑을 통제하는 개인키(Private Key)는 무작위의 숫자와 문자로 이루어져 매우 복잡하다. 복잡한 코드는 사용성이 너무 떨어지므로 이를 보완하기 위해 일반적인 단어 12~24개를 순서대로 나열해 개인키를 대신하도록 만든 것이 니모닉이다. 디지털 금고의 마스터 키이자 설계도라고 할 수 있다.

브루노와 파블로의 교훈

옛날에 물장수로 생계를 꾸리던 브루노와 파블로라는 두 친구가 있었다. 브루노는 더 큰 물통을 메고 새벽부터 늦은 밤까지 산을 넘나들며 물을 날랐다. 힘들게 일한 만큼 당장 돈은 들어왔지만, 다음 날 아침이면 주머니는 다시 텅 비어 매일 같은 노동을 반복했다. 파블로는 '평생 이렇게 물통만 메고 살아야 하나'라는 생각에 물을 직접 나르는 대신 파이프라인을 놓기로 결심했다. 처음 몇 년은 수입이 크게 줄었고, 주변에서는 물통 들고 다니면 될 텐데 왜 저렇게 고생을 사서 하느냐고 비웃었다. 그러나 파블로는 묵묵히 파이프를 놓았다. 몇 년 뒤 마침내 파이프를 통해 마을 광장에 물이 쏟아지기 시작했다. 파블로는 잠을 자든, 여행을 가든 자동으로 흐르는 물길이 주는 수익을 영원히 누리게 됐다.

우리 대다수는 여전히 브루노다. 월급이 오르면 물통만 조금 더 크게 만들 뿐, 근본적인 구조는 바뀌지 않는다. 파블로가 되려면 당장의 수입 감소와 초기의 고통을 견뎌야 한다. 월급 대부분을 투자자산에 넣고, 수시로 부동산을 알아보고, 주식과 비트코인을 공부하면서 주변의 의심과 조롱도 감내해야 한다. 하지만 한 번 만들어진 자산 시스템은 영원히 나를 위해 작동한다.

부동산에 투자한다고 가정해보자. 이때 핵심은 실거주 자산의 비중을 최소화하는 것이다. 은행 대출을 최대한 활용하거나, 한국 특유의 무이자 개인 간 대출인 전세보증금을 끌어와 레버리지를 높인다. 이렇게 하면 내가 깔고 앉아 있는 실거주 비용 부담을 줄이고, 투자 자산으로 자산 파이를 키울 수 있다. 동시에 비트코인이나 달러 기반 자산(미국 주식 등)으로 상방을 열어야 한다. 이들은 전통 자산을 앞지를 가능성이 높은 고성장 자산이기 때문이다. 전세난, 누수, 시장 폭락, 세입자 민원 같은 어려움은 피할 수 없지만, 시스템을 강화하는 과정으로 볼 수 있다. 지금 이 어려움을 감내하면 미래의 부담이 줄고 자산이 복리로 성장하며, 성장 잠재력이 큰 자산이 포트폴리오 전체를 한 단계 끌어올린다.

평범한 개인일수록 남들과 다른 방향을 택하고, 그 길을 진득하게 밀어붙여야 한다. 안정적이고 편한 길은 결국 비슷한 결과를 가져올 뿐이다. 시스템을 구축하는 과정은 주변의 의심과 초기 고난을 동반하지만, 그 차별화된 선택과 인내가 경제적 자유로 이어진다는 게 핵심이다.

투자는 생존 수단이자 생산자의 삶 그 자체다. 돈이 필요할 때마다 자산을 팔아야 한다는 생각은 버리는 게 좋다. 부자는 자산을 굴려서

번 돈으로 생활하거나, 소비를 한 박자 늦추면서 현재의 만족을 시스템으로 해결하는 사람이기 때문이다. 자산이 늘었다고 소비 수준을 올리면 그동안 쌓아온 시스템은 서서히 무너지기 시작한다. 복리의 힘을 믿고 자산을 지키는 습관을 가져야 한다. 재테크는 단기 수익 게임이 아니라 순자산을 꾸준히 불려가는 장기 미션이다. 투자에서 진정한 성과는 장기 보유 과정에서 결정된다. 자산을 오랜 기간 안정적으로 유지하며 복리효과를 통해 성장시키는 능력이야말로 투자자의 체급을 키우는 핵심 역량이다.

주인을 위해 일하는 진짜 자산은 '보유하고 있다는 사실조차 잊어버린' 자산이다. 부동산이든 배당주든 시세 변동을 거의 체크하지 않고, 임대차 만기나 배당금 입금만 가끔 확인하는 수준에 이르면 그 자산은 강력한 삶의 무기가 된다. 이는 철저한 사전 조사, 시장 분석, 그리고 흔들리지 않는 인내의 산물이다. 워런 버핏(Warren Buffett)이 강조하듯, 장기 보유는 시장의 단기 변동성을 넘어 안정적인 수익을 가져온다. S&P 500 지수는 1927년부터 2025년까지 배당금을 재투자한 총수익률 기준으로 연평균 약 10%의 수익률을 기록했다. 대공황, 세계대전, 오일 쇼크, 닷컴 버블 붕괴, 글로벌 금융위기, 코로나 팬데믹 등 여러 큰 위기에도 불구하고 장기적으로 지속적인 상승 추세를 보여줬다.[*]

성장 잠재력이 높은 우량 자산을 매수하고 시장의 변동성을 이겨

---

[*] 이안 웹스터(Ian Webster)가 작성한 S&P 500 지수의 장기 수익률 자료(www.officialdata.org/us/stocks/s-p-500/1927)를 참고함. 배당금을 재투자한다고 가정하며 미국 소비자물가지수를 적용해 인플레이션을 반영한 실질 가치도 함께 제시한다.

내며 그 가치가 꽃피울 때까지 기다리는 태도가 핵심이다. 버핏은 2016년부터 애플 주식을 매수해 장기 보유하며 큰 수익을 거뒀고, 2010년대 초반 엔비디아 주식을 매수한 투자자들은 이후 AI 붐을 타고 상당한 수익을 실현했다. 단기 예측에 매달리지 않고 장기 시야를 유지하는 태도가 성공의 열쇠다.

05 투자 마인드를 정립하자

투자는 지식이나 분석력만으로 완성되지 않는다. 그보다 더 중요한 것은 감정 관리와 정신적 체력이며, 본질적으로 투자는 심리전이다. 시장은 인간의 약점을 파고들어 포모(FOMO, Fear Of Missing Out의 약자로 이익이나 기회를 놓칠까 봐 불안한 심리를 뜻한다)나 패닉 셀링(Panic Selling, 공포에 의한 투매)을 유발하며, 대부분의 투자자는 여기서 나가떨어진다. 정교한 재테크 기술과 데이터 기반 분석력을 갖추고 있어도, 기본적인 투자 소양과 정신적 체력이 무너지면 지속 가능한 수익은 불가능하다.

투자 실패로 극단적인 선택을 하는 사례를 보면 대부분 자산의 문제가 아니라 멘탈의 붕괴에서 시작된다는 점이 뚜렷하게 드러난다. 수천만 원의 손실이 가족의 생계를 당장 무너뜨릴 정도는 분명 아니지만, 공포와 절망에 사로잡혀 돌이킬 수 없는 결정을 내리는 모습을 자주 보게 된다. 투자자의 원칙, 마음가짐, 그리고 정신적·재정적 체력이 취약한 탓이다. 좋은 자산을 매수해도 투자자의 내적 구조가 약하면 손실로 이어지기 쉽고, 반대로 평범하거나 심지어 위험해 보이는 자산이라도 투자자의 체력과 기본기가 탄탄하다면 장기적으로 수익을 거둔다.

시장 하락장에서 우량 주식을 보유한 투자자가 공포에 휩싸여 매도하면 영구적 손실을 입지만, 같은 자산을 가진 또 다른 투자자가 감정을 통제하고 버티면 회복장에서 복리로 자산이 성장하는 사례가 이를 증명한다. 행동 경제학의 선구자 대니얼 카너먼(Daniel Kahneman)이 주창한 '손실 회피 편향'*은 자산이 무엇이냐가 아니라 이를 다루는 인간의 심리가 중요한 이유를 잘 설명해준다. 2008년 금융 위기 당시 많은 고소득자가 패닉 셀링으로 주식을 팔아 손실을 키웠지만, 정신적 체력이 강한 투자자들은 보유를 유지해 이후 회복장에서 큰 수익을 거둔 역사를 떠올려보자. 2022년 크립토 윈터(Crypto Winter, 암호화폐 시장에서 큰 폭락이 발생한 후 거래량이 줄어들며 침체기가 장기간 지속되는 현상)에서 비트코인을 매수한 후 하락장을 버틴 투자자들은 2024년 반등으로 수배 수익을 봤지만, 감정적으로 무너진 다수는 저점 매도로 손실을 확정했다. 이런 사례는 감정 관리가 투자 성패에 얼마나 중요한지 방증한다.

정신적 체력을 쌓기 위해 일상적인 명상이나 달리기 같은 운동을

---

* 같은 크기의 이익에서 얻는 기쁨보다, 손실에서 느끼는 고통을 훨씬 더 크게 평가하는 심리적 현상을 말한다. 기회를 잡아 이득을 취하는 것보단 위험을 피해 생존하는 게 더 유리하기 때문에 발달한 본능이다.

꾸준히 하는 것도 실전에서 큰 차이를 만드는 팁 중 하나다.

자기 확신이 없는 자산의 문제점

타인의 추천, 시장 분위기, 소문에 휩쓸려 매수한 자산은 장기 보유가 어렵다. 결정의 뿌리가 자기 확신이 아닌 외부 의견에 기반하기 때문이다. 내가 자료를 모으고 증거를 쌓아 판단한 투자라면 오랫동안 버틸 근거가 마련된다. 주변에서 "미쳤다"는 소리를 할 때가 오히려 고수익의 황금 구간일 수 있다.

2023년 시장 조정장에서 취득세 중과를 감수하고 부동산을 매수할 때 가족과 지인의 만류에 직면한 적이 있다. 그러나 자기 확신을 통해 과감하게 투자를 진행했고 큰 수익을 거뒀다. 매수 시점부터 매도 타이밍을 미리 상상하는 것은 위험한 접근이다. 그런 예측은 거의 적중하지 않으며, 예상된 '언제'가 오지 않으면 보유 동기가 위협받는다. 이자 비용, 기회 비용, 생활 압박, 심리적 스트레스를 감당할 구조를 먼저 구축해야 한다. 자산은 체력이 약한 사람에게서 강한 사람에게로 이동한다.

투자 여정에는 반드시 통과해야 할 시련의 구간이 있다. 첫 번째는 시장이 과도하게 상승할 때다. 이 시기에는 보유 중인 자산의 가격이 폭등해 '이미 너무 올랐으니 더 사기엔 늦었나' 하는 후회감이 들면서, 지분을 더 늘리지 못한 아쉬움에 새로운 자산에 쉽게 유혹된다. 여기서 성급히 보유 자산을 팔거나 포지션을 바꾸면, 그 자산의 장기 성장 잠재력을 놓치기 쉽다. 두 번째는 시장이 극단적으로 하락할 때다. 자산 가치가 뚝 떨어져서 '이제 다 끝났어, 포기해야 할까' 하는 절망감이 밀려오고, 인내심이 바닥나면서 매도하고 싶은 충동이 강해진다. 이 두 구간은 보통 함께 오곤 한다. 시장은 큰 상승 후에 반드시 큰 하락을 겪기 때문이다. 상승장에서 주변 사람들이 부러워할 만큼 큰 수익을 봤다고 해도, 곧이어 오는 하락장에서 대부분은 공포에 사로잡혀 손실을 확정 짓는다. 만약 큰 하락 없이 얻은 수익이라면, 그건 시장의 일시적 과열에 의한 행운일 뿐이다. 시장이 안정되면 그런 수익은 쉽게 증발하거나 반전되기 마련이다.

시장은 단기 수익만 보고 달려드는 사람을 걸러내고 나서야 안정적으로 상승하곤 한다. 감정에 휘말리는 투자자가 자연스럽게 탈락하고, 장기적인 시야를 가진 소수만 남아서 시장의 진정한 상승을 즐긴다. 역사적으로도 시장의 테스트를 통과한 소수만이 지속적인 추가 상승의 수혜를 받았다. 주식, 암호화폐, 부동산 시장의 단기 예측을 최소화하고, 장기적으로 보유할 수 있도록 총력을 다해야 한다.

자산시장의 역사는 비슷하게 반복되며, 해 아래 새로운 것은 없다. 시장의 패턴을 꾸준히 공부하며 적절한 시점에 지분을 점진적으로 늘려간 소수의 투자자가 승리했다. 이런 접근은 과거의 시장 사이클을 분석하며 얻은 교훈을 바탕으로 하며, 장기적으로 안정적인 성장을 추구하는 데 필수적이다.

투자는 '오래 살아남는 구조'를 만드는 일이다. 내 생활과 체력에 맞춘 현실적인 포트폴리오 세팅, 감정을 배제하고 장기적인 관점을 유지하는 훈련, 꾸준한 공부와 경험으로 쌓인 깊은 믿음이 모두 갖춰지면 자산은 자연스럽게 따라온다. 인생에 지름길이 없는 것처럼, 투자에도 지름길은 없다. 노력하고 복기한 만큼, 실패를 겪고 교훈을 얻은 만큼 보상이 온다.

06 왜 시장에 머물러야 하는가

성공으로 가는 길은 실패와 지루함으로 가득하지만, 한 번의 성공이 모든 것을 보상한다. 자산시장에 장기적으로 머무르는 이유이다. 시장은 단기적으로 혼돈의 연속이지만 장기적으로 우상향 그래프를 그린다. 시장 조정이나 경제 불황 같은 난관을 잠시 피하고자 이탈하면 장기 수익을 얻을 기회를 영영 놓칠 수 있다. 부동산이나 주식 투자로 부를 쌓은 사람은 시장을 떠나지 않고 계속 머무른다. 그들은 실패조차 필수 과정으로 여기며 복리로 자산을 불렸다. 반대로 시장을 자주 드나들던 사람은 거래 비용, 세금, 감정적 피로가 쌓여 진정한 부를 이룰 수 없었다. 장기 보유는 '한 번의 성공'을 보장하는 열쇠이며, 역사적으로 입증된 성공 비법이다.

2008년 글로벌 금융위기 당시 패닉에 빠져 주식을 매도한 투자자가 많았지만, 시장에 머무른 사람은 이후의 회복 랠리를 통해 엄청난 수익을 실현했다.

한편, 이미 이룬 것을 위험에 노출시키지 말아야 한다. 부동산으로 부를 이룬 사람이 갑자기 모든 것을 매도해 주식이나 코인으로 옮기면 익숙하지 않은 시장의 변동성에 휘말릴 위험이 크다. 자산시장에 장기적으로 머무르는 이유는 안정된 기반을 유지하기 위함이다. 시장 조정기의 '−3의 함정'에 빠지지 않으려면 이미 이룬 것을 지키며 확장해야 한다. '−3의 함정'이란 우량 자산이 +10% 상승과 −3% 조정을 반복하며 결국 +7% 순증을 기록하는 우상향 패턴을 무시하는 태도를 가리킨다. 대중은 −3% 하락에 두려워하지만, 승자는 +7% 장기 수익에 주목한다. 세금과 변동성을 감내하며 자산을 보유한 이들이 최종 과실을 얻는다. 안정적인 포트폴리오를 쌓았다면 위험에 노출시키지 말고 꾸준히 지키는 것이 지혜다. 이 보호 전략은 가치 창출로 자연스럽게 이어지며, 투기의 함정을 피하는 데 필수적이다.

투자는 제로섬 게임이 아니다. 시장은 통화량이 지속적으로 팽창하며 새로운 화폐가 찍히고 있기에 그 공급의 주인공이 되는 게 핵심이다. 가치 있는 자산에 장기적으로 투자할 때만 지속 가능한 부가 쌓인다. 내일 시장이 오를지 내릴지 누구도 알 수 없다. 단기 예측은 근본적으로 무의미하다. 역사적으로 시장은 불확실성 속에서도 우상향했으니 '내일'을 걱정하지 말고 '10년 후'를 상상하는 습관을 들여야 한다. 불확실성을 받아들이면 변동성에 대한 내성이 자연스럽게 생기며, 하락을 기회로 보는 시각으로 연결된다. 단기 하락에 흔들린다면 투자 철학을 다시 점검하는 게 우선이다.

가격이 아닌 수량을 기준으로 사고해야 한다. 자산시장에 장기적으로 머무르는 이유는 비선형 성장의 주인공이 되기 위함이다. 미래를 보고 계속 사서 모을 계획이라면, 가격 급등은 그리 좋은 게 아니다. 오히려 일시적인 이슈로 낙폭을 키우는 것을 매수 기회로 삼고 움직여야 한다. 시장이 어지러울 때 같이 휩쓸린다면, 의도적으로 다양한 활동을 하는 습관이 중요하다. 나보다 큰 지분을 가진 이들도 일상을 다채롭게 보내고 있다는 생각을 가져야 한다. 단기 하락에 흔들린다면 포트폴리오가 잘못됐거나 공부가 부족한 탓인데, 이럴 때 비중을 줄이는 대신 학습량을 늘려 근거를 찾는 쪽으로 생각을 바꿔야 한다. 두려움을 직면하고 시장에 머무르는 용기가 진정한 성장의 열쇠다. 주식 투자라면 '10년 만기 10배 수익을 주는 상품'에 투자한다고 생각해야 변동성을 기회로 포착할 수 있다.

단기 트레이딩 유혹이나 급등락 소문에 흔들릴 때마다 매매 충동을 누르고 장기적으로 보유해야 확신을 가질 수 있다. 충동을 누르는 훈련이 충분히 되면 어느 순간 시장의 단기 움직임이 나를 흔들지 못하게 된다. 그러나 아무리 좋은 습관을 만들어도 혼자서는 한계가 온다. 자신을 더 나은 방향으로 이끌어주거나 같은 방향에서 서로 의지가 되는 사람 한두 명만 있어도 조정기나 불확실한 시기에 중심을 잡기가 훨씬 수월하다. 꼭 거창한 투자 클럽이나 네트워크가 아니어도 된다. 비슷한 고민을 하는 친구와의 대화나 온라인 커뮤니티에서 보유 자산과 현재 시장을 놓고 가볍게 이야기를 나누는 것만으로도 서로 격려하며 버틸 수 있다. 찰리 멍거(Charlie Munger)와 버핏의 60년 가까운 파트너십처럼, 서로 강점을 보완하며 장기적으로 성공한 사례는 많다. 멍거의 영향으로 버핏이 훌륭한 회사를 공정한 가격에 사는 전략을 확립한 것이 대표적인 예다. 존경할 만한 멘토나 배울 점이 있는 사람을 한 명이라도 가까이 두고, 평생 배우려는 태도를 유지하면 시장의 교훈을 훨씬 빨리 흡수할 수 있다.

하락을 기회로 보는 태도가 몸에 익어야 한다. 장기적으로 성공하는 사람은 하락장을 '좋은 주식 바겐세일' 신호로 받아들인다. 내가 믿는 기업이 일시적으로 저평가됐다는 사실을 확인할 때마다 설렘이 느껴지고, 추가 매수할 여력이 있다면 오히려 기뻐할 수 있다. 그때부터 장기 보유는 고통이 아니라 즐거운 여정이 된다. 자본주의 체제를 인내한 만큼 가치 있는 성과를 거두는 긍정적인 여정으로 받아들이길 바란다.

07

AI 시대, 나만의 투자 원칙

매달 조금씩 빠져나가는 국민연금 납부액, 건강보험료, 세금, 관리비 같은 항목을 20~30년간 누적으로 계산해보면 금액이 매우 크다. 복리는 자산에만 작동하는 게 아니다. 방치된 소비와 가난도 똑같이 복리로 불어난다. 자동으로 빠져나가는 돈이 나중에 가장 아프게 다가오는 후회 항목인 이유다.

30세부터 매달 30만 원을 연 7% 복리로 30년 동안 꾸준히 투자하면 약 3억 6,600만 원에 달하는 금액이 된다. 버핏은 복리를 평생의 가장 강력한 동반자로 삼아 2026년 현재 약 1,500억 달러(약 210조 원) 규모의 자산을 쌓았다.* 반대로 그 돈을 생활비, 보험료, 명품, 여행 등

---

* 포브스가 선정한 전 세계 억만장자 순위 리스트(www.forbes.com/billionaires/) 참고.

에 다 써버렸다면 30년 후에 남는 것은 아무것도 없다. 투자 종료 나이(은퇴 시점)를 70세로 동일하게 맞추어 10년 차이를 비교해보자.

20세부터 70세까지(50년 동안 매달 30만 원 투자, 연 7% 복리) → 약 16억 3,000만 원

30세부터 70세까지(40년 동안 매달 30만 원 투자, 연 7% 복리) → 약 7억 9,000만 원

10년 늦게 시작했는데 결과가 2배 이상 차이 난다. 시간의 힘은 압도적이다. 10년 더 일찍 시작하면 그 사이에 불어난 자산이 다시 복리로 굴러가며 직업·창업·이직·가족 계획 등 선택의 자유가 훨씬 넓어진다. 10년이 늦었다면 같은 돈을 더 오래 넣어야 하고, 자산 목표에 미치지 못한 채 은퇴하며 후회할 확률이 높다. 복리는 시간과 인내를 먹고 자란다. 시작 시점이 5년, 10년만 달라져도 40~50년 후 결과는 크게 벌어진다.

투자는 선택이 아니라 필수가 된 시대다. 인플레이션이 지속되고 기술이 세상을 재편하는 오늘날, 자산을 지키고 키우려면 적극적으로 움직여야 한다. AI가 지배하는 세상이 다가오고 있으며, 기술 발전 속도는 과거와 비교할 수 없을 만큼 빠르다. AI 시장은 최근 몇 년간 연평균 약 30% 이상의 높은 성장률을 기록하며, 2025년 기준 시장가치는 약 2,440억 달러(약 330조 원)를 넘어섰다. 이 시장은 2031년까지 1조 6,000억 달러 이상으로 확대될 것으로 예상된다.[*] 이처럼 폭발적으로 변화하는 흐름 속에서 새로운 기술과 트렌드를 외면한다면 개인이든 기업이든 경쟁에서 크게 뒤처질 수밖에 없다.

성실하면 원하는 것을 다 이룰 수 있다고 생각하는 사람이 아직도 있다. 성실함은 입장권일 뿐이다. 입장권이 있다고 우승하는 건 아니다. 매일 출근하고, 열심히 일하고, 저축하는 성실함은 이제 경기장에 들어갈 수 있는 티켓일 뿐이다. 모두가 그 티켓을 갖고 있지만, 진짜 차이를 만드는 건 입장한 뒤에 어떻게 뛰느냐, 어떤 전략을 쓰느냐에 달렸다. AI가 코딩하고, 분석하고, 창작까지 돕는 시대에 '나는 AI 없이도 괜찮아'라는 태도는 편견일 뿐이다. 새로운 도구를 써보고, 관련 책을 읽고, 적은 금액이라도 투자해보는 경험을 쌓아야 한다.

나는 달리고, 읽고, 쓰는 루틴을 매일 지키고 있다. 이 세 가지를 단순한 일상이 아니라 삶의 중심축으로 삼고 있다. 달리기는 몸의 기반을 다지고, 잡생각을 없애 머리를 맑게 해준다. 읽기는 사고의 층을 더하며, 쓰기는 하루의 경험과 생각을 정리해 나를 더 명확하게 만들어주고 있음을 매일 체감한다. '뛰읽쓰 꾸자사모'라는 슬로건도 만들었다. 뛰고, 읽고, 쓰고, 꾸준히 자산을 쌓아가는 것. 이는 단기 목표가 아니라 평생에 걸쳐 해내야 하는 기본값이라 생각한다. 매일 조금씩 기록하고, 블로그에 나 자신을 위해 쓰지만, 동시에 그 글을 마주친 누군가에게 작은 위로나 동기부여가 되기를 바라는 마음이 크다. 내 글을 보고 '뛰읽쓰 꾸자사모'를 시작했다는 누군가의 댓글이 SNS에 달리면 이 작은 습관이 타인의 인생에 도움이 됐다는 생각에 기쁠 때가 많다.

....

* AI 산업의 세계 시장 규모와 성장 전망에 대한 통계는 스타티스타(Statista)의 시장 전망 자료(www.statista.com/outlook/tmo/artificial-intelligence/worldwide#market-size)를 참고.

투자나 삶을 대하는 태도도 결국 비슷하다. 기회를 영원히 닫아버리지 않고 늘 열어두는 마음이 중요하다. 매일 새로운 가능성을 탐색하고, 작은 실험을 반복해야 한다. 실패해도 괜찮다. 중요한 건 포기하지 않고 계속 문을 두드리는 태도다. 그 태도가 쌓이면 어느 순간 문이 저절로 열리는 경험을 하게 된다.

길게 보는 사람은 매우 드물다. 나는 20대 중반부터 거의 멈추지 않고 달려왔다. 군 복무 후 휴학도 없이 바로 취업하고, 소득에 만족하지 못해 창업을 병행하며 퇴근 후와 주말에도 점포를 운영했다. 와중에 틈틈이 부동산을 임장하며 자산을 늘리는 활동을 계속해왔다. 지금도 매일 운동하고, 책 읽고, 글 쓰며 좋은 자산을 꾸준히 사들이는 습관을 유지하고 있으며 다른 것은 관심 밖이다. 일이 취미이자 천직처럼 느껴질 때 가장 큰 힘을 발휘하는 법이다. 이런 마음으로 루틴을 이어가면 더 나은 내일이 자연스레 다가온다고 믿는다.

모든 일에는 때가 있다. 늦었다고 느끼는 바로 그 순간이 오히려 가장 빠른 출발선일 수 있다. 타이밍을 포착하면 망설이지 말고 몰입해야 한다. 어중간한 태도로 하면 아무 자취도 남기지 못한다. 반만 노력하면 반만큼만 앞서게 되고, 그 미묘한 차이가 10년 후에는 몇십 배의 격차로 커진다.

한 살이라도 젊고 건강할 때 에너지를 아낌없이 투자하자. 현명한 사람은 보이지 않는 내일을 위해 오늘을 사용한다. 30대에는 30대의 기회가, 40·50대에는 삶의 경험과 깊이로 열리는 기회가 있다. 남들을 따라가면 평범해지지만 자신만의 길을 개척하면 특별해진다.

08

통화 팽창기 대응법

투자 세계를 들여다보면 연도별, 반기별, 심지어 분기별로 세밀한 전망을 내놓는 목소리가 넘쳐난다. 이런 예측은 종종 예언처럼 들리지만, 현실에서 완벽한 적중은 거의 불가능하다. 진정한 핵심은 구체적인 시기나 숫자에 집착하는 것이 아니라, 장기적인 방향성과 투자 기준, 철학을 세우는 데 있다. 이 기반이 없으면 설령 예측이 맞더라도 그 혜택을 누리기 어렵다.

통화 정책, 인구 구조, 글로벌 역학이라는 관점으로 부동산, 비트코인, 달러 기반 자산의 차별점과 향후 방향성을 논해보자.

부동산은 통화 팽창과 수급 불균형의 반복 사이클로 볼 수 있다. 부동산 시장에서 시기는 항상 변수이지만, 입지가 아주 나쁘지 않다면 대부분의 자산이 전고점을 돌파할 가능성이 높다. 이는 중앙은행의 무제한 통화 발행과 지속적인 수급 불균형에서 비롯되며, 늘어나는 통화량은 대지지분으로 수렴하는 경향을 보인다. 대지가격 상승과 인건비, 자재비 증가가 이를 뒷받침하고, 이 추세는 구조적으로 바꾸기 어렵다.

전세 제도의 월세화도 시기 문제일 뿐, 개인 대출 환경은 이미 과거 5~10년 전보다 빡빡해졌고 앞으로 더 엄격해질 전망이다. 이 흐름은 더 넓은 경제 순환과 연결된다. 주거비 지출 증가는 가처분 소득을 압박하고 자산 인플레이션에서 생필품 인플레이션으로 확산돼 생활 부담을 키운다. 이를 완화하기 위해 정부와 중앙은행은 더 많은 통화를 발행하는 구조로 나아간다.

가계부채 문제를 반복적으로 지적하지만, 경제 활성화를 위한 돈 찍기는 피할 수 없다. 글로벌 공급망 불안정과 인구 고령화가 맞물리면 주택 공급 부족이 지속되고, 수요는 이민 유입과 투자 자금으로 유지되거나 확대된다. 한국으로의 이민 수요는 꾸준히 늘어날 테니 수요 감소는 기대하기 어렵다.

국내 부동산 대출규제가 강화되면서 중산층 이하의 첫 주택 구매는 점점 어려워지고, 기업의 임대시장 진입이 활발해지며 월세 비중이 확대되는 추세도 피할 수 없다. 이로 인한 주거비 상승은 소비 위축과 경기 둔화를 초래하며, 정부와 중앙은행의 개입을 유발한다. 저금리 정책의 한계로 양적완화가 주된 선택지가 될 가능성이 크고, 결과적으로 통화량 증가가 자산 가격 상승을 촉진하는 사이클이 반복된다. 이 방향성은 변함없다.

비트코인은 전체 자산군에서 1% 미만의 비중을 차지하지만, 중앙은행의 통화 팽창 덕에 결국 전고점을 다시 탈환하고 상승 궤도를 유지할 것이다. 법정화폐의 지속적 희석 속에서 비트코인은 디지털 금으로서의 역할을 강화한다. 시기는 불확실하지만, 다음 반감기(2028년 4월)까지 변동성을 겪으면서 장기적으로 글로벌 M2* 증가율에 비례한 상승을 보일 전망이다. 중앙은행의 양적완화 사이클 반복이 이를 뒷받침한다. 중요한 건 비트코인은 기업이 아니라는 점이다. 실적이나 매출로 평가받는 게 아니라, 전 세계 통화량과 유동성, 즉 돈이 얼마나 풀리고 있는가에 따라 움직인다. 이는 경제학보다 수학에 가까운 영역이다.

돈이 계속 찍히면 가격은 결국 글로벌 M2 증가율에 맞춰서 증가했다는 게 역사적 사실이다. 유동성이 넘쳐나면 자산 가격이 따라 올라가고, 비트코인은 그중에서도 희소성과 불변성이 뛰어난 자산이라서 가장 크게 반응한다. 중앙은행이 돈을 풀면 풀수록 비트코인은 그 돈의 흐름을 가장 직접적으로 흡수하는 위치에 있다는 뜻이다.

〈도표 1-1〉은 미국·유로존·중국·일본의 M2 통화량을 달러로 합산한 글로벌 유동성 지표를 보여준다. 2026년 1월 말 기준으로 글로벌 M2는 약 99조 달러에 달한다. 중앙은행이 M2를 확대하면 시중 유동성이 늘어나 투자자가 더 많은 자금을 투자자산에 배분하게 된다. 역사

----

* 현금과 요구불예금 등 즉시 결제 가능한 돈과 만기 2년 미만의 예·적금, 시장형 금융상품 등을 합친 통화량 지표. 광의통화라고도 한다.

 월급쟁이 루지 부의 설계

출처: StreetStats

적으로 글로벌 M2 증가 추세는 이런 자산 가격 상승과 강한 상관관계를 보여왔다. 나스닥 100 지수(NASDAQ-100 Index)는 장기적으로 글로벌 M2와 거의 일치하는 우상향 패턴을 보이며, 유동성 확대가 기술주 중심 지수에 지속적으로 긍정적인 영향을 미친다.

〈도표 1-2〉를 보면, 비트코인도 M2 증가와 방향성이 대체로 일치한다. 저점에서 M2 상승폭만큼 강하게 반등한 뒤 다시 조정을 받는 패턴이 반복되지만, 장기적으로는 M2 확대 국면에서 비트코인이 유동성에 민감하게 반응하는 구조가 계속 확인된다. 단기 변동성은 있겠지만, M2가 지속적으로 증가하는 한 자산 가격은 꾸준히 상승하는 구조를 유지할 가능성이 높다.

달러 기반 자산도 비슷한 논리가 적용된다. AI, 바이오, 우주 같은 첨단 분야에서 R&D(Research & Development, 연구개발) 투자와 인재 유입이 꾸준히 늘어나면서 미국의 GDP(Gross Domestic Product, 국내총생산) 성장률이 선진국 평균보다 높게 유지되고 있다.

경기 침체가 와도 회복 속도가 빠른 편이다. 전 세계에서 널리 쓰이는 기축통화인 달러 덕분에 통화 발행이 많아도 인플레이션이 비교적 안정적으로 관리된다. 역사적으로 미국의 패권은 달러의 위상과 혁신 생태계가 함께 뒷받침한 영향이 크다.

중국은 제조업과 하드웨어 중심으로는 여전히 강하지만, 소프트웨어와 AI 같은 핵심 영역에서는 아직 미국을 따라잡지 못하고 있다.

미국은 노동시장 유연성, 에너지 자립, AI 기반의 성장 잠재력을 활용해 인플레이션 압력을 어느 정도 완화하고 있다. 그래서 글로벌 불

 월급쟁이 루지 부의 설계

확실성이 커질 때도 달러 자산은 여전히 유효한 헤지(Hedge, 가격·환율·금

리 등의 변동 위험을 줄이기 위한 방어적 거래 전략) 수단으로 기능할 가능성이 높다.

2장

부의 핵심 앵커 자산:

부동산

01   내 집 마련을 해야 하는 이유

부동산은 한국 경제에서 가장 대표적이고 강력한 자산 클래스이며, 캔틸런 효과에 따라 통화량이 가장 집중적으로 먼저 유입되는 자산군이다. 전세 제도와 안정적인 주택담보대출 체계가 결합해 초기 자본 부담을 크게 낮추면서도 인플레이션을 효과적으로 헤지하고 장기적으로 자산 가치를 증식시킬 수 있는 대체 불가능한 투자처다. 부동산 투자의 핵심 삼박자인 시세차익, 임대수익(현금흐름), 담보 활용은 나를 대신해 일하는 자산을 만드는 과정이다. 당장 임대수익이 없더라도 보유 기간 중 자산 가치는 지속적으로 축적된다. 월세·반전세 전환, 추가 담보대출, 매각 등으로 현금흐름을 자유롭게 창출할 수도 있다. 3억 원에 취득한 주택이 10년 후 6억 원이 됐다고 가정해보자. 이는 3억 원의 시세차익을 120개월로 분할해 월 250만 원씩 세금을 이

연하면서 수취하는 것과 동일한 경제적 효과를 갖는다.

'내 집 한 채'라는 기본 구조는 반드시 필요하다. 내 집 마련은 처음에 신경 쓸 일이 많고, 준비 과정도 결코 쉽지 않다. 하지만 기회가 왔을 때 집중해서 매수에 성공하면 인생 난이도는 대폭 내려간다. 주거 안정을 이루면 월세·전세금 부담과 집값 상승 압박에서 완전히 벗어나, 삶의 다른 목표에 에너지를 온전히 쏟을 수 있다. 대출 이자를 아까워할 필요도 없다. 내 집을 사지 않으면 어차피 남의 집에 월세를 내거나, 보증금을 현금으로 묶어둔 채 원화 가치 하락을 감수해야 한다. 월세 내던 금액을 그대로 대출 원리금 상환으로 돌리면 주거비는 거의 그대로 유지하면서 자산을 확보할 수 있다.

무주택 상태를 유지한다는 것은 동시에 정부가 제공하는 수조 원 규모의 세제 혜택을 자발적으로 포기하는 것이기도 하다. 중저가·중가 1주택은 정부가 혜택을 집중적으로 준다. 취득세 감면·중과 배제, 재산세 경감, 장기보유특별공제(이하 장특공)* 및 양도세 비과세 등 다양한 인센티브가 바로 그것이다. 이런 혜택을 활용하면 주택 구매는 단순한 소비가 아니라 장기적인 자산 증식의 기회가 된다.

급여 300만 원인 사람이 월세 100만 원을 낸다면 한 달 중 10일은 임대인을 위해 일하는 셈이다. 급여 인상 속도는 연 2~3%에 그치지만 월세 인상 속도는 점점 더 빨라진다. 시간이 갈수록 임대인을 위해 일

---

* 부동산을 장기간 보유한 후 양도할 때 발생하는 양도소득세 부담을 완화해주는 제도. 보유 기간과 주택 유형에 따라 차등 적용되며, 최대 80%까지 공제받을 수 있다.

하는 날은 10일→11일→12일→심지어 20일까지 늘어날 수 있다. 이렇게 월세를 내며 버티다 보면 치솟는 집값과 주거비에 내 집 마련 기회는 더욱 멀어지고, 주거 불안은 삶의 무거운 짐이 된다.

과거의 전세 제도는 임차인과 투자자 모두에게 기회의 다리였으나, 오늘날은 전세 매물이 반전세·월세로 전환되면서 보유자 중심으로 시장이 재편되는 양상이다. 정부는 높은 가계부채 증가세를 억제하기 위해 주택 관련 대출 규제를 중장기적으로 강화할 가능성이 크다. 실제로 2025년 들어 수도권·규제지역 중심으로 주담대 한도가 6억 원으로 제한되고, 스트레스 DSR(Debt Service Ratio, 총부채원리금상환비율) 강화, LTV(Loan to Value, 담보인정비율) 하향, 전세대출 보증비율 축소 등의 조치가 연이어 시행되면서 내 집 마련의 문턱은 과거보다 높아졌다. 대출을 받아 월세를 줄 수 있는 임대인도 줄어들 수밖에 없고, 그렇게 월세 공급이 위축되며 월세 가격은 오히려 상승 압력을 받는다. 전세·월세 사다리가 훼손되면 무주택·저소득층의 주거 이동성과 안정성은 취약해질 수밖에 없다.

"비트코인만 사면 된다", "달러 자산으로 충분하다", "월세 살면 그만"이라는 말에 현혹되면 안 된다. 투자는 진입 장벽이 가장 높은 것부터 해야 장기 생존 확률이 높아진다. 부동산은 그 장벽이 가장 높지만, 동시에 가장 확실한 생존 기반이다. 주거 안정은 심리적 여유와 장기적 계획을 세울 수 있는 기반을 제공한다. 주거 문제가 해결되면 단기 시장 변동이나 경제 불확실성에 덜 흔들리며, 자산을 안정적으로 키워 갈 수 있다.

 월급쟁이 루지 부의 설계

통화량 팽창의 최대 수혜자

대한민국 경제는 최근 통화량 증가로 원화의 실질 구매력이 빠르게 약화되고 있다. 한국은행 경제통계시스템 자료에 따르면 M2는 최근 연평균 7~8% 증가하며 자산 가격 상승의 불씨를 제공하고 있다.[*] 통화량 팽창은 부동산과 같은 실물 자산의 가치를 끌어올리는 경향이 뚜렷하다. 2000년대 초반이나 2010년대 중반의 부동산 시장을 돌이켜보면, 통화량 증가 이후 부동산 가격은 대부분 장기 상승 추세를 보였다. 이런 환경에서 부동산을 팔고 다른 자산으로 옮겨 가는 것은 한국 특유의 자산 가격 상승 사이클에서 다음 라운드를 놓치는 선택이 될 수 있다. 좋은 입지와 실수요가 뒷받침되는 부동산을 꾸준히 보유

---

[*] 한국은행 경제통계시스템 홈페이지(ecos.bok.or.kr) 참고.

하면서 자산 규모를 키워가는 것이 통화량 확대 국면에서 수혜를 받는 방법 중 하나다. 부동산은 인플레이션 헤지 수단으로서 제 역할을 하며, 원화 가치가 하락하는 상황에서도 명목 가격 상승을 통해 실질 구매력을 비교적 잘 지켜주는 자산으로 기능한다.

2026년 현재 일부 지역 부동산 시장은 거래 부진과 가격 보합·조정 흐름을 보이고 있지만, 이런 시기는 대개 반등의 전조였다. 지금처럼 시장이 지지부진할 때 매도를 고민하는 심리는 저점 매도의 전형적인 함정이다. 누군가 저점에서 매수해 큰 수익을 얻었다면, 반대로 저점에서 매도한 사람도 존재한다. 저점 매도의 주인공이 되지 않으려면 지지부진한 국면에서 보유한 부동산을 잘 지키는 것이 정답이다. 갈아타기가 쉽지 않은 상황이라면, 입지 좋은 부동산을 추가 매수하는 식으로 자산 볼륨을 확대하는 데 집중하는 편이 장기적으로 유리하다.

부동산의 인플레이션 헤지 효과가 강력한 이유는 레버리지된 고정금리 부채의 실질 가치가 화폐 구매력 하락으로 급격히 줄어들기 때문이다. 3억 원을 연 4% 고정금리로 30년 원리금 균등 상환 대출받아 주택을 매입한다고 가정해보자. 명목 월 상환액은 약 143만 원으로 고정된다. 그러나 실질 부담은 매년 인플레이션만큼 감소한다. 지난 30년간 한국 CPI(Consumer Price Index, 소비자가 구입하는 상품이나 서비스의 가격변동을 나타내는 지수) 연평균 상승률은 약 3% 수준이지만, 체감물가(생활물가·식료품·주거비 중심)를 반영하면 보수적으로 연 4%로 보는 것이 합리적이다. 화폐가치 하락을 감안하면 30년 후 3억 원의 실질 가치는 현재 화폐로 약 9,250만 원에 불과하다. 즉 원금을 모두 갚지 않아도 인플레이선에 의해 약 2억 750만 원의 부채가 사실상 소멸하는 효과가 발생한다. 이를 360개월로 나누면 매월 약 58만 원씩 실질 부담이 경감되는 셈이다.

2025년 현재 수도권 6억 원대 아파트의 현실적인 월세 조건은 보증금 5,000만 원+월세 150만 원 정도다. 동일 물건을 3억 원 대출(연 4%, 30년 원리금 균등)로 취득하면 초기 월 상환액 143만 원에 월세 150만 원이 유입돼 명목 현금흐름이 7만 원 수준이다. 여기에 실질 부채 소멸 효과(월 약 58만 원)와 자산 가격 장기 연평균 상승분(지난 30년 수도권 아파트 실거래가격지수 기준 평균 5%, 주요 강남 단지는 8~10%이나 전체 평균은 5% 정도이다)을 월 단위로 환산하면 약 250만 원이 추가된다. 총 매월 실질 자산 증가액은 약 315만 원에 달한다. 이 금액은 통장에 직접 입금되지는 않으나 세금 부담이 거의 없이 복리로 축적되는 순수한 재산 증가분이다.

월세는 물가 상승률을 상회하는 경향이 뚜렷하다. 최근 5년 수도권 아파트 월세는 연평균 5~7% 가까이 상승했으나, 보수적으로 연 4%만 적용해보자. 현재 150만 원인 월세는 10년 후 약 222만 원, 20년 후 약 329만 원, 30년 후 약 487만 원으로 증가한다. 이에 따라 명목 현금흐름(월세-상환액)은 각각 79만 원, 186만 원, 344만 원으로 점차 확대된다. 상환액은 143만 원으로 고정된 반면 월세는 복리로 상승하기 때문이다.

보유자는 세 가지 복리효과를 동시에 누린다. 첫째, 자산 가치의 장기 상승이다. 둘째, 고정 부채의 실질 소멸이다. 셋째, 임대료의 지속적 인상이다. 30년 후 해당 주택의 명목 가격은 연 5% 상승 가정 시

약 26억 원에 이른다. 1995년 6억 원 수준이던 수도권 주요 단지가 현재 30억 원대인 점을 감안하면 연 5%는 과도한 낙관이 아니라 오히려 보수적인 시나리오에 가깝다. 30년간 연 4% 물가가 상승한다는 점을 고려하면 26억 원의 실질 구매력은 현재 화폐 기준 약 8억 원 정도다. 이처럼 물가상승률을 반영하면 실질 대출 잔액은 거의 없다고 볼 수 있다.

많은 사람이 30년 후 3억 원은 현재 가치로 9,000만 원 정도라는 사실을 머리로는 이해하면서도 이를 실천으로 연결하지 못한다. 인플레이션은 미래의 모든 명목 부채를 현재 가치로 지속적으로 할인하며, 그 할인분을 보유자의 순자산으로 이전한다.

자녀에게 상속할 때도 동일한 메커니즘이 작동한다. 오늘 3억 원 대출로 구매한 주택은 자녀가 성인이 될 무렵 실질 부채가 거의 사라진다. 그 위에 쌓인 자산 가치는 부모 세대가 상상하기 어려운 실질 구매력을 갖추게 된다.

장기 인플레이션 환경에서 가장 좋은 전략은 가능한 한 신속하게, 최대한 많은 레버리지를 일으켜서 좋은 입지의 실물 자산을 매입하고 끝까지 버티는 것이다. 단기 금리 변동이나 시장 변동성에 일희일비할 필요가 없는 이유는 명확하다. 화폐 가치 하락이 모든 명목 부채를 대신 상환해주기 때문이다. 인플레이션은 기다려주지 않으며, 대출 문턱은 날로 높아지고 있다. 시간과 화폐 가치 하락을 아군으로 만드는 마지막 기회가 눈앞에서 지나가고 있다.

03 고환율 시대에 진가가 나타나는 자산

환율이 오르며 원화가 약해지면 대출을 끼고 장기 보유 중인 실물 자산의 매력이 올라간다. 오른 물가만큼 집값이 안 오르면 손해라고 생각하며 당장 보이는 숫자에만 매달리는 관점을 벗어나야 한다. 2018년 최저시급 7,530원을 당시 달러 환율(평균 1,100원)로 환산하면 대략 7달러 정도였는데, 2025년 현재 최저시급 1만 30원을 달러 환율(약 1,450원)로 환산하면 여전히 7달러에 미치지 못한다. 시급은 33% 올랐지만 환율 상승 때문에 달러 기준 실질 구매력은 거의 제자리다.

같은 기간 국내 물가는 누적 20% 가까이 상승했는데, 원화 약세가 물가 상승을 훌쩍 넘어서서 구매력이 낮아진 것이다. 그렇다면 7년간 집값이 30% 이상 상승하지 못한 부동산은 무조건 손해인 걸까?

4억 원짜리 아파트를 살 때 자기 돈 5,000만 원만 넣고 나머지 3억 5,000만 원은 대출로 채웠다고 가정해보자(대출비율 약 88%, 제반 비용 제외). 이렇게 높은 대출 비율이 가능했던 이유는 입주 시점에 감정가가 크게 뛴 덕분이다. 원래 분양가는 4억 원이었지만, 공사 기간 동안 집값이 오르면서 잔금을 치르는 순간 은행 감정평가액이 6억 원까지 올라갔다. 주택담보대출 LTV가 60%라면 3억 6,000만 원까지 대출이 가능해진다. 그러면 분양가 기준으로는 거의 88%에 달하는 고레버리지가 되는 셈이다. 중도금 대출은 분양가의 60%로 한도가 꽉 막혀 있었지만, 잔금 대출 단계에서는 완공된 집의 실제 감정가를 기준으로 평가받으니 한도가 훨씬 커진다.

특히 2018~2022년 상승장에서는 분양가 상한제 미적용 단지나 시장이 뜨거웠던 지역에서 감정가가 분양가보다 50% 이상 뛴 경우가 꽤 흔했다.

감정가 상승을 이용해 높은 대출을 끌어와서 자기 돈 5,000만 원으로 4억 원짜리 집을 사고, 이후 가격이 6억~8억 원까지 올라가면 레버리지 효과가 폭발적으로 나타난다. 설령 집값이 한때 8억 원 고점을 찍고 6억 원으로 내려앉았다 해도 현재 평가액 6억 원에서 대출 3억 5,000만 원을 빼면 순자산은 약 2억 5,000만 원이 남는다. 처음 투자한 5,000만 원 대비 400%가 넘는 수익률이다. 같은 기간 노동소득 상승률이 30%대였다면 거의 12배 가까운 격차가 나는 셈이다.

집값 상승분 대부분이 자기 자본의 수익으로 직결되고, 집값이 하락하더라도 원화 가치가 약해지면서 대출 원금의 실질 부담은 계속 줄어든다. 이 현상을 흔히 'Erode[*]'라고 표현한다.

2018년에 3억 5,000만 원 대출을 받았을 때 환율이 1,100원이었다면 달러로 약 32만 달러의 빚이었지만, 지금 환율 1,450원 기준으로는 같은 3억 5,000만 원이 달러로 약 24만 달러 수준에 불과하다. 빚의 실질 규모가 약 25% 줄어든 셈이다. 나는 이를 '원화 숏베팅'이라고 부르기도 한다. 따로 아무것도 하지 않고 앉아서 기다리기만 해도 빚의 실질 가치가 서서히 줄어드는, 한국 부동산 레버리지의 숨겨진 이득이다.

입지가 크게 나쁘지 않은 집이라면 매번 과거의 최고가를 결국 다시 넘어서는 회복력을 보여준다. 현재 8억 원 고점에서 2억 원 하락한 낙폭을 앞으로 약 7년(84개월) 동안 조금씩 회복한다고 가정해보자.

① 낙폭 회복 효과: 2억 원÷84개월=월 240만 원

② 대출 실질 가치 감소 효과: 3억 5,000만 원x25% 실질 'Erode'=8,400만 원÷84개월=월 100만 원(앞으로도 과거 7년처럼 원화 약세와 물가 상승이 비슷한 속도로 이어진다는 단순 가정)

③ 합계: 월 240만 원+100만 원=월 340만 원

이처럼 임대를 놓지 않고 그냥 보유만 해도 매달 340만 원의 실질

---

* '침식시키다', '약화시키다'를 뜻하는 단어로 여기서는 인플레이션에 의해 빚의 실질가치가 떨어지는 것을 말한다.

수익이 쌓인다. 원화 약세와 물가 상승을 자동으로 흡수하며 자산이 불어나는 것이다.

이런 계산을 머릿속에 계속 돌려보지 않으면 뉴스나 주변에서 떠드는 단기 소음에 흔들려 성급하게 자산을 매도하고 만다. 하지만 대출 낀 실물자산 보유는 원화가 계속 약해지는 나라에서 돈을 지키고 불리는 가장 현실적인 방법이다. 이런 사고방식이 몸에 배어 자연스럽게 나오도록 노력해야 시장이 아무리 요동쳐도 흔들리지 않고 큰 열매를 거둘 수 있다.

04 자산 볼륨과 장기보유의 중요성

자산 볼륨을 키우는 과정에서 세금은 피할 수 없다. 통화량 팽창으로 자산 가격이 상승하면 양도소득세나 종합부동산세 같은 세금도 커질 수 있다. 하지만 세금은 영원하지 않다. 2000년대 후반에 종부세 강화가 시행되자 조세 저항과 정치적 압력이 발생해 세율이 완화된 사례를 통해 알 수 있듯, 과도한 세금 정책은 장기적으로 지속되기 어렵다. 세금 부담이 늘더라도 좋은 입지의 부동산을 추가로 보유해 자산 볼륨을 키우는 것이 중요하다. 좋은 입지의 부동산은 +10%, -3% 조정을 반복하며 결국 +7%의 순증을 기록하는 우상향 패턴을 보여준다.

투자는 결코 쉽지 않다. 시장의 변동성, 세금 부담, 그리고 심리적 압박은 투자자를 끊임없이 괴롭힌다. 특히 지지부진한 시장은 투자자를 흔들기 쉽다. 하지만 성공한 투자자는 이런 어려움을 이겨내고 자산을 믿고 버틴 사람이다. 과거 2010년대 초반 부동산 침체기를 버텨 낸 투자자는 2020년대 부동산 호황에서 큰 수익을 얻었다. 한 번이라도 이 패턴을 경험한 투자자는 인내가 수익을 낳는다는 사실을 깨닫고 게임의 승자가 된다. 통화량 팽창은 이런 패턴을 더욱 강화할 가능성이 높다.

① 저점 매수 포착: 지지부진한 시장에서 좋은 입지의 부동산을 추가 매수하자
② 자산 볼륨 확대: 통화량 팽창의 수혜를 극대화하려면 총자산 볼륨을 키우자
③ 장기적 인내: 정치적 이슈와 가격 변동성에 흔들리지 말고 장기 우상향 패턴을 믿자

최근 나는 월세 수입을 억지로 키우는 대신, 전세금에 소액 월세를 붙이는 데 집중하고 있다. 예를 들어 보유 중인 검단신도시 아파트는 애초부터 아파트를 상가처럼 사용하고자 1층을 매수해서 가정어린이집 임차를 맞췄다. 최근 지하철 개통 후 전월세가 급감하며 전세 시세가 소폭 상승했다. 전세보증금을 동결하고 월세 15만 원을 추가로 받고자 제안했으나 임차인이 어려움을 호소해 일부 조정해서 월세를 받았다. 용산의 근린생활시설도 4년간 월세를 동결했지만, 임차인의 사업이 잘되고 기존 월세가 저렴했던 점을 감안해 10만 원 인상했다. 전세가가 높은 지역에서는 이런 식으로 소액 월세를 붙이고 있다. 이 소액 월세 전략은 현금흐름을 강화하면서도 자산의 유동성과 안정성을 지킨다.

월급쟁이 루지 부의 설계

인천 송도의 학군지 매물을 급매로 잡았던 사례도 있다. 매도자는 직전에 전세금을 최고가로 증액해서 받고, 그 돈으로 차량도 바꾸고 해외 여행을 다니는 등 여기저기 다 써버린 이였다. 전세 만기가 1년 남았음에도 2023년 금리 급등으로 전세가격이 무너지자 역전세가 두려워서 매우 저렴하게 내게 매도했다. 당시 매도자는 잔금날에 부동산 사장님과 내가 있는 자리에서 이렇게 얘기했다.

"이 아파트는 정말 팔기 싫은데 방법이 없네요. 지키고 싶은데 내년도 역전세 대응이 안 될 것 같고, 여기저기 저지른 게 많아서 울며 겨자 먹기로 매도하여 참 속상하네요."

부동산 투자자에게 최악의 순간은 매매가격의 하락이 아닌 역전세 상황이다. 역전세 상황에서도 월세를 조정하거나 받지 않아도 아무런 문제가 생기지 않는 자산 포트폴리오를 갖추는 게 무엇보다 중요하다. 시장 상황이 나아지면 언제든 월세를 정상 수준으로 올리면 그만이다.

용인 수지에 보유 중인 A물건도 마찬가지다. 2016년 3억 원 초반에 매수한 해당 주택은 현재 매매가 10억 원에 육박한다. 취득세, 중개료 등 기타 비용을 제외한 순수 투자금액은 2,500만 원이다. 현재 전세 가격은 5억 원에 육박하나, 주택임대사업자 등록으로 인한 연 5% 임대료 제한 의무가 있어서 전세는 3억 5,000만 원에 맞춰진 상태다. 매매가를 뛰어넘은 전세가 덕분에 이미 투자금을 100% 회수했기에 수익률은 무한대다. 주택임대사업자 8년 의무기간이 끝나면 시세대로 전세금을 증액할 수 있으나, 증액분만큼 월세로 환산해 받을 예정이다. 예적금 이율 4% 기준으로 1억 5,000만 원의 전세가 차액은 월 약 50만 원의 이자(기회비용)에 해당하나, 전월세 전환율과 수요 증가를 고려할 때 실제 시장에서는 월세 60~70만 원으로 환산 가능할 것으로 보인다.

괜찮은 부동산은 장기 보유하기만 해도 알아서 현금흐름을 가져다주는 날이 온다. 세금 부담이 높아지면 전월세에 전가될 수밖에 없음을 깨닫고 악으로 깡으로 지켜내게 된다. 부동산 매수 후에는 장기 보유를 위해 달려야 한다. 매수만 하면 끝이라 생각할 때 내가 보유한 자산은 나를 떠날 준비를 한다.

05 분산과 유연성,
다주택 포트폴리오의 핵심

다주택자로서 부동산 포트폴리오를 구축할 때 자산의 성격과 시장 구조를 철저히 분석해 전략적으로 접근해야 한다. 특히 안정적인 임차 수요를 확보하기 위해 학군지 부동산을 우선적으로 선택하는 것은 합리적이며 장기적으로 안정된 투자 결정이다. 학군지는 방사형 도시 구조의 중심에 위치해 주변 입주 물량이 증가하더라도 핵심 수요를 잘 흡수한다. 학령기 자녀를 둔 수요자는 교육 환경을 최우선으로 고려해 학군지로 꾸준히 유입되며, 일단 입주하면 장기간 머무르는 경향이 강하다. 이는 배당성장주가 배당금을 지속적으로 증액하는 것처럼 전월세 가격이 안정적으로 상승하는 구조로 이어진다. 학군지는 시장 변동성과 불확실성을 줄이고 포트폴리오의 안정성을 강화하는 핵심 요소인 셈이다.

역세권 부동산을 주식에 비유하면 기술성장주와 유사하다. 역세권은 교통 편의성, 개발 호재, 상업적 잠재력으로 인해 단기적으로 가격이 급등할 가능성이 크지만 시장 변동성이 높아 하락 시 리스크도 크다. 반면 학군지 부동산은 배당성장주와 같은 특성을 지닌다. 교육이라는 안정적이고 지속적인 수요를 기반으로 전월세 가격이 꾸준히 상승하며 매매가도 발맞춰 점진적으로 증가한다. 다주택자에게 매매 차익보다 전월세 수익의 안정성이 중요하다면 학군지가 정답이다. 학군지 투자는 안정적인 고소득 수요자를 임차인으로 들여 전월세 수익을 극대화하는 레버리지 전략이다.

예를 들어 송도 1공구는 채드윅 송도국제학교, 인천포스코고등학교 등 명문 학군과 국제학교 수요가 집중돼 있어 전월세 시장이 상대적으로 안정적이다. 특히 학령기 자녀를 둔 고소득층 가정의 실수요가 꾸준히 유입되면서 전세가율이 높게 유지되고, 월세 전환도 비교적 원활하게 이뤄지는 편이다.

투자자는 이런 수요를 활용해 높은 전월세 수익으로 자산을 운용하며 자산 볼륨을 키워야 한다. 교육비는 세금이 부과되지 않는다. 고소득층은 세금을 납부하는 대신 학원, 사교육, 교육 인프라에 막대한 자원을 투자한다. 자녀의 미래와 가문의 자산 가치를 높이는 전략적 선택인 셈이다. 소매업종과 같은 전통적 상업은 경쟁 과다로 가격 경쟁에 내몰리며 인플레이션을 판매가에 반영하기 어렵지만 교육은 수요가 끊이지 않고 학원비는 지속적으로 상승한다. 이런 구조는 학군지 부동산의 전월세 수익과 매매가 상승을 뒷받침하며 투자자에게 안정적인 현금흐름과 자산 가치 증가를 보장한다.

부동산 투자처를 두고 GTX(Great Train eXpress, 수도권 광역급행철도) 역세권
과 학군지 중에서 무엇을 선택할지 고민한 적이 있다. 역세권 매물은
가격 상승 잠재력이 매력적이었으나 장기적인 안정성과 수요의 지속
성을 고려했을 때 학군지가 내 포트폴리오에 더 적합하다고 판단했
다. 필자의 자녀가 고학년이 되는 시점에는 투자한 학군지 단지로 이
사해 직접 교육에 투자할 계획이다. 이는 자산 운용과 생애주기에 맞
춘 교육 전략을 함께 취하며 불확실성을 최소화하고 자산 시스템의
지속 가능성을 강화하는 판단이다.

부동산 포트폴리오 안정성을 높여라

시장에서 장기적으로 살아남으려면 자산을 분산하고, 다양한 물건을
골고루 가져가며, 유연하게 위기에 대처해야 한다. 매매가 낮은 부동
산의 가치를 무시하는 태도는 옳지 않다. 작은 물건은 자산 볼륨을 키
우는 기반이자, 환금성이 좋아 기회의 순간에 더 큰 도약을 가능케 하
는 무기가 되기도 한다. 볼륨이 큰 물건, 중간 물건, 작은 물건을 골고
루 가져가야 시장 변화에 유연하게 대응할 수 있다.

상급지 똘똘한 1채만이 답일까? 10년 보유하고 거주 요건을 채우
면 장특공 혜택이 상당하고 종부세 측면에서도 다주택자보다 유리한
건 사실이나, 10년 동안 내 인생에 변수(소득 끊김, 건강 악화 등)가 없어야

하고, 똘똘한 1채 선호도가 지속되면 세제 개편의 리스크도 있다. 만약 주택가액을 기준으로 세제개편이 이뤄진다면 작은 물건이 시간과 돈을 벌어들이는 데 오히려 유리할 수 있다.

투자와 실거주는 반드시 분리해야 한다. 다수가 찾는 직주 근접 지역은 투자로 접근하고, 내가 추구하는 가치에 맞으면서 주거비를 아낄 수 있는 곳에 실거주하는 것을 고려해보자. 회사 생활에 큰 꿈이 있고 오랜 기간 다닐 생각이라면 회사 근처로 점점 더 붙는 것이 옳으나, 퇴직을 꿈꾼다면 상황이 다르다. 퇴직 후엔 직주 근접이 무의미하다. 우리나라 직장인 비율이 인구의 50%를 훌쩍 넘으니 많은 사람이 출퇴근 편의를 최우선으로 삼지만, 퇴직 후 주거비 상승률이 소득을 앞지르는 상황은 피해야 한다. 부동산과 금융자산을 적절히 섞어 안정성과 균형을 만들어야 곤란한 상황을 피할 수 있다.

퇴직 후엔 자산과 본인의 일을 함께 운영하는 구조를 만들어야 롱런할 수 있다. 초반엔 열심히 일해 자산을 매수하고, 중반엔 자산과 함께 성장하며, 후반엔 자산의 효용을 누리는 단계를 밟아야 한다. 투자는 분산과 유연성의 시스템이다. 단가 낮은 물건의 가치를 이해하고, 좋은 가격대에 매수해 다양한 자산을 쌓아야 한다.

교육 양극화 시대의 부동산 전략

교육은 현대 사회에서 양극화를 심화시키는 요인 중 하나다. 학령기 인구가 감소하더라도 서울대 진학이나 대기업 취업의 문턱은 낮아지지 않고 오히려 상위권으로의 쏠림 현상은 가속화된다.

대치동, 목동, 분당, 중계와 같은 주요 학군지는 노후 아파트가 밀집한 지역으로 향후 재건축을 통해 신축 아파트로 전환될 가능성이 높다. 대치동의 은마아파트는 현재 전세가 10억 원 내외지만 재건축 후 신축으로 전환되면 전세가가 최소 15억 원 이상으로 급등할 것이다. 이는 목동, 분당, 중계, 대전 둔산, 대구 수성, 안양 평촌, 인천 송도와 같은 학군지 전반에서 나타날 현상이기도 하다. 재건축은 학군지 진입의 문턱을 크게 높인다. 과거에는 노후 아파트나 빌라를 통해 비교적 적은 비용으로 학군지 인프라를 누릴 수 있었으나 신축으로 전환되면 전세 또는 매매 비용이 급등한다. 자산과 교육의 상관관계가 더욱 깊어지며 교육 양극화를 심화할 가능성이 크다. 이런 변화는 영유아 가정을 포함한 예비 학부모에게 중요한 과제를 제시한다. 2026년 현재 영유아 자녀가 학령기에 도달할 시점에는 학군지 아파트는 신축이 주가 될 것이고, 진입 비용이 매우 높아질 테니 말이다.

투자자 관점에서 바라보면 학군지의 재건축 아파트는 고소득 임차인을 통한 레버리지 효과를 극대화하는 자산이다. 재건축 후 전세가가 상승하면 더 높은 전월세 수익을 확보하며 자산 가치를 키울 수 있기 때문이다. 대치동, 목동, 중계동 학원가 주변 구축 아파트를 매입한 투자자는 재건축 후 안정적인 고소득 임차인을 통해 높은 전월세 수익을 창출할 수 있고, 교육비 절세와 결합해 교육 양극화를 자산 증식의 기회로 활용할 수 있다. 학군지 투자는 자산 가치 상승, 전월세 수익, 실거주 효용을 동시에 제공하며 다주택자의 포트폴리오 안정화에도 도움을 준다.

요즘은 맞벌이 가정이 대부분이다. 학원가가 가까운 학군지는 부모의 시간적·정신적 부담을 크게 덜어준다. 아이를 학원에 맡겨두면 부모는 회사에 더 집중하거나 개인 시간을 가질 수 있다. 학군지에 살면 아이가 학교·학원·집을 모두 걸어서 다닐 수 있다. 매일 차로 픽업·드롭을 반복하며 겪어야 했던 교통 체증, 주차난, 시간에 쫓기는 스트레스가 사라진다. 그렇게 절약된 시간과 에너지는 부모에게 작은 여유가 되고, 좋은 컨디션으로 아이를 대할 수 있는 기반이 된다. 아이 입장에서도 마찬가지다. 차 안에서 보내는 시간과 이동 피로 없이 학교와 학원을 오가고, 도보로 집으로 이동해서 따뜻한 집밥을 먹으며 규칙적인 리듬으로 하루를 보낼 수 있다. 이런 부분까지 고려하면 학군지의 가치는 단순히 집값 프리미엄을 넘어선다는 것을 쉽게 알 수 있다.

교육 인프라, 인맥, 좋은 환경을 물려주는 종합 자산

1층 상가는 가격 전쟁으로 쓰러져도 상층부 학원은 학원비를 지속적으로 인상할 수 있다. 심지어 시험을 봐서 학원생을 선별한다. 수도권 집중화는 지방 국공립대 진학을 고려했던 가정마저 서울로 방향을 틀게 한다. 자녀 1명당 교육비가 과거보다 크게 늘어나며 인구가 절반으로 줄어도 학군지 부동산과 사교육 시장은 더 견고해진다. 서울대 입학이나 대기업 취업 경쟁이 과거보다 치열해진 현실이 이를 뒷받침한다.

투자계에서 'BTS'는 '비트코인, 테슬라, 서울 아파트(Bitcoin, Tesla, Seoul APT)'를 뜻하지만, 나는 'S'를 학군지를 뜻하는 단어인 'School district'로 명명하고 싶다. 치솟는 학원비를 비판하는 기사는 매년 나오지만 사교육은 부모와 자녀 모두에게 득이 크다. 체계적인 학원 시스템은 학습 매니지먼트, 튜터 지원 등을 통해 맞벌이 부모의 부담을 덜고 자녀의 학습 효율을 높인다. 월 100만 원인 학원비를 저축해 1~2억 원을 모으는 게 낫다는 주장은 단견이다. 좋은 대학과 직장은 높은 소득으로 이어지고 성공적인 재테크의 기반이 된다. 사교육은 자녀의 능력을 키워 선순환을 만든다. 미국 사립학교나 영국 국제학교에서도 사교육의 중요성은 같다. 한국은 외국과 비교하면 오히려 교육비가 저렴하다.

좋은 학군지 체크리스트

고학년으로 갈수록 학생 수가 유지되거나 증가한다

초등학교 저학년보다 고학년, 그리고 중학교·고등학교로 올라갈수록 학생 수가 줄지 않고 유지되거나 늘어나는 경우가 많다. 이는 초등학생인 자녀가 중·고등학교로 진학할 때까지 지역을 떠나지 않고 계속 머무르는 학부모들이 많고, 좋은 학군 입학을 목표로 다른 지역에서 이사 오는 신규 유입이 꾸준하기 때문이다. 이 두 흐름이 합쳐지면서 고학년으로 갈수록 학생 수가 점점 더 많아지는 패턴이 만들어지는데, 이런 변화는 교육 수요가 초등 단계에서 끝나는 것이 아니라 중·고등학교까지 장기적으로 이어진다는 증거다. 학군 전문가가 고학년 학생 수 증가와 전입 인구 증가를 좋은 학군의 대표 신호로 보는 이유도 여기에 있으며, 결국 학부모가 직접 선택한 결과라고 볼 수 있다. "이 지역은 초등부터 고등까지 끝까지 믿고 맡길 만한 곳이다"라는 판단이 증가하는 학생 수로 드러나는 셈이다.

공교육의 경쟁력이 평균 이상이다

학교의 내신 난이도, 수행평가 수준, 교사 역량, 진학 실적, 방과후·특강 프로그램 등이 주변 지역 대비 우수하다. 사교육에 의존하지 않아도 충분히 경쟁력이 있다는 의미다. 내신 1등급 컷이 높거나, 학생부 세부능력 및 특기사항 관리가 철저한 학교가 많다.

특목고·자사고·외고·국제고 진학률이 지역 평균을 크게 상회한다

해당 지역 중·고등학교에서 과학고·외고·국제고·자사고·의대·서울대 등 상위권 진학 실적이 뚜렷하게 좋다. 올해 몇 명 합격했다는 단발성 뉴스가 아니라 매년 안정적으로 다수가 진학에 성공한다.

학부모의 정보 네트워크와 학습 문화가 체계적이다

학년별·학교별 단톡방, 오프라인 학부모 모임, 학군 카페 등이 잘 운영된다. 입시 정보도 빠르고 정확하게 공유된다. 학부모가 적극적으로 정보를 수집하고 공유하는 문화는 교육 경쟁력을 높이는 요소가 된다

사교육 생태계(학원가)가 질적으로 우수하고 밀집돼 있다

단순히 학원이 많은 게 아니라, 유명 강사·대형 브랜드·전문 학원(국영수과논술·영재교육원 준비반 등)이 집중돼 있다. 학원가가 하나의 교육 생태계를 형성하고 있으며, 학생·학부모 이동 동선이 효율적이다.

학령기 인구의 유출이 적고 유입이 지속된다

전국적으로 학령인구가 급감하는 상황에서도 해당 지역의 초·중·고 학령인구가 유지되거나 소폭 증가하는 추세를 보인다. 인구 통계상으로도 학군의 장기적인 지속 가능성을 보여주는 중요한 지표다.

학교 주변 상권과 시설이 학군에 특화돼 있다

학원가 주변에 독서실·인쇄소·문구점·스터디카페·급식 배달 전문점 등이 발달해 있다. 학생과 학부모의 학습·생활 동선에 최적화된 상권이 자연스럽게 형성돼 있다.

학군지는 최고의 인프라와 인맥, 그리고 커뮤니티를 자녀에게 물려주는 진정한 '증여 자산'이다. 거주자들의 소비력이 높은 학군지와 학원가에 투자하는 것은 시간을 동력으로 삼아 자산 가치를 키우는 장기 전략이며, 이를 레버리지로 활용하는 것은 충분히 합리적이다. 설령 내가 학군지에 직접 거주하거나 자녀를 그곳 학교에 보낼 계획이 없더라도 말이다. 대한민국 학부모의 절반 이상은 자녀 교육에 올인할 수밖에 없는 구조다. 급여 인상 속도보다 학원비와 학군지 월세가 훨씬 빠르게 오르는 현실 속에서, 교육에 대한 열성은 자연스럽게 필터링 역할을 한다. 경제적 여력이 부족한 수요자는 알아서 탈락하고, 안정적이고 높은 임대료를 지불할 수 있는 고소득 임차인만 남는다. 교육을 향한 사회적 욕망을 자산 증식의 도구로 활용하자. 자녀의 미래와 가정의 재무 안정성을 동시에 챙길 수 있는 현명한 전략이다.

〈도표 2-1〉 대한민국의 대표적인 학군지 리스트

지역(시/도)	대표 학군지	주요 특징 및 매력 포인트	비고
서울 강남권	대치동 (강남구)	전국 최고 수준 입시 실적, 학원 밀집도 최고, 특목·자사고·의대·서울대 진학 실적 우수	전국 대표 학군지로 최상위권 유지
서울 강남권	반포동·서초동 (서초구)	한강 생활권, 명문 학교 밀집, 서울대·특목 진학률 높음, 최근 학원가 성장과 신축 공급 활발	최근 강세 지속, 대치동과 함께 서울 최상위권 경쟁
서울 서부	목동 신시가지 (양천구)	서울 서부 대표 학군, 내신 관리와 특목고 진학 실적 우수, 재건축 진행 중	안정적인 상위권 학군 유지
서울 강북	중계동 (노원구)	강북 대표 학군, 은행사거리 학원가 중심, 특목고 진학 실적 좋음 재건축 기대감	강북권 최상위, 신축 공급으로 주목 상승
경기 남부	분당 (수내·정자·판교)	경기도 대표 학군, 면학 분위기와 학원 인프라 우수	경기도 내 최상위권 유지, 판교 쪽 수요 높음
경기 남부	용인 수지 (수지구청역)	신분당선 역세권, 학원·상권 중심, 교육열 높고 가성비 우수, 젊은 학부모 유입 활발	가성비 좋은 학군으로 평가, 최근 상승세
경기 남부	안양 (평촌)	남부권 학원가 중심, 실속형 학군	안정적인 인기 유지, 가성비 강점
경기 북부	일산 (고양시) - 후곡·백마	전통 학군, 쾌적한 주거 환경	장기 안정형 학군
인천광역시	송도 (연수구)	국제 교육 강점, 특목·자사고 진학률 높음	신도시형 학군, 국제 교육 차별화
대구광역시	수성구 (범어·만촌·황금 등)	지방 대표 학군, 의대·명문대 진학 실적 우수	지방 최상위권, 실적 안정적
대전광역시	둔산동 (서구)	충청권 대표, 학원가 규모 크고 실적 안정적	지방 상위권 유지
부산광역시	해운대 (우동·좌동)	학원 인프라, 생활 편의성·바다뷰	안정적인 상위 학군, 쾌적 생활 강점
부산광역시	사직 아시아드 (동래·연제구 경계)	학원 밀집도 최고 수준, 명문 학교 도보권, 내신·특목 진학 실적 탄탄	부산 내 투톱 학군, 학원 중심 강점
광주광역시	봉선동·수완동 (남구·광산구)	호남권 대표, 학원 밀집도 높고 교육열 상승세	지방 중 성장세 두드러짐

06 부증성, 상징성, 장기적 관점

부증성(不增性, 토지의 물리적 양을 임의로 증가시킬 수 없는 성질)은 부동산 투자의 본질을 이해하는 데 핵심적인 개념이다. 토지는 자연적 재화로서 면적의 유한성과 수량의 고정성이 특징이다. 수요의 입지 경쟁을 유발하며, 이는 장기적으로 가격 상승을 견인한다. 앞서 논의한 학군지도 지속적인 학군 수요와 국제학교로 인한 외부 고소득층 유입으로 입지 경쟁이 치열하다. 이는 전월세 가격의 안정적 상승과 매매가의 점진적 증가로 이어진다.

부증성을 간과한 투자자는 외곽지 신축 아파트와 같은 상품 가치에 치중하지만, 시간이 지남에 따라 토지의 본질적 가치가 시장을 지배한다. 공급이 제한되고 수요가 복리로 증가하는 자산은 필연적으로 가격이 상승한다. 이는 '공급 제한+수요 증가=가격 상승'이라는 단순하지만 강력한 공식으로 설명된다.

　서울 부동산 시장은 자산의 상징성과 권력을 추구하는 무대로 변모했다. 특히 강남을 비롯한 초고가 아파트 시장은 부유층의 라이프 스타일과 네트워크를 상징하는 공간으로 자리 잡았다. 이들이 100억, 200억, 심지어 300억 원에 달하는 아파트를 매수하는 이유는 고가 아파트의 높은 상징적 가치 때문이다. 강남과 같은 특정 지역의 고가 아파트는 희소성과 높은 신분을 상징하며, 같은 계층 내에서 네트워크를 형성하는 데 중요한 역할을 한다. 사회적 지위를 공고히 하고 엘리트 집단과의 연결고리를 강화하는 전략적 선택인 셈이다. 이들에게 부동산 가격의 등락은 부차적인 문제다.

　고가 아파트는 자산 포트폴리오의 일부이자 에셋 파킹(Asset Parking, 안전한 투자처에 자산을 저장해 가치 보존과 리스크 관리에 초점을 두는 전략)의 대상이 된다. 부동산이 권력과 영향력의 상징으로 기능하는 것이다.

상징적 가치와 네트워크 이해하기

정부의 부동산 규제 정책은 이런 부유층의 행태와 서민의 현실을 구분하지 못한 채 포괄적으로 적용된다. 대출 없이 자산 포트폴리오를 다각화하거나 네트워크를 강화하기 위해 고가 아파트를 매수하는 소수 부유층과 주거 안정과 거주의 자유를 추구하는 서민은 전혀 다른 경제적 세계에 속한다. 그럼에도 서울 전역과 수도권 일부를 조정대상지역이나 토지거래허가구역으로 묶는 규제는 서민의 주거 선택권을 제한하고 시장의 유연성을 저해한다. 이런 정책은 오히려 부유층의 자산 증식에는 큰 영향을 미치지 않으면서, 서민의 자산 증식을 제한하는 결과를 낳는다.

서울의 부동산 시장은 이제 글로벌 도시들과 어깨를 나란히 하는 초고가 자산이다. 이는 자본주의와 기술이 주도하는 시대적 흐름 속에서 부의 집중과 양극화가 가속화된 결과다. 2017년 규제가 시작된 이후에도 서울의 주요 지역은 한 단계 높은 가격으로 도약했다. 오늘날의 부동산 투자에서 레버리지를 활용한 원샷 전략(One-Shot Strategy)* 을 통해 자산을 확대하거나 가치 방어에 집중할 필요가 있다. 과거를 돌아보면, 2017년의 규제 속에서도 부동산 가격은 상승했고, 현재의 시장도 미래에 비슷한 평가를 받을 가능성이 크다. 자산가가 부동산을 단순한 투자 수단이 아닌, 상징적 가치와 네트워크의 도구로 활용하는 이유이다.

시장이 들썩일 때 남들은 매수와 매도를 반복하며 단기 차익을 좇는다. 하지만 그때마다 수수료와 세금이 수익을 갉아먹는다. 부동산이든 주식이든, 훌륭한 자산을 사서 시스템으로 굴리면 시간은 내 편이 된다. 인플레이션이 자산 가치를 띄우고, 월세와 배당이 현금흐름을 만든다.

----

* 일정 기간에 걸쳐 나누어 투자하지 않고, 보유 자금을 한 번에 특정 자산에 투입하는 방식의 투자 전략. 시장 타이밍을 정확히 맞출 경우 높은 수익을 기대할 수 있지만, 진입 시점이 불리할 경우 손실 위험이 크게 확대된다는 특징이 있다.

두 가지 선택지가 있다. 여러 차례 갈아타며 모두가 인정하는 '뱀머리(그 지역 대표 아파트)'에 올라타 10년 보유 및 거주 요건을 채우는 것. 또는 애매한 1주택을 보유했거나 거주 요건을 채우기 어려운 주택을 보유했다면 다주택 포지션을 정립하는 것이다. 인플레이션은 피할 수 없는 현실이다. 자산을 보유하면 인플레이션은 적이 아니라 파트너가 된다. 장특공은 매년 2%씩 세금을 줄이고(2026년 현재, 1주택자를 포함해서 장특공 축소를 논의 중이지만, 규제는 정권에 따라 언제든 완화와 강화를 반복한다), 월세는 인플레이션에 따라 우상향하며, 부동산 가치는 지속 상승한다. 주식 장기 보유는 거래 비용을 아끼고, 기업 성장의 혜택을 공유한다. 이 모든 게 시스템이다. 남들은 단기 차익에 눈이 멀어 이 시스템을 파괴하지만, 시간을 믿고 시스템을 지키는 데 집중해야 한다. 투자는 운에 달려 있다. 지금 투자를 하며 이 글을 읽고 있다는 건 이미 운이 좋은 사람이다. 단기 유혹을 뿌리치고 시간에 투자해 시스템을 만들고 지키자.

07

수익률에 기반한 부동산 투자

초기에 투입한 자금을 빠르게 회수하고 자산 가치를 키우는 것이 투자자의 핵심 과제다. 부동산 한 채에 수십억 원에 달하는 큰돈을 묻고 마냥 기다리는 건 시간을 버는 게임이 아닐 수 있다. 투자는 시간을 사는 게임이다. 자유로운 시간은 자산 시스템과 현금흐름이 만들어준다. 레버리지는 적은 자본으로 큰 수익을 낼 수 있게 해주는 도구이고, 투자금 회수 기간은 기회비용을 줄이고 다음 투자로 넘어가는 속도를 좌우한다. 레버리지를 잘 활용하고 투자금을 빠르게 회수하면 부동산은 매력적인 자산으로 부상한다.

속초에서 펜션을 운영하는 지인이 있다. 처음엔 직접 발로 뛰며 펜션을 관리했지만, 곧 매니저를 고용해 시스템을 만들고 몇 달 만에 투자금을 회수했다. 이후 서울에서 낡은 모텔을 매수해 감정가를 초과하는 대출을 받아 인테리어, 취등록세, 이자 비용을 충당했다. 그는 6개월에서 길어도 1년 안에 투자금을 회수할 계획이었고, 실제로 투자금이 회수되자 사업 확장을 위해 다른 지역을 알아봤다. 이 방식은 자본이 묶이지 않고 현금흐름을 만들며 다음 기회를 창출한다.

이런 접근은 부동산의 잠재력이 비트코인이나 주식에 결코 뒤지지 않음을 보여준다. 비트코인은 금 시총까지 성장할 잠재력이 있고, 테슬라를 비롯한 기술성장주도 계획 중인 사업을 성공시킨다면 10배 이상 성장할 가능성이 있다. 국내에서 비트코인 담보대출은 여전히 제약이 많지만, 주식 담보대출은 유동성이 필요할 때 즉시 활용할 수 있다는 것도 장점이다. 이는 투자금 회수와 비슷한 개념으로, 자산을 팔지 않고도 현금을 만들어 재투자 기회를 늘리는 도구이다. 기술성장주 투자에서 100% 수익이 나면 원금을 회수하고 수익금만 남겨 영원히 보유할 수 있는 기반을 마련할 수 있다. 회수한 원금은 또 다른 100% 수익률을 줄 자산이나 SCHD(Schwab U.S. Dividend Equity ETF, 미국 배당성장주 지수 추종 ETF)에 투자할 수 있다.

투자는 투자금 회수 기간을 고려하는 것과 본업을 잘 챙길 때 지속할 수 있다. 실거주 1채를 마련한 뒤 투자가 끝났다고 생각하고 시장을 떠나는 사람을 자주 본다. 그러나 이는 잘못된 접근이다. 초기 자금을 최대한 빨리 회수하고 수익금으로 장기적인 투자를 해야 한다. 부동산 투자를 할 때 레버리지 활용이 쉽고 투자금 회수 기간을 앞당길 수 있다면 입지가 좋지 않은 물건도 훌륭한 상품이다. 가격까지 무너졌다면 더없이 좋은 기회다.

08

월세금 시대가 온다

사회적·정치적 갈등의 한복판에 부동산이 있다. 전 세계적으로 빈부 격차가 심화되면서 상위층의 부에 대한 불만이 커지고, 이를 정치적 도구로 활용하려는 움직임이 거세다. 현금 살포 정책이 기본값처럼 자리 잡으며 재원 마련 명분으로 부유층, 특히 부동산 자산가를 겨냥한 세금 정책이 갈수록 강화될 가능성이 높아지고 있다. 과거에는 다주택자가 부동산 시장 과열의 주범으로 낙인 찍혀 규제의 핵심 타깃이었고, 이제는 고가 1주택 보유자를 새로운 적폐로 낙인 찍을 조짐이 보인다.

다주택자에 대한 세금·대출 규제가 극도로 세지면서 자산가는 여러 채를 분산 보유하기보다 가치가 안정적이고 입지가 뛰어난 고가 주택 한 채에 자산을 집중하는 '똘똘한 한 채' 전략으로 급히 이동했다. 이로 인해 전월세 시장에서는 매물 공급이 줄어 임대료 상승과 전세난이 심화되는 부작용이 뚜렷해졌다. 정부도 이 상황을 모르는 것은 아니다. 다주택자를 세게 압박하면 매물이 더 잠기고 전월세난이 악화될 수 있다는 점을 잘 알고 있음에도 정치적 책임론이 불거질 수 있기에 애써 외면할 뿐이다. 2026년 들어 '똘똘한 한 채'에 대한 보유세 확대 논의가 본격적으로 수면 위로 올라오고 있으나, 이건 다주택자 규제를 완화하려는 신호가 아니다. 규제 대상이 다주택자에서 고가 1주택자로 조금 더 넓어진 것이라는 점을 분명히 기억해야 한다.

이런 변화는 부동산 보유의 성격을 바꾸고 있다. 수십억 원대 슈퍼카를 살 능력이 있는 사람이 차량 구매를 꺼리는 이유가 무엇일까? 지속적인 유지비용 때문이다. 고가 자동차는 연료비·보험료·자동차세·정비비 등 매년 어마어마한 지출이 발생하고, 이를 감당하지 못하면 '카푸어(Car+Poor, 자동차 구매 및 유지비에 과도한 돈을 지출해 생활이 경제적으로 궁핍해진 상태 또는 그러한 사람)'가 돼 결국 차를 처분하게 된다. 부동산도 비슷한 길을 걷고 있다. 아무리 고가 주택을 현금으로 매수할 수 있어도, 지속가능한 소득과 현금흐름이 뒷받침되지 않으면 보유는 큰 부담으로 작용한다.

만약 보유세가 주택 수 중심에서 가액 중심으로 바뀌고 고가 주택에 대한 누진세율이 강화되는 방향으로 간다면 고가 1주택자의 세금 부담도 상당히 늘어날 수 있다. 여기에 세금 증가가 집값 상승을 자극해서 공시가격이 따라 오르면 '공시가격 상승 → 세금 추가 증가'라는 악순환이 생길 가능성도 있다. 아크로리버파크나 원베일리 같은 초고가

 월급쟁이 루지 부의 설계

신축·재건축 단지는 최근 가격이 급등하면서 현금 부자가 주로 매입했다. 이들은 보유세 강화 우려가 상대적으로 덜하다. 하지만 과거부터 한 채를 오래 보유하다 가격이 폭등한 은퇴 시기 1주택자는 상황이 다르다. 이들은 갑작스러운 세금 부담 증가로 압박을 받을 수 있다.

예를 들어 서울 서초구 반포동 아크로리버파크 전용 $84\,m^2$의 경우, 2025년 말 중층 실거래 기준 시세는 약 50억 원이다. 2025년 보유세(재산세+종부세) 추정치는 1주택자 기준으로 1,500만~2,000만 원 정도다. 만약 정부가 2026년부터 고가 주택 보유세를 강화(공정시장 가액비율 상향 등)한다면, 1주택자 부담이 2,500만 원 이상으로 늘어날 가능성이 크다. 다주택자라면 1억 원 가까이 또는 그 이상이 될 수도 있다. 마치 월세처럼 세금을 내는 상황이 될 수 있어서, '월세금' 같은 신조어가 생길지도 모른다. 현금흐름이 탄탄하지 않은 보유자는 자산 유지가 어려워질 수 있다. 결국 세금 부담을 견디지 못하고 매각하는 사례가 늘어날 전망이다. 왕관의 무게를 감당하기 힘든 사람이 점점 많아질 수 있다는 뜻이다.

똘똘한 한 채조차 안전지대가 아니다. 자산가는 가장 가치 있는 한 채를 고르는 데 그치지 않고, 지속 가능한 세금 부담과 유지 가능성을 최우선으로 재고해야 하는 시대가 다가오고 있다. 다주택자는 월세 인상이나 보증금 증액으로 보유세 부담을 일부 전가하거나, 양도세 중과를 감수하고 급매로 매도해 자금을 마련할 여지가 있다. 반면 고가 1주택자는 장특공을 포기하기 어려워 매도를 망설인다. 해당 주택을 세를 주고 다른 곳으로 이사하거나, 하급지로 옮기는 것도 생각처럼 쉬운 게 아니다. 삶의 터전을 떠나는 것은 삶의 질과 사회적 자본의 손실을 동반하기 때문이다. 따라서 고가 1주택자는 세금 부담에 직면해도 쉽게 움직이지 못한다. 그들은 자산을 잃거나 임차인에게 비용을 전가할 수밖에 없으니 전월세 시장의 불안은 높아질 가능성이 크다.

고가 주택에 대한 보유세 강화는 단기적으로 해당 주택의 전월세 가격 상승으로 이어질 수 있다. 고가 주택 소유자가 세금 부담을 전가하려 월세를 인상하면, 주거비 부담이 가중돼 서민층의 불만이 커진다. 하지만 장기적으로 주택 수에서 주택 가액 중심으로 세금 정책이 전환되고, 다주택자 규제가 완화되면 똘똘한 한 채 집중 현상이 완화될 가능성이 있다. 이는 투자자의 시장 참여를 늘리고, 건설사가 신규 공급과 재정비 사업에 적극적으로 나서게 할 것이다. 부동산 시장의 시총은 증가하면서 전월세난이 해소되고, 양극화가 완화되는 효과를 기대할 수 있다. 그러나 현실적으로 이런 시나리오가 전개되기는 어렵다.

고가 주택 1채를 보유하려면 충분한 현금흐름을 주는 자산, 예를 들어 종부세가 잡히지 않는 월세를 받는 비주택이나 금융 자산처럼 현금성 자산을 포함한 다각화된 포트폴리오가 필수이다. 현금흐름을 창출하는 자산은 보유 체력을 강화하고, 보유세 리스크를 분산시키는 데 결정적 역할을 한다. 부동산은 구매력 유지를 위한 수많은 투자 자산 중 하나의 수단일 뿐이다. 고가 주택은 자산 증식의 도구로 여겨졌지만, 이제는 보유세와 사회적 압박이라는 변수 속에서 지속 가능성을 고려해야 하는 자산이 되고 있다. 그리고 현재 시장은 이미 다주택

   월급쟁이 루지 부의 설계

자가 상당수 빠져나가고 실수요자 중심으로 재편되고 있다. 그런데도 여전히 다주택자를 전월세 공급자로 보지 않고 가격을 올리는 투기 수요로만 바라보는 시각이 지배적이다. 그러므로 시장에 대한 제대로 된 진단이 나오기 어려울 가능성이 매우 높다. 다주택자라면 섣부른 낙관이나 기대를 접고, '고가 주택'이라는 새로운 틀이 등장했다고 받아들이는 것이 더 현실적인 접근이다.

부동산은 세금 정책 변화와 사회적 양극화 속에서 유지비를 감당할 수 있는지를 먼저 따져야 하는 복잡한 투자처가 됐다. 각자의 삶의 방식, 그동안 쌓은 경험, 소득 수준, 소득의 지속 가능성은 다르다. 예측하지 못한 수많은 변수로부터 누구도 자유로울 수 없다. 부동산 투자는 개인의 재무 상황과 리스크 수용 능력을 철저히 점검하고 접근해야 한다.

임장, 프롭테크를 뛰어넘는 경쟁력

임장(臨場)*을 무시하는 사람이 많다. 직방, 호갱노노, 네이버 부동산 앱과 유튜브, 카페 등에서 실시간 시세와 급매 정보가 쏟아지고, AI가 해주는 매물 추천까지 받을 수 있으니 '굳이 발품 팔아 임장할 필요가 있나?'라는 생각이 들기 쉽다. 그러나 이는 큰 오산이다. 지금처럼 프롭테크(Proptech, Property와 Technology의 합성어로 부동산과 IT를 결합한 서비스)와 각종 SNS 정보가 넘쳐나는 시대에 임장은 오히려 더 빛을 발한다.

온라인에서 다수가 공유하는 정보는 누구나 알 수 있는 공통분모에 불과하다. 투자자의 직감과 확신을 키워주는 것은 오직 현장에서만 느낄 수 있는 분위기, 사람들과의 대화에서 얻는 나만의 정보, 그리고 현장에서 느껴지는 미묘한 촉에 있다. 임장은 현장에서만 체감할 수 있는 미묘한 분위기를 온몸으로 느끼고, 중개사님의 말투와 눈빛, 동네 주민의 움직임과 대화, 햇빛이 비치는 방향까지 모든 것을 분석해 나만의 정보를 추리는 과정이다.

임장 후 이어지는 정리와 복기의 시간이야말로 진정한 배움과 성장을 이끄는 수업이다. 임장 레포트를 만들라는 게 아니다. 그런 활동은 오히려 행동을 주저하게 만든다. 데이터로 습득 불가한 촉을 쌓겠다는 생각이 핵심이다.

많은 투자자가 임장에 과도한 의미를 부여하며 다녀왔다는 사실만으로 만족한다. 그러나 실제로 투자 성과를 극적으로 가르는 것은 임장 후 내가 지나

---

* 부동산 투자에서 실제 대상 지역이나 매물을 직접 방문하여 입지·교통·생활 인프라·주변 환경·시세 흐름 등을 현장에서 확인·분석하는 활동을 의미한다. 온라인 정보나 자료만으로 파악하기 어려운 현장성을 보완하기 위한 핵심 과정으로 활용된다.

온 길을 다시 한번 훑어보며 머릿속에 체계적으로 정리하고, 느낀 감각과 인사이트를 명확히 각인하는 과정에 있다.

임장은 끝이 아니라 시작이다. 복기와 정리가 직감을 날카롭게 벼리고, 다음 임장의 질을 비약적으로 끌어올리며, 남들이 놓치는 결정적 기회를 포착하는 힘을 만든다.

남들이 투자금 4~5억을 투입해 매수할 때, 지속적인 관심을 통해 2~3억 선으로 물건을 잡아낼 수 있는 기회는 여전히 곳곳에 존재한다. 금액대를 좀 더 낮춰서 남들이 2~3억을 들일 때 1억 선으로 끊어서 들어갈 수 있는 매물도 분명히 나오기 마련이다.

수지구청 물건을 예로 들어보자. 다들 3억 중후반에 매수하고 전세 2억 후반에 세팅을 할 때였다. 퇴근 후 수개월에 걸쳐 중개사님을 찾아가 돈이 부족하지만 꼭 1채 매수하고 싶다는 진심 어린 의지를 반복적으로 전달한 끝에 3억 초반에 매수해서 투자금을 크게 줄일 수 있었다. 심지어 중개사님이 가계약금을 본인 돈으로 선지급하기도 했다.

과거라서 가능했다고? 결코 그렇지 않다. 최근 송도 학원가(1공구) 역시 남들이 3~4억 갭으로 들어갈 때, 과거 매수를 놓친 데 따른 후회 속에서 철저한 복기를 통해 특정 단지만 집중적으로 파고들어 매우 소액으로 매수할 수 있었다. 하나를 정했으면 끈질기게 바라보고 접근해야 기회가 온다. '이 가격대면 아직 매력적이다. 아직은 충분히 매수할 만하다. 지금은 과열돼 비싸 보인다' 같은 냉정하고 객관적인 평가 잣대로 판단할 수 있어야 한다.

임장은 단순히 어떤 지역을 매수하기 위한 도구가 아니다. 내가 진정으로 원하는 지역과 보유 중인 매물에 객관성과 확신을 더해주는 과정이며, 바로 그 확신이 강력한 보유력의 근간이 된다. 보유력은 장기적으로 안정적인 자산을 축적하려는 투자자가 지녀야 할 기본 체력이며, 이는 현장에서 직접 쌓은 감각과 끊임없는 자기 질문 속에서 길러진다고 믿는다.

프롭테크와 SNS가 아무리 발달해도 임장으로 기른 촉은 따라올 수 없다.

10번을 다니면 1번의 기회가, 100번을 하면 10번의 기회가 온다는 생각으로 임장에 임하자. 중간에 끊는 것이 아니라 일정 기간 집중적으로 몰아서 다니는 것이 촉을 키우는 데 더 좋다.

09 대지지분 전쟁, 세금과 규제를 넘어선 승자들

다주택에 대한 인식을 바꾸는 일은 결코 쉽지 않다. 특히 2026년처럼 취득·양도세 중과, 종부세 중과, 대출규제라는 삼중고가 동시에 덮치면서 보유비용이 치솟고 거래마저 꽁꽁 얼어붙으면 똘똘한 한 채가 정답처럼 보인다. 그러나 장기적인 자산 형성의 본질을 깊이 들여다보면 승률을 결정짓는 유일한 핵심 변수는 여전히 대지지분의 질과 양이다.

땅은 새롭게 만들어지지 않는다. 이것이 앞에서 설명한 부증성이다. 서울시 면적은 605.2km^{2}로 고정돼 있다. 사람이 살고, 기업이 자리 잡고, 교통이 편리한 우량 대지는 전체의 5%도 채 되지 않는다. 화폐는 중앙은행이 키보드만 두드리면 무한히 늘릴 수 있지만, 강남역 반경 500m 안에 있는 땅은 100년이 지나도 전혀 늘지 않는다. 강남 테헤란로·여의도 IFC 앞·판교 테크노밸리 안의 땅은 역사적으로도, 물리적으로도, 법적으로도 단 $1m^2$도 추가될 수 없다. 이 절대적 공급 제약이 희소성의 본질이며, 다른 모든 자산과 근본적으로 구분되는 지점이다.

꾸준히 팽창하는 화폐는 부증성과 희소성을 가진 우량 대지지분으로 몰려들 수밖에 없다. 이는 지난 100년간 서울 강남과 마용성(마포구·용산구·성동구), 맨해튼, 런던 시티, 모나코, 홍콩 미드레벨에서 매번 증명됐다. 기술 진보가 아무리 빨라도 그 기술이 구현되는 공간은 여전히 땅 위에 있다. AI가 인간 노동을 대체한다 해도 서버는 땅에 세워지고, 광케이블은 땅에 묻히며, 가상 세계도 실물 토지 위에 세워진 데이터 센터에서 돌아간다. 모든 생산물과 서비스는 대지지분 위에서 부가가치가 더해져 탄생한다. 사람이 하든 기계가 하든 기본값은 변하지 않는다.

부동산을 살 때 우리는 아파트, 상가, 오피스텔, 빌라, 빌딩이라는 껍데기를 사는 것이 아니다. 그 아래 깔린 대지지분을 사는 것이다. 다주택자란 단순히 주택을 여러 채 가진 사람이 아니라, 우량 대지지분을 여러 개 확보한 사람이다. 1주택자는 단일한 최선의 대지지분을 보유한 사람이다. 반면 2주택자·3주택자는 상급지 한 채로 모든 것을 해결하겠다는 이상적 그림이 현실의 벽(자금, 규제, 시기)에 막혀 있다는 사실을 인지한 사람이다. 그래서 그들은 차선이라도, 차차선이라도 괜찮다고 생각한다. 한 채로는 채울 수 없는 대지지분의 양을 여러 개의 준우량·차상급 입지로 나누어 메꾸는 실용적인 전략가다.

사람이 북적이는 곳, 외국인이 몰리는 곳, 크레인이 쉴 새 없이 돌아가는 곳을 직접 찾아가보자. 강남·명동·홍대·성수, 개발이 한창인 신도시, 판교 2밸리처럼 새 사옥이 연이어 들어서는 현장이라면 더욱 좋다. 그곳에 서면 알게 된다. 땅은 여전히 모든 부의 기초이며, 화폐 가치가 하락하는 시대에 실질가치를 지킬 수 있는 가장 강력한 방어 수단이라는 사실을 말이다.

■ 부동산 세금의 비밀 ■

부동산 투자자라면 세금은 시세차익을 절대 앞지르지 못하고, 세금 은 어떤 형태로든 결국 시장에 전가된다는 사실을 명심할 필요가 있 다. 세금이 아무리 무겁게 중과돼도, 장기적으로 우량 대지지분의 가 치 상승 속도는 세금 부담을 훨씬 앞선다. 세금은 결국 가격에 녹아서 타인에게 전가되기 때문이다. 매도자가 양도세를 더 많이 내야 한다 면 매도 호가가 덩달아 올라간다. 반대로 매수자가 취득세나 기타 세 금을 더 내야 한다면 그만큼 가격을 깎으려 한다. 보유세도 마찬가지 다. 임대인은 세금 부담을 임대료 인상으로 돌리려 하고, 시장은 자연 스럽게 가격이나 임대료로 흡수한다. 부의 흐름은 여전히 우량한 땅 의 절대적 희소성과 수요 증가가 주도한다.

　양도세 중과가 극심해지면 오히려 매도를 포기하고 물건을 거두거 나 증여로 넘기는 경우도 생긴다. 매물이 시장에서 사라지고 거래가 완전히 얼어붙으면 호가만 치솟는 기이한 현상이 벌어진다. 실제 거래는 거의 없는데 가격은 계속 올라가고, 이런 상황이 깊어지다 보면 결국 정치적 파장이 커진다. 국민의 주거 불안과 불만이 폭발하면서 정권에 대한 비판이 쏟아진다. 여야가 정권을 주고받는 극적인 장면으로까지 이어진 적이 한두 번이 아니다.

대지지분의 부증성과 시장이 세금 부담을 전가하려는 본능적인 특성은 영원하지만 정권과 정부 정책은 영원하지 않다. 세금 중과나 규제 강화가 우량 대지지분의 실질 가치를 꺾은 사례는 거의 없다. 규제가 세질수록 공급은 더 강하게 제약되고, 우량 입지의 희소성은 더 극대화되며, 가격 프리미엄이 커지는 패턴을 반복했다. 세금은 일시적인 비용일 뿐이다. 땅의 본질적 부증성과 입지 우위는 세월이 흘러도 변하지 않는 영원한 자산으로 남는다.

세금 소음이나 단기 규제 압박에 휘말리지 말고 본질을 직시하자. 우량 대지지분을 최대한 확보하는 전략이 장기적으로 가장 높은 승률을 보장한다. 가능한 한 많은 우량 대지지분을 최대로 확보하는 쪽이 기대 수익률과 승률 모두에서 유리하다. 인플레이션의 통제권은 중앙은행이 쥐고 있지만, 인플레이션의 최종 귀착점은 언제나 부증성과 희소성을 가진 땅이라는 것은 불변의 진리다.

10 왜 우리는 아파트를 포기하지 못하는가

한국인의 부동산, 특히 아파트에 대한 애정은 매우 각별하다. 아파트는 부의 축적, 사회적 지위, 안정감의 상징이다. 한국의 급속한 도시화·산업화 역사와 독특한 주거 문화가 만들어낸 결과다. 1970~1980년대 대규모 아파트 단지가 도시에 우후죽순 들어서면서 아파트는 중산층의 표준 주거 형태로 자리 잡았다. 아파트는 서울과 수도권에서 주거 공간을 넘어 '자산 증식의 핵심 수단'으로 인식된다. 수천 세대, 심지어 1만 세대가 넘는 초대형 단지는 자체 관리 사무소, 동대표 선거, 커뮤니티 운영 자금, 장기수선충당금* 등을 통해 작은 도

* 엘리베이터, 옥상 방수, 배관 등 아파트의 노후화된 주요 시설을 교체하거나 보수하기 위해 장기수선 계획에 따라 적립하는 금액.

시처럼 운영된다. 아파트는 단순한 건물이 아니라 '삶의 터전'이자 '공동체의 중심'이다. 단지 안에서 교육, 쇼핑, 여가, 사회적 관계까지 대부분 해결할 수 있고, 그 안에서 소속감과 안정감을 얻는다.

아파트의 또 다른 힘은 실물 자산이라는 점이다. 직접 만져보고, 내 취향대로 인테리어를 꾸미고, 가족의 소중한 일상을 채우는 공간이다. 시간이 지나면서 가치가 오르는 경향이 강하고, 물리적으로 존재하기에 심리적 안정감이 크다. 반면 주식이나 코인은 숫자로만 존재하는 추상적 자산이다. 변동성이 극심하고 외부 요인에 휘둘리기 쉬워 내 손으로 통제할 수 없다는 불안감이 늘 따라붙는다.

한국인의 아파트 사랑은 경제적 합리성을 넘어 심리적·문화적 욕망과 깊이 연결돼 있다. 아파트를 소유한다는 것은 사회적 성공의 증표이자 불확실한 미래에 대한 안전망으로 여겨진다. 높은 교육열, 치열한 경쟁, 상대적으로 불안정한 고용 환경 속에서 내 집 하나는 있어야 한다는 불안과 열망이 아파트에 투영된 것이다.

한국인에게 주식과 코인은 장기 투자보다 단기 차익 실현의 도구로 여겨지는 경우가 많다. 한국 주식 시장은 변동성이 크고, 개인 투자자가 단기 매매에 몰두하는 경향이 뚜렷하다. 코인 시장도 급등락이 반복되며 투기 심리를 부채질한다. 그래서 주식이나 코인이 크게 오르면 빠르게 매도하고 그 수익을 부동산으로 옮기려 한다. 부동산은 주거와 투자 기능을 동시에 수행하며 삶의 안정성에 크게 기여하기 때문이다.

반복되는 부동산 규제는 오히려 역효과를 낸다. 아파트 구매가 어려워지면 소유욕은 줄어들기는커녕 더 강해진다. 규제로 인해 줄어든 공급만큼 수요와 욕망이 증폭되는 '희소성의 원리'가 한국 부동산 시장에서 극명하게 작동한다. 정부가 대출 규제, 세금 강화, 공급 제한 같은 정책을 쏟아내면 단기적으로 시장이 주춤할 수는 있다. 하지만 아파트에 대한 근본적인 열망을 꺾지는 못한다. 규제가 조금만 풀리거나 시장 분위기가 살아나는 순간 수요가 폭발적으로 터져 나온다. 규제가 강할수록 숨겨진 욕망이 더 커지는 역설이 한국 부동산의 오랜 패턴이다.

주거는 인간의 기본 욕구 중 하나로 생존과 직결된다. 주식·코인은 경제적 여유가 있을 때 고려하는 선택적 투자 수단이다. 일본이나 홍콩처럼 고밀도 주거 환경을 가진 나라도 있지만, 한국처럼 대규모 아파트 단지가 사회적·경제적·심리적 기능을 발휘하는 나라는 드물다. 부동산 시장이 규제로 주춤하고 주식·코인 시장이 오를 때 한국 투자자는 어떤 선택을 해야 할까? 경제적 계산뿐 아니라 심리적·사회적 요인까지 종합적으로 고려해야 한다. 규제가 심할 때는 무리하게 대출을 끼거나 높은 가격에 매수하면 상당한 리스크를 초래한다. 다만 규제가 강할수록 대다수 매수자가 거래 자체를 포기하는 별다른 대안이 없는 상황이 되므로, 현금 여력이 있는 사람에게는 오히려 매수 기회가 된다. 따라서 규제 완화 시기를 노리며 미리 현금을 준비해 두되, 규제 강도에 따라 기회를 포착하는 유연한 접근이 필요하다.

시장 흐름과 자신의 재무 목표에 맞춰 주거와 투자를 조화롭게 배분하자. 그래야 더 안정적이고 지속 가능한 부를 설계할 수 있다.

3대 저평가 요소:
학군지, 다주택자, 시장의 공포

투자 경력이 조금씩 쌓이면 진짜 저평가된 기회는 대부분 시장이 무시하거나 비웃는 곳에 있다는 걸 깨닫게 된다.

지난 몇 년간 직접 경험하고 깊이 고민하면서 세 가지 영역에 확신을 갖게 됐다.

저출산 시대에도 학군지가 여전히 저평가돼 있다. 다주택자(임대인)의 지위가 바닥까지 떨어진 오늘날, 내가 다주택자라면 오히려 희소한 주체로서 포지션을 유지해야 할 때이다. 그리고 대부분 자산의 가격이 신고가를 경신하는 가운데 시장의 공포는 저평가 구간으로 들어갔다.

3대 저평가 요소를 자세히 살펴보며 앞으로의 부동산 투자 전략을 모색해보자.

저출산 통계만 보면 학군지가 무의미해 보일 수 있다. 그러나 실제로 아이를 키우는 부모 입장이 되면 완전히 다른 그림이 펼쳐진다. 학군은 직접 경험하지 않으면 절대 실감할 수 없는 영역이다. 미혼이거나 자녀를 두지 않은 사람은 100% 이해하기 어렵고, 아이를 키우기 전에는 실감하기 어렵다. '경험의 벽'이 학군지가 과도하게 붐비지 않는 핵심 이유다. 학군지 부동산은 가수요가 아닌 순수 실수요가 주를 이루므로 버블이 끼기 어렵고, 가격 변동성도 상대적으로 낮다.

지방 투자에서도 마찬가지다. 수도권과 달리 지방은 역세권 프리미엄이 약하고 차량 이동이 주를 이루므로 거주 환경과 학군에 더 큰 가치를 둔다. 지방에 사는 지인과 만나면 자녀를 서울 명문 학군으로 보내고자 하는 열망이 여전히 강하다. 수도권 집중은 계속되겠지만, 광역시의 300만 인구 기반 학군지는 쉽게 사라지지 않을 것이다. 꾸준히 강세를 보이는 울산 신정동과 광주 봉선동이 대표 사례다. 중급 도시도 마찬가지다. 지방 투자는 애매한 곳이 아니라 확실한 우위가 입증된 곳에 들어가야 생존이 가능하며 학군지가 그 대표적인 예다.

학군의 본질은 희소성이다. 새 학군이 탄생하기 어렵고, 탄생해도 최소 10년 이상의 졸업생 연력(대입 아웃풋)이 쌓여야 부모가 믿고 보낸다. 부모는 자녀 교육에 있어서 모험하지 않는다. 신도시 학군 형성이 늦어지는 이유다.

학원가와 학군지를 혼동하면 안 된다. 학군이 좋아도 학원가가 거의 없는 곳이 있고, 그 반대도 있다. 대전 유성구 도룡동이 대표적인 전자의 사례다. 카이스트와 대기업 연구소가 밀집해 학구열은 최고 수준인데, 학원가가 거의 형성되지 않았다. 부모는 대부분 카이스트 재학생에게 1:1 과외를 맡기거나 온라인 강의를 활용하는 방식으로 학원을 대체한다. 학군의 질이 반드시 학원가 규모와 비례하지 않는다는 걸 잘 보여주는 사례다. 도룡동 학군의 가장 큰 특징은 대덕초·대덕중·대전과학고 등 명문 학교가 도보권에 밀집해 있다는 점이다. 평균 평당가가 3,000만 원 수준으로 유성구 내 1위를 기록할 만큼 신흥 부촌으로 자리 잡았고, 카이스트·충남대·대덕연구단지·대기업 연구소가 몰려 있는 지역 특성상 고소득 전문직·연구원들의 주택 수요가 매우 안정적이다. 과학·교육 인프라가 압도적으로 우수해 인구 유출이 적고 고학력층 유입이 꾸준하다. 하지만 학원가가 거의 형성되지 않아 과외나 온라인 중심의 교육 문화가 자연스럽게 자리 잡은 곳이다.

300만 인구를 보유한 인천에서 대표적인 학군지이자 국제학교와 자사고를 중심으로 학원가가 빠르게 채워지고 있는 송도 학군지도 좋은 사례다. 나는 이 지역을 4년 가까이 지켜본 끝에 2023년 1분기에 물건을 매수했다. 생애 주기에 맞춰 선매수한 뒤 추후 이사 여부를 선택할 수 있는 결정권을 확보하기 위한 투자였다. 즉, 시간을 사는 투자였다. 아직 이사 계획은 없지만, 아이가 초등 고학년이 되기 전에 결정을 내릴 생각이다.

송도 학군지 투자의 가장 큰 근거는 부모의 시간 민감도가 극단적으로 치닫고 있다는 점이다. 밥 먹는 시간까지 쪼개 공부하는 아이를 위해 학원가 도보권으로 이사 오는 경우가 폭증하고 있다. 학원 차량이 대부분 단지를 거쳐 우회해서 오기 때문에 송도의 특정 지역은 왕복 탑승 시간만 1시간에 달할 때가 많다. 아이가 그만큼 지치고 피곤한 상태로 집에 도착한다. 반면 집이 학원가와 가까우면 친구들이 분식집이나 편의점에서 끼니를 때울 때 우리 아이는 도보로 집에 와서 부모가 해주는 따뜻한 저녁을 먹을 수 있다. 나중에 중·고등학교 배정이 멀리 되더라도 하루 일과가 학원에서 끝나는 경우가 많기에 적어도 학원과 집 사이 거리만이라도 줄여주고 싶은 게 부모 마음이다.

교육에 올인하는 부모는 절대 줄지 않는다. 오히려 저출산으로 경쟁이 더 치열해지면서 교육 수요는 늘어나고 있다. 교육 성공 경험자는 공부가 단순 지식 습득이 아니라 인성을 다듬는 과정이라고 강조한다. 그들은 공부를 끈기, 인내심, 순종, 목표의식 등 삶의 핵심 소양을 키우는 과정으로 본다. 어릴 때 집중 투자하는 게 가성비가 가장 좋다고 보는 입장이다. 초반에 비용을 들이면 간단한 학습만으로도 학습력이 배가되고, 스스로 공부하는 습관이 자리 잡는다. 나중에 유학이나 고액 과외를 해도 쉽게 챙기기 어려운 기반을 어린 시절에 마련할 수 있다. 나는 경제적 여건이 되면 영어 유치원을 보내는 게 장기적으로 비용을 절감하는 전략이라고 생각한다.

자녀가 공부하고 싶어서 학군지로 오는 경우가 의외로 많다. 부모가 학군지로 이사를 강제한다는 주장은 공부로 성과를 내지 못한 사람의 변명에 가깝다. 아이가 공부에 흥미가 있는데 경제적 여건 때문에 못 보내는 부모가 훨씬 많다. 이들은 다른 지출을 극단적으로 줄여서라도 학군지나 명문 학원을 선택한다. 학구열과 부모 본능의 결합은 시장에서 가장 강력하면서도 저평가된 동력이다.

다주택자: 임대인 권리가 바닥을 쳤다

2026년 현재, 대한민국 임대인의 권리는 역사상 최저 수준이다. 성실히 임대업을 하는 다주택자만큼 저평가된 존재도 없다. '다주택자'라는 단어만 나와도 공분을 사는 시대를 살아가고 있다. 전월세 물량이 이미 부족한 상황에서 다주택자를 더 압박하면 시장 전체가 붕괴하는데도 말이다.

많은 국민이 전월세 공급의 주체를 죽이면 임대료 폭등과 주거 불안만 남는다는 사실을 다양한 채널을 통해, 그리고 몸소 경험하며 서서히 깨닫기 시작했다. 인간은 본인이 직접 손해를 보지 않으면 움직이지 않는다. 내 주머니 사정이 나빠지는 순간 상황을 체감하기 때문이다. 임차인은 매매가격이 오르면 배 아픈 정도로 끝나지만, 보증금 증액이나 월세가 올라 가처분소득이 실제로 줄어드는 순간 반발이 시작된다. 전월세난은 이론이 아니라 주거비 부담으로 직결된다. 유주택자도 마찬가지다. 인상된 재산세나 종부세 고지서를 실제로 수령하는 순간, 과거보다 훨씬 올라간 세금에 저항감을 갖는다.

정치인이 가장 무서워하는 건 표심과 조세저항이다. 강력한 규제는 일시적으로만 가능하고, 수번 반복되거나 영원히 지속되기는 불가능한 이유다. 요즘 보유세 논란이 많은데, 지나치게 높아지면 조세저항에 직면해 오래갈 수 없다. 정권은 여당과 야당이 번갈아 집권하고, 부동산 규제도 강화와 완화를 반복했다. 영원한 정권과 규제는 없다.

월세 수익률은 원화 약세와 맞물려 실질적으로 사상 최고 수준에 도달했다. 2026년 1월 기준 달러당 1,450원대를 넘나드는 원화 약세 덕분에 해외 투자자 입장에서 한국 부동산의 실질 매입가는 크게 낮아졌다. 과거에는 낮은 수익률(오피스텔 기준 5%대 초반) 때문에 글로벌 투자자가 외면하던 한국 임대 시장이 이제는 5%대 후반까지 기대 수익률이 오르며 충분히 매력적인 투자처가 됐다.

모건스탠리나 하인즈 같은 글로벌 부동산·투자 기업이 한국 임대주택 시장에 본격적으로 들어오고 있다. 모건스탠리는 최근 서울 강동구 길동(지웰홈스라이프 강동), 금천구 독산동(195실), 성북구 안암동(60실) 등지에 여러 오피스텔·주거용 건물을 매입해 임대주택으로 운영 중이다. 총 투자 규모는 약 700억 원대에 이른다. 하인즈도 2024년 말 서울 신촌 일대 106실 규모 오피스텔을 사들이며 국내 첫 임대주택 사업에 뛰어들었고, 추가 프로젝트를 검토하고 있다. KKR, M&G리얼에스테이트 등 다른 해외 큰손도 비슷한 행보를 보이고 있다.[*]

기업형 임대가 확산되면 개인 임대업자에게 불리할 거라는 우려는

....

[*] "월세 인상에 배팅한 KKR·모건스탠리…정권따라 바뀌는 부동산 정책은 '변수'", 2025년 1월 6일, 〈인베스트조선〉(https://www.investchosun.com/site/data/html_dir/2025/01/03/2025010380068.html).

오해다. 오히려 그 반대다. 기업은 이윤 극대화를 최우선하기 때문에 월세 인상 폭을 과감하게 설정한다. 관리비·공용시설 이용료·세부 비용 등을 철저히 청구하며, 시장 상황에 따라 임대료를 유연하게 조정하는 경향성이 강하다. 이런 태도는 시장 전체 임대료 수준을 끌어올리는 '가격 리더십' 역할을 한다. 실제로 기업형 임대주택이 들어선 지역에서는 주변 월세 시세가 10~20% 이상 상승하는 사례가 나타난다. 개인 임대업자는 이 새로운 가격 기준을 따라가기만 해도 자연스럽게 수익이 개선되는 구조가 만들어진다.

전세 제도가 유지되는 한 주거비는 상대적으로 낮게 유지된다. 그러나 '전세 사기' 등이 이슈화되면서 전세 불안이 커진다면? 수요가 월세로 대규모 이동하는 건 피할 수 없는 흐름이다. 그렇게 되면 '월세 시세 급등 → 부동산 수익률 기반 재평가 → 글로벌 자금 대거 유입'이라는 연쇄 반응이 시작된다. 이는 이미 유럽과 미국 임대 시장이 보여준 전형적인 패턴이다. 물론 개인 임대업자에게 이 과정은 단기적인 번거로움으로 다가온다. 하지만 길게 보면 언제나 그랬듯 개인 임대업자도 이 흐름의 수혜자가 될 가능성이 매우 높다. 시장의 평균 임대료가 올라가면 보유 자산의 가치와 현금흐름이 동시에 개선되기 때문이다.

한국 임대 시장은 이제 '저평가된 기회'에서 '글로벌 스탠더드 수준의 매력적인 시장'으로 재평가되는 국면에 들어섰다. 원화 약세, 전세 불안, 글로벌 자금 유입, 기업형 임대 확대가 모두 한 방향으로 작용하고 있다. 개인 임대업자라면 큰 흐름을 잘 읽고, 단기적인 피로를 감내하면서 장기적으로 수익 기반을 강화해야 한다.

시장의 공포는 영원한 저평가 자산이다. 공포가 절정에 달할 때 느끼는 두려움도, 그걸 이겨낸 후의 수익도 사후에는 항상 평가절하된다. 2022~2023년 유례없는 급진적인 고금리 구간, 혹은 코로나 쇼크로 시장이 급락했던 과거를 떠올려보자. 지금은 모두 하락장이 오면 산다고 자신한다. 하지만 실제로는 20~30% 하락만 와도 투자자의 90%가 흔들리고 공포에 휩쓸려 매도할 게 분명하다. 그게 대중의 본능이다.

2022년 4분기부터 2023년 1분기까지는 모든 자산이 폭락하면서 내 투자 인생에서 한 번도 겪어보지 못한 수준의 미실현 평가손실을 봤다. 매도하지 않았으니 실제 손실은 아니었지만, 장부상 숫자는 처참했다. 그때가 내 투자 여정에서 최악이었음에도 취득세 중과를 감수하고 부동산을 추가 매수했고, 비트코인과 미국 주식도 더 샀다. 단지 시간이 지나자 모두 큰 수익으로 돌아왔다. 집이 있었기에 버틸 수 있었고, 최악의 순간을 오히려 기회로 볼 여력이 있었다고 생각한다.

혹자는 이렇게 말할지도 모른다. "분산 투자는 전문 지식을 제대로 갖추지 못한 게으른 사람의 핑계일 뿐이고, 지수 ETF도 그런 사람을 대상으로 마케팅하는 상품에 불과하다." 맞는 말일 수도 있다. 특정 자산에 전문성을 갖추면 훨씬 더 큰 수익을 낼 가능성은 분명 존재한다. 하지만 그런 전문성을 쌓아 지속적으로 시장을 이기는 사람은 극소수에 불과하다. 공포가 닥치면 99%는 행동하지 못한다. 현금 비중이 높은 사람조차 30~50% 폭락장을 눈앞에 두면 행동하지 못한다. 이후 큰 반등이 시작되면 뒤늦게 뛰어든다. 이 패턴은 지난 20년간 수없이 반복됐다. 나는 다르다는 착각을 빨리 버리자. 공포가 올 때 행동할 수 있는 용기와 그걸 끝까지 버틸 수 있는 체력이 핵심이다.

나는 부동산, 미국 주식, 비트코인을 3대 축으로 자산군을 분산했다. 그래서 성장주나 비트코인이 흔들려도 전체 포트폴리오가 동요되지 않는다. 부동산이 주된 자산으로 자리 잡았고, 일이든 운동이든 루틴을 그대로 이어가면 시장의 공포가 엄습해도 버틸 수 있다.

투자자 입장에서 부동산은 임대차 만기만 잘 챙기면 될 뿐이고 그 사이 대부분의 시장 이슈는 자연스럽게 지나가곤 한다. 무엇보다 한 번에 모든 만기가 돌아오는 것도 아니다. 일부는 재계약, 일부는 새 세입자, 일부는 월세 조정으로 대응하다 보면 현금흐름이 끊기지 않고 유지된다. 이 안정감이 바로 공포 장세를 버티는 힘이 된다. 변동성이 크지만 상방이 그만큼 열린 자산을 끝까지 지켜내기 위해 부동산을 주축으로 삼은 것이다.

전설적인 투자자 버핏은 주식 시장이 폭락하거나 극심한 변동성을 보이거나 투자자가 패닉에 빠져 중심을 잃을 때면 "keep your head(냉정을 유지하라)"라는 구절을 인용하며 러디어드 키플링(Rudyard Kipling)의 19세기 시 〈If—〉를 읽어보라고 여러 차례 강조했다. 이 시는 공포와 흥분 속에서 평정심을 유지하라는 메시지를 담고 있다. 또한 버핏은 시장 붕괴를 다룬 존 케네스 갤브레이스(John Kenneth Galbraith)의 《대폭락 1929(The Great Crash 1929)》를 필독서로 꼽으며, 대공황 같은 과거의 사건을 공부해 교훈을 얻으라고 강조하기도 했다. 이는 단순한 독서가 아니라, 공포 속에서 과거를 반성하며 장기적 관점을 유지하는 그의 전략인 셈이다. 버핏처럼 투자 거장조차 하락장에서 책과 역사를 통해 멘탈을 재정비했다는 점은 우리에게 큰 교훈을 준다.

만약

러디어드 키플링

만약 주변 모두가 이성을 잃고 너를 탓할 때

네가 끝내 침착함을 지킬 수 있다면,

만약 세상이 너를 의심할 때 네 자신을 믿을 수 있고

그들의 의심도 받아들일 수 있다면,

만약 기다리면서 지치지 않고 기다릴 수 있고

거짓말에 휘말려도 거짓으로 답하지 않으며

미움을 받아도 미움으로 갚지 않고

그렇다고 너무 잘난 척하거나 현명한 척하지 않는다면,

꿈을 꾸되 꿈에게 지배당하지 않고

생각을 하되 생각에만 집착하지 않으며

승리와 재앙을 만나도 둘 다 똑같이 속임수로 여길 수 있다면,

네가 말한 진실이 악한 자들에 의해 왜곡되어

바보들을 함정에 빠뜨리는 걸 견딜 수 있고

네 인생을 바친 것들이 산산조각 나는 걸 보며

낡아빠진 도구로 다시 쌓아 올릴 수 있다면,

네가 번 모든 것을 한 더미로 쌓아

한 번의 도박에 걸고

잃어도 아무렇지 않게 처음부터 다시 시작하면서

패배에 대해 한 마디 불평도 하지 않는다면,

네 심장과 신경과 힘줄이 지친 뒤에도

네 뜻대로 움직이게 하고

네 안에 의지만 남아 "버텨라!"라고 말할 수 있다면,

군중과 이야기하면서도 품위를 잃지 않고

왕과 함께 걸으면서도 평민의 감각을 잃지 않으며

원수도 친구도 너를 해치지 못하게 하고

모두가 너를 소중히 아끼되, 누구에게도 지나치게 기대지 않는다면,

무자비하게 흘러가는 1분을

60초 내내 전력 질주로 가득 채울 수 있다면

이 세상과 그 안에 있는 모든 것이 네 것이 되고

그것보다 더 위대한 것—너는 진정한 어른이 될 것이며, 내 아들아!*

금융 자산은 불의 성질, 부동산은 흙의 성질이다. 불로 번 돈은 흙으로 옮겨야 안정된다. 배당성장주를 지지부진하다고 팔아서 유행하는 주식으로 옮기면 안정성은 급락한다. 월세를 받던 부동산을 전세로 바꾸는 순간 안정성이 감소한다. 공포에 지분을 던지지 않고 인내하기만 해도 인플레이션을 헤지하는 수익은 보장된다.

학군지는 흔들리지 않는 실수요 기반의 안정성을 주고, 다주택자는 꾸준한 임대 수익으로 현금흐름을 뒷받침하며, 시장의 공포는 평소보다 낮은 가격으로 자산을 담을 수 있는 기회를 제공한다.

....

* 원문은 포어트리 파운데이션(Poetry Foundation) 사이트(https://www.poetryfoundation.org/poems/46473/if---)를 참조함.

3장

상방을 여는 성장 동력:

주식

한국 부동산과 미국 주식의
환상적인 조합

원화 기반 부동산이 전체 자산의 80%를 차지하는 사람으로서 미국 주식에 투자하는 이유는 단순하다. 한국 부동산과 미국 주식의 상관 관계가 낮기 때문이다. 장기 데이터를 보면 이 관계가 명확히 드러난다. 한국부동산원의 전국 아파트 매매가격지수를 기반으로 한 주택 가격의 연간 변화율과 S&P 500 지수의 연간 총수익률(배당 포함)을 2004년부터 2024년까지 비교해보자. 두 시계열의 상관계수는 약 -0.07 수준으로 나타난다.* 상관계수가 -0.07이라는 것은 거의 0에 가

---

* 한국부동산원 부동산통계정보시스템(https://www.reb.or.kr/r-one/portal/stat/easyStatPage.do)과 뉴욕대 어스워스 다모다란(Stern Aswath Damodaran) 교수가 작성한 역사적 데이터(https://pages.stern.nyu.edu/~adamodar/New_Home_Page/datafile/histretSP.html)를 기준으로 두 자산의 상관계수를 계산하면 -0.07이라는 값이 도출된다. 단, 사용하는 지수의 세부 기준과 추정치 데이터 포함 여부에 따라 약간의 오차는 있을 수 있다.

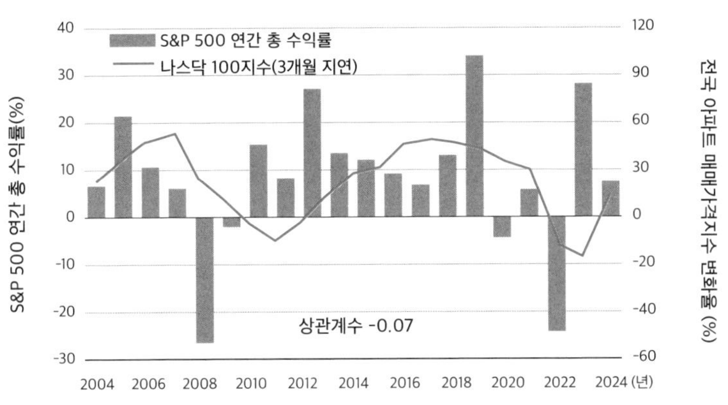

까운 약한 음의 상관관계를 의미한다.

미국 주식이 강하게 오르는 시기에는 한국 부동산이 상대적으로 숨 고르기를 하거나 약하게 움직이는 경우가 많고, 반대로 한국 부동산 이 급등할 때 미국 주식은 하락하거나 덜 오르는 패턴이 자주 관찰된 다는 뜻이다. 완벽한 반대 움직임(-1)은 아니지만 이처럼 낮은 상관관 계는 포트폴리오 다각화의 핵심 원리다. 한쪽이 흔들릴 때 다른 쪽이 비교적 안정적으로 버텨주기 때문에 전체 자산의 변동성이 크게 줄어 든다. 자산을 여러 바구니에 나누는 수준을 넘어 위험을 효과적으로 분산하면서도 장기적인 성장 가능성을 동시에 확보하는 논리적 선택 이다.

한국 부동산 투자자라면 반드시 미국 주식을 포트폴리오에 편입해 야 할 이유가 여기에 있다. 부동산만으로는 시장 변동성에 취약하지만, 미국 주식은 글로벌 경제의 성장 동력을 공유하며 포트폴리오를 더 탄탄하게 만든다. 게다가 각 국가의 대표 자산에 투자할 수 있다는 장점은 더욱 매력적이다. 한국 대표 자산은 부동산이고, 미국은 주식이다. 이렇게 각국 대표 자산을 골라 투자하면 포트폴리오 상관관계가 낮아 위험 분산 효과가 극대화된다. 한국 부동산의 안정성과 미국 주식의 성장 잠재력이 조합되면 얼마나 좋은가. 원화 기반 자산의 한계를 넘어 달러 기반 미국 주식으로의 엑시트(Exit, 기존 포지션에서 빠져나와 다른 자산으로 전환하는 것)를 장기 목표로 삼아야 한다. 원화에서 엑시트한다는 건 환율 변동성과 국내 경제 리스크를 헤지하며 글로벌 자산으로 전환하는 것을 의미한다. 이는 부동산 중심 포트폴리오의 취약점을 보완하는 핵심 전략이다.

부동산은 안정적이고 예측 가능한 현금흐름을 제공하지만, 정부 규제와 시장 포화로 상방이 명확히 제한된다. 물론 대출 레버리지를 활용하면 투자 볼륨을 키우고 상방을 확대할 수 있지만, 금리 상승이나 대출 규제가 강화되면 이자 부담과 상환 압박이 급증한다. 무한정 레버리지를 확대하기는 현실적으로 어렵고, 정부 정책에 따라 세금 부담이 과중될 수 있어 끝없이 부동산만 바라보는 건 리스크가 높다.

반면 미국 주식은 기술성장주를 통해 혁신이 가져오는 폭발적 주가 상승을 노릴 수 있고, 배당성장주를 통해 기업 이익 증가를 누리며 무한히 커지는 배당 상방을 취할 수 있다. 금융자산은 보유세가 없다는 점이 매우 큰 장점이다. 부동산이 삶의 본질적인 기반이자 방어적인 자산이라면 미국 주식은 무한한 성장을 더하는 강력한 엔진이자 주된 자산인 부동산을 견고하게 지켜주는 무기다.

월급쟁이 직장인의 현실을 직시해보자. 연봉 인상과 승진은 한계가 뚜렷하고, 설령 임원이 된다 해도 책임과 업무 강도가 기하급수적으로 늘어난다. 언제 계약직으로 전환될지 모르는 불안정성도 따라온다. **직장인은 자산의 상방을 회사 안이 아니라 밖에서 만들어야 한다. 투자와 사업만이 소득과 자산의 천장을 뚫을 수 있는 유일한 길이다.**

연금 상품은 세제 혜택과 안정성을 제공하지만, 대부분 운용 옵션이 제한적이고 기대 수익률이 낮아 장기적인 복리효과가 부동산이나 주식에 비해 뒤처지기 쉽다. 연금 내에서 미국 주식에 투자할 수 있는 선택지가 있다 해도 펀드 수수료나 운용 제약 때문에 직접 투자만큼의 수익을 온전히 누리기 어렵다.

나는 연금에 의존하기보다 기술성장주를 통해 10배, 20배 이상의 폭발적 성과를 노리고, 배당성장주를 꾸준히 축적해 기업의 이익이 성장함에 따라 배당금이 점점 커지는 길을 택했다. 단순히 현재 높은 배당을 주는 주식이 아니다. 배당 귀족주(Dividend Aristocrats)*처럼 매년 이익을 늘리며 배당금도 지속적으로 상향하는 기업이다. 이런 기업은 장기적으로 배당 상방이 거의 무한히 열려 있는 구조를 가지고 있다.

다만 배당성장주는 종목별로 일일이 관리해야 하다 보니 신경 쓸 일이 꽤 많다. 그래서 배당성장 ETF로 단순하게 투자하는 게 훨씬 편

---

* 25년 이상 매년 배당금을 지속적으로 인상해 온 우량 기업의 주식을 의미한다. 안정적인 수익 창출 능력과 꾸준한 현금흐름을 갖춘 기업으로 평가되며, 장기 투자 관점에서 안정성과 신뢰도가 높은 종목군으로 분류된다.

하고 효율적이라고 생각한다. SCHD 같은 배당성장 ETF 하나만 꾸준히 적립해도 개별 종목 관리 부담 없이 배당 귀족주만큼 탄탄한 기업으로 구성된 포트폴리오를 유지할 수 있다. 장기적으로 기술성장주와 함께 안정적인 현금흐름을 만들어주는 든든한 역할을 해준다. 핵심은 시간을 내 편으로 만드는 것이다. 단순하게 꾸준히 적립하는 게 가장 현실적이고 효과적인 방법이다.

투자의 본질은 '축적→폭발'의 순환이다. 오랜 시간 자산의 본질을 정확히 파악하고 성장의 메커니즘을 끊임없이 공부하며 돈을 투자하는 경험을 쌓고 실패를 냉정하게 복기하는 과정을 수년 이상 반복하면 포트폴리오가 자연스럽게 두텁고 단단해진다. 그렇게 쌓인 포트폴리오에서 10개 투자 중 8개가 평범하거나 부진하더라도 나머지 1~2개가 폭발적으로 성공하면 전체 수익을 압도적으로 끌어올린다. 투자 시장의 본질적인 비대칭성 때문이다. 하방은 손실 폭이 제한되지만 상방은 이론적으로 무한하다. 살아남아 꾸준히 자산을 적립하는 사람만이 게임에서 승리한다.

따라서 금융자산을 도박으로 치부하고 멀리하는 태도는 위험하다. 제대로 공부하고 기본기를 쌓아 지분을 늘리는 과정만이 직장인의 제한된 상방을 뚫고 진정한 재정적 자유로 가는 유일한 길이다. 낮은 상관관계로 위험을 분산하고 부동산의 안정 위에 미국 주식의 무한한 상방을 더하는 이 조합은 안정과 성장의 완벽한 균형을 이루는 논리적 필연이다.

한국 주식과 원화 엑시트 전략

투자 성패는 시장의 고점과 저점을 정확히 예측하고 타이밍을 제대로 잡는 데서 나뉘지 않는다. 타이밍은 장기적으로 보면 결정적인 요소가 아니다. 다만 한국 주식시장은 이야기가 조금 다르다. 국내 시장은 변동성이 극단적으로 크고, 기관·외국인 자금의 단기적인 움직임이 주가를 크게 좌우한다. 그래서 다른 선진 시장보다 타이밍이 중요하게 작용한다. 실제로 많은 개인 투자자의 수익과 손실이 단기간에 집중적으로 발생하며, 매도 타이밍을 놓치는 순간 이전에 쌓아둔 수익이 순식간에 증발하거나 손실로 전환되는 사례가 빈번하다.

시장은 언제나 과열과 침체의 사이클을 반복한다. 과열 국면에서는 수요가 폭발적으로 늘어나 공급이 따라가지 못하면서 가격이 급등하고, 침체 국면에 들어서면 공급 과잉과 수요 둔화가 겹치면서 가격이 급락한다. 유가는 불과 몇 년 전만 해도 에너지 위기론이 나올 정도로 급등했지만, 지금은 공급 과잉과 글로벌 수요 부진이 겹치며 전형적인 침체 국면을 보이고 있다. 이런 국면 전환이 언제 또 이뤄질지 아무도 알 수 없다. 반도체 산업도 지금은 AI·전자기기 수요 폭증으로 역사적 호황을 누리고 있지만, 대규모 증설이 본격 가동되는 시점부터 공급 과잉이 현실화되면서 침체 국면으로 넘어갈 가능성이 높다. 정확히 언제 전환점이 올지 아무도 모를 뿐이다.

국내 시장은 외국인의 놀이터로 변동성이 유독 크고 정부 정책과 외인 수급에 크게 영향을 받는다. 애초부터 단기 투자로 접근하는 사람이 많다. 돈 벌면 집을 사겠다고 접근하는 사람, 집값 상승으로 자금이 부족해 채우고자 들어온 사람들 말이다. 수익이 나면 그 돈을 한국 주식 비중을 키우며 마음 졸이기보단 안전하다 여겨지는 부동산에 파킹하는 게 일반적이다.

코스피가 사상 최고치를 연이어 경신하며 5,000포인트, 7,000포인트 얘기가 나오고 실제로 5,000포인트를 달성해도 관심을 갖지 않는 이유다. 현재는 미국장과 디커플링(Decoupling, 국가·시장·경제 간의 상호 의존성이 약화돼 서로 다른 방향으로 움직이는 현상)돼 좋은 흐름을 보이지만, 글로벌 빅이슈가 번지면 디커플링이 반대로 재현될 가능성을 놓쳐선 안 된다. 국내 증시가 고공행진을 할수록 해당 자금이 부동산으로 돌아올 것을 기대하고 느긋하게 기다리면 된다. 활황인 국내 증시는 한국 경제가 탄탄하다는 방증이고, 대외 신인도 격상에도 좋다. 이에 따라 국내 부동산 하방도 튼튼해진다고 풀이할 수 있다. 이는 한국 부동산 투자자가 한국 부동산과 음의 상관관계를 보이는 미국 주식으로 눈을 돌려야 할 또 다른 이유가 된다.

한국 주식 시장에서 살아남기 위해서는 자신의 감정을 정확히 파악하고 욕심을 철저히 통제한 가운데 항상 엑시트를 고려해야 한다고 생각한다. 빠져나와야 하는 시점을 항상 고려해야 하는 투자는 초장기 투자자인 내게 정말 어려운 일이다. 환율과 금리만 보고 국장에서 부동산으로 넘어오는 그 시점을 기다리며 내 영역에서 지분을 조용히 쌓아가는 배경이다.

고위층의 자산 분산법

하나의 국가 및 하나의 통화에 올인하는 리스크도 생각해봐야 한다. 정부가 주식 투자를 장려하더라도 이는 결국 원화 자산 내에 머무르게 하는 정책일 뿐 실질적인 자산 보호 효과는 없다.

고위층과 금융 엘리트는 이미 오래전부터 코스피 대신 달러 자산과 해외 부동산을 핵심 포트폴리오로 구성하며 원화 가치 하락에 베팅하는 전략을 실행하고 있다. 국가 위기 상황에서도 강남 고가 주택 등으로 자산을 효과적으로 보호받는 구조이다. 고위층은 경제위기가 와도 정부가 돈 풀어서 막아주니 국내 핵심자산인 부동산 가격 상승 수혜를 보고, 경제가 좋아도 성장에 따른 수혜를 국내자산이 받아서 두 가지 옵션 모두 가져간다. 위기와 호황 양쪽에서

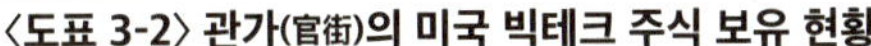

스마트 머니 흐름: 산업·과학·기술 부처 공직자들은 엔비디아, AMD, 브로드컴 등 반도체와 AI 섹터 주식에 집중 투자하는 경향이 있다.

출처: 인사혁신처 정기 재산변동 신고 현황

이득을 본다. 부동산 중심 투자자라면 이 패턴을 참고해 미국 주식을 포트폴리오에 편입하는 센스를 발휘해야 한다.

고위공직자의 해외주식 포트폴리오는 개인 투자 성향을 넘어, 한국 사회의 '스마트 머니' 흐름을 상징적으로 보여주는 지표다. 2026년 1월 말 정부공직자윤리위원회가 공개한 수시 재산변동 신고 자료를 분석해보자. 전체 공개 대상 고위공직자 중 약 24%(614명)가 해외주식을 보유하고 있으며 총 보유액은 406억 8,000만 원에 달한다. 이중 압도적인 비중을 차지하는 것은 미국 빅테크·AI 섹터 종목이다.

가장 눈에 띄는 점은 관가의 '원픽'이 명확히 드러난다는 사실이다. 보유 인원 기준으로 엔비디아가 87명으로 1위를 차지하며, 테슬라 75명, 애플 72명, 구글 52명, 마이크로소프트 40명 순으로 이어진다. 산업·과학기술정보통신 부처를 중심으로 반도체·AI 테마에 대한 집중 투자가 강하게 나타나는 패턴이다. 특히 엔비디아는 AI 반도체 붐의 수혜주로서 공직 사회의 최고 선호주로 자리 잡았다. 테슬라는 보유 인원보다는 총 보유 금액 면에서 압도적(약 164억 원, 전체의 40%)이어서 장기 신뢰도가 높은 '진심 베팅'으로 해석된다.

이런 경향은 개별 사례에서 더욱 선명해진다. 공개 재산 1위인 노재헌 주중 국대사는 총 재산 530억 4,461만 원 중 해외주식만 약 120억 원 규모로, 본인 명의 엔비디아 1만 7,588주+장남 1만 3,295주(총 약 3만 주 이상)를 보유해 '엔비디아 주식왕'으로 불릴 만하다. 마이크로소프트와 홍콩 ETF(FXI, iShares China Large-Cap ETF)도 상당량 포함돼 있지만, 핵심은 AI·빅테크 중심의 달러 자산 다변화 전략이다.

이장형 청와대 법무비서관은 '테슬라 올인'의 상징이다. 본인 9,666주, 장남 6,206주, 장녀 6,209주를 합쳐 총 2만 2,081주(신고 당시 약 94억 7,000만 원)를 가족 명의로 보유했다. 2020년 전후 대량 매입으로 추정되며, 이후 10배 이상 상승한 테슬라 주가를 누린 패밀리 올인 전략이 돋보인다. 심지어 보유 차량도 테슬라 모델3와 모델Y로, 투자와 생활이 일치하는 모습을 보여준다.

한성숙 중소벤처기업부 장관 후보자는 국내외 자산의 충돌을 극명하게 드러낸다. 네이버 주식을 보유하다 이해충돌 논란으로 매각한 반면, 테슬라(2,166주), 애플(894주), 팔란티어(Palantir, 580주), 엔비디아(466주) 등 미국 테크주는 그대로 유지했다. 총 재산 약 440억 원(스톡옵션 포함) 중 해외주식 가치가 40억 원에 육박하는 것은 정책 결정권자가 글로벌 성장 주를 선호하고 계속 보유하겠다는 의지의 표명으로 보인다.

이처럼 고위공직자의 해외주식 집중은 구조적 흐름이다. 상위 5개 종목(테슬라·엔비디아·애플·구글·마이크로소프트)이 전체 보유액의 대부분을 차지하며, AI·반도체·전기차·클라우드 등 미래 성장 섹터에 극단적으로 쏠려 있다. 이는 일반 국민이 느끼는 '원화 약세·국내 자산 불안'과 동일한 리스크를 공유하면서도, 그들은 이미 달러 기반 글로벌 자산으로 배치를 마친 상태라는 점을 시사한다.

이 데이터는 한국 엘리트 계층의 자산 보호·증식 전략을 보여주는 생생한 증거다. 위기 시 정부 유동성 지원으로 국내 부동산이 상승하고, 호황기에는 글로벌 테크 성장이 추가 수익을 가져오는 '양방향 헤지' 구조를 그들은 이미 실천하고 있다.

 월급쟁이 루지 부의 설계

글로벌 자산을 형성하라

서민층은 정부의 돈 풀기 정책과 그로 인한 인플레이션의 직접적인 피해를 받으면서도 정작 정책 수혜에서는 지속적으로 소외되고 있다. 코스피가 상승한다고 해도 그 상승분은 주로 상위층의 자산 가치를 키우는 불평등 증폭 메커니즘으로 작동한다. 오히려 소액으로 시장에 뛰어든 사람조차 일상이 바빠 제대로 계좌를 관리하지 못하거나 당장 생활비가 급급한 사람은 시장에서 소외된다. 이중, 삼중으로 타격을 입는 셈이다. 환율까지 급등하면 수입 물가가 자극돼 인플레이션 고통이 더해지니, 실질적으로 4중 타격을 받는다. 서민층은 이런 구조적 불리함 속에서 더욱더 원화 중심 자산에 갇히기 쉽다.

따라서 젊은 세대라면 고위층의 무차입 '똘똘한 한 채' 전략을 맹목적으로 따라 하기보다는, 원화 가치 하락에 베팅하는 대출을 적극적으로 활용해 집을 먼저 마련하는 것이 현실적이다. 똘똘한 1채를 신봉하거나, 반대로 너무 적당선에서 무차입으로만 돌진하는 극단적 선택은 주의해야 한다. 적절한 레버리지를 쓰면 자산 기반을 확대할 수 있고, 이를 바탕으로 달러 기반 자산, 글로벌 우량 주식, 비트코인 등을 적극 편입함으로써 원화 및 한국 특유의 구조적 리스크를 효과적으로 헤지할 수 있다. 이런 균형 잡힌 접근이 현재 시점에서 가장 논리적이고 현실적인 자산 관리 방향이라고 생각한다. 정부가 대놓고 주식 투자와 자본시장 활성화를 밀고 있는데도, 정작 고위층과 엘리트는 여전히 국내 부동산 중심의 무차입 전략을 고수하거나 해외 자산으로 조용히 이동하는 모습을 보인다. 왜 정부가 추진하는 정책에 '윗분들'이 공감하지 않고 실행하지 않는지, 그 이유를 곰곰이 생각해볼 필요가 있다.

분할매수가 정답이다

한국 부동산 투자자가 직면한 현실은 명확하다. 국내 자산의 안정성을 기반으로 하되, 시장 사이클의 불확실성과 원화 리스크를 넘어 글로벌 성장 기회를 포착해야 한다.

우리가 주식 하나를 사고팔 때마다 평생을 이 일로 먹고사는 투자 전문가가 우리의 돈을 노리고 기다리고 있다는 사실을 깨달아야 한다. 이들은 우리를 일부러 적대시하는 게 아니라 그냥 자기 일을 할 뿐인데 그 일의 부산물로 우리 계좌의 돈이 그쪽으로 넘어간다는 점이 가장 무서운 점이다. 시장은 결코 운의 게임이 아니고 철저한 준비를 통한 시스템의 전쟁터이기 때문에 투자 구루의 성공을 단순히 운이 좋았다거나 누구나 할 수 있다고 믿으면 오산이다.

혹자는 초보자가 단타로 대박 난 이야기를 듣고 '나도 해볼 만하네'라고 착각한다. 하지만 그건 포커 테이블에 초보가 앉자마자 로얄 스트레이트 플러시를 뽑아 상금을 쓸어가는 걸 보고 '포커는 쉽네'라고 생각하는 것과 같다. 단한 번의 행운은 그 게임의 본질을 전혀 말해주지 않는다. 장기적으로 살아남는 사람은 오직 시스템과 규율, 끝없는 학습으로 무장한 사람뿐이라는 냉혹한 사실을 직시해야 한다.

우리가 클릭하는 그 '매수' 버튼은 박사 학위를 소지한 퀀트 트레이더 (Quantitative Trader)가 초고속 서버와 수백억 원짜리 알고리즘으로 실시간 최적화하는 전략, 30년 경력의 펀드매니저가 수백 페이지 분량의 기업 분석 보고서를 바탕으로 내리는 결정, 기업 내부 정보를 합법적으로 가장 빠르고 깊게 파악하는 기관 투자자의 대규모 주문과 맞대결을 벌이는 순간을 의미한다. 이들은 우리를 이기려고 작정하고 덤비는 게 아니라 그저 자기 자본을 보호하고 수익을 내기 위해 최선을 다할 뿐이다.

개인 투자자가 투자 게임에서 승리할 수 있는 현실적이고 지속 가능한 방법은 분할매수를 통해 시간을 태우는 전략이다. 한 번에 큰돈을 몰아넣지 않고, 미리 정해둔 금액을 장기적으로 투자하면서 시장의 오르내림을 평균화하는 방식이다. 이 과정에서 무엇보다 중요한 건 단단한 마음가짐을 확립하는 일이다. 시장 폭락하면 공포에 질려 팔지 않고, 폭등하면 탐욕에 휩싸여 무리하게 더 사들이지 않는 마인드 시스템을 구축해야 한다. 이건 장기 게임이고, 시간을 내 편으로 만들겠다는 확신을 자신에게 반복해서 주입하자. 뉴스 헤드라인이나 주변의 떠들썩한 소음에 일희일비하지 않도록 감정을 철저히 통제하는 습관을 들이자. 투자 실력보다 이런 인내와 꾸준함이 장기적으로 훨씬 더 큰 차이를 만든다.

개별 종목을 고르고 관리하는 게 부담스럽다면 저비용 지수 인덱스 ETF에 투자한 뒤 완전히 잊어버리는 선택을 하면 된다. S&P 500이나 전 세계 지수를 추종하는 ETF에 매달 일정 금액을 넣고, 시장의 장기 성장에 편승하는 방식은 가장 안전한 투자법이다. 실력이 부족한 사람도 인내심을 기른다면 강력한 무기가 된다는 점은 시장이 알려주는 또 하나의 진실이다.

02

나는 왜 테슬라에 투자하는가

테슬라와 같은 기술성장주는 배당을 지급하지 않는다. 일부 투자자는 "배당도 없는 주식을 왜 변동성을 감내하면서까지 사는 거지?"라며 기술성장주 투자를 주저하기도 한다. 그러나 기술성장주는 미래의 현금흐름을 기반으로 한 잠재적 배당주로 볼 수 있다. 지금 당장은 배당이 없더라도, 성장이 정점에 이르면 배당을 시작하는 경우가 많다. 애플과 마이크로소프트가 대표적인 사례다. 테슬라를 포함한 여러 기술주도 이와 유사한 경로를 밟을 가능성이 크다. 매달 일정 금액을 적립식으로 투자하며 테슬라 주식을 사모으면, 미래의 안정적인 현금흐름을 위한 기반을 마련하는 셈이다.

배당은 성숙기에 접어든 기업의 자연스러운 결과물이다. 테슬라는 전기차, 인공지능, 에너지 저장 분야에서 선도적인 기술력을 보유하고 있다. 현재는 모든 자원을 성장에 집중하고 있다. 연구개발 확대, 생산 시설 증설, 지속적인 기술 혁신 등은 모두 장기적인 성장을 위한 전략적 투자다. 배당을 지급하지 않는 이유는 아직 성숙 단계에 도달하지 않았기 때문이지만, 기업이 성장의 정점에 이르면 잉여 현금이 늘어난다. 잉여 현금을 주주에게 환원하는 형태가 바로 배당이다.

주주환원의 종류를 더 자세히 살펴보자. 기업의 주주환원은 크게 배당, M&A(Mergers and Acquisitions, 인수합병), 재투자, 자사주 매입으로 나뉜다. 배당은 잉여 현금을 직접 주주에게 현금으로 돌려주는 방식이다. M&A는 다른 회사를 인수해 사업을 확장하고 시너지를 내는 전략으로, 간접적인 가치 증대를 추구한다. 재투자는 수익을 R&D나 설비 확장에 재투입해 회사의 장기 성장을 도모하는 방법이다. 자사주 매입은 시장에서 자사 주식을 매입해 주당 가치를 높이고 주주 지분을 강화하는 접근이다.

테슬라는 현재 고성장 단계에 있어 주로 재투자에 초점을 맞추고 있다. 모든 수익을 미래 성장에 쏟아부으며, 배당이나 대규모 자사주 매입은 아직 시기상조로 보고 있다. 테슬라가 여전히 혁신과 시장 확대를 우선시하기 때문이다. 그러나 애플이나 마이크로소프트처럼 기업이 성숙기로 접어들면, 잉여 현금이 쌓여 배당이나 자사주 매입으로 전환할 가능성이 높다. 이는 주주에게 안정적인 수익원을 제공하며, 장기 투자자에게 매력 요소를 더한다.

애플의 여정을 보면 초기부터 지금까지의 성장 패턴이 뚜렷하다. 1980년대 상장 초기에는 배당 없이 모든 자원을 혁신과 성장에 쏟아부었다. 스티브 잡스가 매킨토시, 아이팟, 아이폰 같은 획기적인 제품을 연이어 내놓으며 회사를 키웠고, 1997년 위기 때는 주가가 1달러 아래로 추락하기도 했지만 결국 극복했다. 그러다 2012년 성숙기에 접어들면서 배당을 재개했고, 오늘날에는 주당 0.26달러를 분기마다 지급하며 주가는 250~260달러 선을 오가고 있다. 마이크로소프트도 비슷한 길을 걸었다. 1986년 상장 후 17년 동안 배당 없이 윈도우와 오피스라는 강력한 소프트웨어로 시장을 장악하며 폭발적으로 성장했다. 2003년부터 잉여 현금이 쌓이기 시작하자 배당을 시작했고, 2026년 현재 주당 0.91달러를 분기마다 지급하며 주가는 430달러대를 기록 중이다.

초기 기술성장주 투자자는 배당이 없던 시기의 고성장과 자본 증가를 통해 부를 쌓았고, 성숙기에 배당이 더해지면서 안정적인 현금흐름까지 누렸다. 기술성장주의 본질은 바로 이 지점에 있다. 현재의 희생과 재투자를 통해 미래에 훨씬 더 풍성한 열매를 거두는 구조다.

테슬라도 애플과 마이크로소프트의 성공 사례를 그대로 따라가고 있다. 고성장 단계에서 모든 현금을 연구개발, 공장 확장, 신기술에 재투자하며 주주환원의 기반을 단단히 다지는 중이다. 따라서 지금 테슬라에 투자하는 건 단순히 주가 상승을 노리는 게 아니라, 언젠가 성숙기에 들어서 배당과 안정적인 현금흐름을 창출할 잠재력을 함께 사는 행위다. 장기적인 시야로 보면 이런 전략은 투자자에게 지속 가능한 부의 성장을 가져다줄 가능성이 충분하다. 초기의 고통스러운 재투자 기간을 견디는 사람이 결국 가장 큰 보상을 받는다.

엔비디아의 CES 2026 발표와 자율주행 시장에 대한 오해

테슬라 주주로서 최근 엔비디아의 CES 2026 발표를 지켜보며 자율주행 시장을 둘러싼 오해가 또다시 퍼지는 모습을 보니 테슬라의 장기적 우위를 더욱 확신하게 된다. 젠슨 황(Jensen Huang)은 "AI의 끝판왕은 피지컬 AI"라고 선언하며 로보틱스와 자율주행을 가장 중요한 산업이자 기술이라고 강조했다. 이는 가벼운 마케팅 문구가 아니라, AI가 가상 세계를 넘어 로봇·자율주행차·공장 자동화 등 현실을 직접 바꾸는 시대가 본격 도래했다는 명확한 신호였다. 동시에 알파마요(Alpamayo)라는 오픈소스 AI 모델 패밀리를 공개했다. 우버(Uber), 메르세데스-벤츠(Mercedes-Benz), 루시드(Lucid) 등 여러 업체가 이 기술을 적용한다고 발표하자 시장에서는 테슬라의 FSD가 위협받는 분위기가 형성됐다.

하지만 이는 자율주행의 본질을 제대로 이해하지 못한 과도한 해석이다. 알파마요는 엔비디아의 오픈소스 전략으로 후발주자가 쉽게 접근할 수 있도록 설계된 모델이다. 이 기술은 합성 데이터(Synthetic Data)[*]의 중요성을 인정하고 적극 활용한다. FSD와 강조점이 다른 기술임에도 시장은 엔비디아를 테슬라의 직접 경쟁자로 급히 몰아가며 테슬라 주가가 -4% 하락해 432달러에 마감했다. 그러나 곧바로 일론 머

---

[*] 실제 데이터를 직접 수집하지 않고, 컴퓨터 시뮬레이션이나 알고리즘을 통해 인위적으로 생성한 데이터로, 개인정보 보호 문제를 줄이면서도 AI 모델 학습에 활용할 수 있는 데이터.

스크(Elon Musk)를 비롯한 테슬라 AI 팀이 반박에 나섰다. 그들은 자율 주행 기술에서 실세계 주행 데이터가 생명과 직결된 핵심 요소라고 지적하며, 엔비디아의 합성 데이터에 기반한 접근을 비판했다. 이는 초기부터 잘못된 가정을 학습할 위험이 있고, 현실의 드문 엣지 케이스(Edge Case), 가령 폭우 속 낙엽 더미에 숨은 보행자나 도로 붕괴 같은 돌발 상황을 정확히 재현하기 어렵다고 주장했다. 엔비디아는 실세계 비디오 데이터를 일찍이 포기한 전통 자동차 제조사를 주요 대상으로 영업을 펼칠 가능성이 크다. 수천만 대의 테슬라 차량이 매일 수십억 마일의 실시간 데이터를 쌓는 상황에서 합성 데이터로 격차를 줄이려는 시도는 그들에게 매력적일 수밖에 없다.

젠슨 황은 피지컬 AI 시장 규모를 50조 달러(약 65경 원)로 추정하며 "지금까지 본 어떤 시장보다 크다. 참여하지 않으면 뒤처질 수 있다"고 우회적으로 말했다. 테슬라가 이미 상당한 선두를 달리고 있어 따라잡기 어렵다는 사실을 간접적으로 인정한 것으로 보인다. 준비되지 않은 기업에게 엔비디아의 챗GPT 스타일의 합성 데이터 솔루션을 채택하라는 영업용 메시지로 해석된다. 표면적으로는 설득력이 있지만, 현실과 가상은 근본적으로 다르다. 현실 세계에는 합성 데이터로 재현하기 어려운 드물고 예측 불가능한 상황이 무수히 존재한다. 테슬라 FSD는 이런 돌발 변수를 현장에서 실시간으로 학습하며 대응하는 시스템을 오랜 시간 구축했다. 젠슨 황의 CES 2026 발표는 테슬라의 데이터 우위와 학습 고리를 더욱 부각시킨 행사였다. 오히려 테슬라의 장기 비전을 확인하는 계기가 됐다.

　　　　　월급쟁이 루지 부의 설계

미래를 좌우할 피지컬 AI

기존 AI는 텍스트나 이미지 생성처럼 디지털 영역에 한정됐다. 피지컬 AI는 현실 세계의 복잡한 요소를 다룬다. 로봇이 물건을 집거나 차가 도로를 달릴 때 중력, 마찰, 인간의 예측 불가능한 행동 같은 물리 법칙을 실시간으로 처리해야 한다. 이는 단순 데이터 처리에서 벗어나 생명을 다루는 불가역적 기술로 이어진다. 젠슨 황이 추정한 50조 달러 시장 규모는 제조업, 물류, 헬스케어, 통신, 국방 등 다양한 산업을 재편할 잠재력을 반영한다.

엔비디아는 우버의 자율주행 로보택시, 피규어(Figure)의 휴머노이드 로봇, 폭스콘(Foxconn)의 자동화 공장, 노키아의 6G 네트워크, 팔란티어의 국방 AI처럼 구체적인 파트너십을 통해 이 시장을 공략하고 있다. 테슬라는 옵티머스(Optimus)*와 FSD 같은 제품을 개발하며 시장을 선도 중이다. 피지컬 AI는 AI가 단순 도구에서 세상을 움직이는 주체로 진화하는 단계로, 10년 내 우리 일상이 크게 변화할 가능성이 높다.

불과 몇 년 전 챗GPT 같은 생성형 AI가 처음 등장하자 모두가 충격에 빠졌다. 그러나 2026년의 우리는 자연스럽게 AI를 써서 이메일을 다듬고, 이미지를 만들고, 코딩을 돕는 도구로 일상을 채우고 있다. 적응이란 원래 그런 것이다. 혁명은 금세 평범한 일상이 된다.

---

* 테슬라 휴머노이드 로봇의 이름이다. 가정·산업용 범용 AI 로봇으로서 미래 산업을 주도할 핵심 기술을 보여준다.

자율주행과 로봇 시대도 똑같을 것이다. 처음엔 로봇이 집안일을 하고, 차를 알아서 운전한다는 사실에 불안과 신기함을 동시에 느끼겠지만, 5~10년 후에는 로보택시를 타고 출근하거나 옵티머스 로봇이 집안일을 돕는 걸 당연하게 생각할 것이다.

자율주행 기술 구현에는 엣지 케이스가 매우 중요하다. 공중에서 날아오는 비닐 시트, 도로 붕괴, 갑자기 뛰어나오는 동물 같은 극히 드문 상황이 안전을 결정짓는다. 테슬라는 70억 마일을 훌쩍 넘는 실주행 데이터를 쌓아 그러한 롱테일 문제(Long Tail Problem)*를 체계적으로 공략하고 있다. FSD V14 시리즈는 이런 극한 상황에서 적응력과 안정성을 입증하며 진화를 거듭하고 있다. 반면 엔비디아의 합성 데이터 기반 접근법은 현실 재현의 한계 때문에 초기 오류를 유발할 위험이 크다는 지적이 계속 나오고 있으며, 자율주행의 본질적인 데이터 우위를 제대로 따라잡지 못하는 단점이 있다. 결국 AI 시대의 승자는 일상화의 장벽을 가장 빨리 넘는 쪽이다. 테슬라는 실세계 데이터라는 압도적 무기를 앞세워 그 길을 돌파할 것이다.

테슬라의 핵심 경쟁력

테슬라의 전략은 애플과 놀라울 정도로 닮아 있다. 애플이 아이폰,

---

* 드물지만 다양한 모습으로 등장하는 문제 요소에 대한 정보가 부족해 분석이나 예측이 어려워지는 현상.

　월급쟁이 루지 부의 설계

iOS, 앱스토어까지 공급망 전체를 수직 통합으로 장악해 프리미엄 시장을 독점한 것처럼 테슬라는 차량 설계부터 배터리·도조(Dojo, 테슬라의 AI 학습용 슈퍼컴퓨터) 칩·FSD 소프트웨어·기가팩토리·옵티머스 로봇까지 엔드투엔드 체계(End-to-End System)*를 구축해 마진을 극대화한다.

수직 통합의 핵심 가치는 비용 절감, 혁신 속도 가속, 경쟁자 의존도 최소화에 있다. 테슬라는 배터리 생산부터 자율주행 소프트웨어 개발, 심지어 리튬 광산 투자까지 통합해 공급망 병목을 피하고 안정적인 운영을 유지한다. 2025년 4분기 실적에서 테슬라는 전체 GAAP(Generally Accepted Accounting Principles)** 총 마진이 20.1%로 2년 만에 최고 수준을 기록했으며, 이는 자동차 부문 마진 개선(규제 크레딧 제외 17.9%)과 에너지 사업의 기여도가 맞물린 결과로 평가된다.

여기에 테슬라 보험(Tesla Insurance)을 더하면 생태계 완성도가 한층 높아진다. 테슬라 보험은 차량에서 실시간으로 수집된 운전 데이터를 활용해 보험료를 개인별로 책정하며 3,530억 달러 규모 미국 자동차 보험 시장에 효과적으로 침투하고 있다. FSD와 보험을 결합하면 보험료를 낮추면서 전통 보험사의 점유율을 잠식할 수 있고, 자체 수리점 통합으로 마진 우위를 더 강화한다. 테슬라 보험은 13개 주에서 운영 중이며, 2026년 테네시와 인디애나 주도 서비스 지역으로 추가될 예정이다. 서비스 지역을 빠르게 늘리는 것은 시장 확대의 강력한 신

---

* 어떤 서비스나 작업의 처음 단계부터 최종 결과까지 모든 과정을 하나의 통합된 시스템에서 처리하는 방식.
** 미국 기업이 재무제표를 작성할 때 따라야 하는 일반적으로 인정된 회계원칙.

호다.

테슬라는 차량 하드웨어를 손해보고 팔더라도 FSD 구독이나 로보택시 서비스 같은 소프트웨어 기반 매출로 40~50% 높은 마진을 창출할 수 있는 구조를 갖췄다. RBC 캐피털 마켓스(RBC Capital Markets) 추정에 따르면 2035년경 FSD 매출이 350억 달러, 라이선싱 매출 180억 달러로 총매출 530억 달러에 달할 전망이며, 이는 소프트웨어 중심 전환이 경제적으로 충분히 타당하다는 점을 보여준다.

테슬라는 경쟁사를 즉시 압도할 역량을 갖고 있지만, 전체 생태계의 장기 성장을 위해 일부러 속도를 조절하는 전략을 취한다고 생각한다. 레거시 자동차 업체가 테슬라의 우위를 부정하려 애쓰는 가운데, 저가 차량 대량 보급으로 시장을 확대하고 자연스러운 라이선싱 수요를 유도하는 방식이다. 이 모든 게 맞물리면 테슬라는 자동차 회사가 아니라 진정한 AI·로보틱스 플랫폼 기업으로 자리 잡을 가능성이 크다.

03 AI와 로보틱스가 가져올 미래

젠슨 황의 핵심 메시지는 AI의 최상위 형태가 피지컬 AI이며, 그 중심에 로보틱스와 자율주행이 있다는 점이다. iOS와 안드로이드가 시장을 양분하듯, 지금은 '테슬라 VS 비(非)테슬라 진영의 엔비디아 채택'이라는 두 가지 선택지가 존재한다. 둘의 차이는 엔비디아가 피지컬 AI를 추구하는 모든 기업에게 GPU, 소프트웨어, 클라우드 툴을 제공하며 생태계를 폭넓게 키우는 전략을 펼치는 반면, 테슬라는 제품을 직접 제작하고 공급망 전체를 통제해 이익을 독점한다는 점이다. 엔비디아는 인프라와 플랫폼의 주도자, 테슬라는 엔드투엔드 통합 제품의 주도자다.

엔비디아의 접근은 플랫폼과 인프라의 절대 강자답다. 젠슨 황이 말하는 'AI 공장' 개념은 GPU, CUDA(Compute Unified Device Architecture)*, NIM(NVIDIA Inference Microservice)**, 옴니버스(Omniverse, 엔비디아 디지털 트윈 플랫폼), DGX 클라우드(엔비디아 클라우드 AI 슈퍼컴퓨팅 서비스) 같은 툴킷으로 각 기업이 원하는 물리적 AI를 자유롭게 만들 수 있게 한다. 자율주행은 드라이브 토르(DRIVE Thor, 엔비디아의 차세대 자율주행 단일 칩 시스템), 로봇은 아이작 플랫폼(Isaac Platform, 엔비디아 로봇 개발 툴킷), 공장 최적화는 옴니버스로 해결한다. 직접 로봇을 만들거나 차를 운영하지 않고, 수천 개 파트너의 성공을 통해 칩 판매·라이선스·클라우드 수익을 창출한다.

파트너십이 핵심이다. 우버는 엔비디아 칩으로 로보택시 플릿 운영 시스템을 빠르게 구축하고, 피규어는 젯슨 토르(Jetson Thor, 휴머노이드 전용 AI 프로세서)로 휴머노이드 로봇의 실시간 학습을 강화한다. 폭스콘은 옴니버스로 디지털 트윈 공장을 세워 GPU 생산을 자동화하고, 노키아는 엔비디아 ARC(Aerial RAN Computer) 칩으로 6G AI 연결성을 실현한다. 팔란티어는 국방 데이터 분석, 일라이 릴리는 신약 개발, 미국 에너지부는 과학 연구를 강화한다. CES 2026에서 알파마요 AV(Autonomous Vehicle, 자율주행 자동차) 모델과 드라이브 AV 소프트웨어를 공개하며 메르세데스-벤츠와의 협력을 통해 안전이 인증된 자율주행 시스템을 강조한 것도 엔비디아가 로봇 혁명을 주도하고 있다는 증거다. 엔비디아는

------

* GPU의 특정 유형을 사용하여 가속화된 범용 처리를 가능하게 하는 독점적인 병렬 컴퓨팅 플랫폼 및 앱 프로그래밍 인터페이스.
** AI 모델을 빠르게 배포·추론하기 위한 '사전 구축된 추론 마이크로서비스(컨테이너)'를 제공하는 서비스.

모든 기업의 '공통 두뇌'가 되어 리스크를 분산하고 시장을 광범위하게 장악한다.

테슬라는 공급망 통합의 정점에 서 있다. 모든 것을 자체 해결하며 외부 의존을 최소화하고 가치 사슬을 통제해 마진을 극대화한다. 자율주행은 FSD 구독, 로봇은 판매·임대, 에너지는 저장 시스템으로 수익화한다. 엔비디아가 '너희가 만들면 우리가 인프라로 도와주겠다'라면 테슬라는 '우리가 직접 만들어 판다'는 입장이다.

과거 노키아의 몰락을 떠올려보자. 2007년 아이폰이 등장하자 "스마트폰은 불필요한 옵션"이라며 무시하다가 앱 생태계가 주류가 되자 순식간에 사라졌다. 테슬라가 자율주행과 소프트웨어 중심 모빌리티로 산업을 재편하는 가운데, 레거시 업체들이 엔비디아 플랫폼에 기대어 늦장 대응하다가 비슷한 운명을 맞을 가능성이 크다.

젠슨 황의 메시지는 직설적이다. "미래 최대 먹거리는 피지컬 AI이고, 살아남을 기업은 극소수다. 이 길은 험난하니 엔비디아 플랫폼으로 들어오라." 그렇지 않으면 다수의 자동차 기업은 과거 노키아의 길을 걷게 될 거라고 말하는 셈이다. 엔비디아는 자율주행 기술의 정답이 테슬라에 있음을 알면서도 정면 승부 대신 훈련소 역할을 택했다. 엔비디아는 안드로이드의 길을, 테슬라는 애플의 길을 걷는다. 안드로이드와 iOS가 공존하듯 자율주행 시장도 제로섬이 아니다. 테슬라는 독자 노선으로 프리미엄 1등을 유지하고, 엔비디아는 오픈 플랫폼으로 필수적인 존재가 된다.

엔비디아의 2026 회계연도 3분기 매출을 살펴보자. 전체 매출

570억 달러(약 77조 원, 전년 대비 62%↑), 데이터센터 부문 512억 달러(약 76조 원, 전년 대비 66%↑)로 사상 최고 매출을 기록했다. 시가총액은 약 4.6조 달러, 전 세계 시가총액 1위를 지키고 있다. GPU가 AI 혁명의 필수 인프라이기 때문이다. 그러나 장기적으로는 테슬라의 잠재력에 주목해야 한다. 2030년 로보택시 백만 대, 옵티머스 수백만 대 생산이 현실화되면 시장 규모가 엔비디아 인프라 수익을 뛰어넘을 수 있다. 2026년 현재 시가총액은 약 1.6조 달러로 뒤처지지만, 70억 마일 실주행 데이터는 대체 불가능한 무기다.

두 기업의 관계는 제로섬이 아니라 상호 보완적이다. 테슬라는 엔비디아 하드웨어에 수십억 달러를 투자하며 도조와 결합하고, 엔비디아 파트너는 FSD를 벤치마킹한다. 시장이 커질수록 1등 테슬라가 가장 큰 몫을 차지하지만 엔비디아는 안드로이드처럼 후발주자를 모아 공존한다.

테슬라 투자자로서 FSD 기술에 대한 걱정은 없다. 이미 세계 최선두이며 계속 진화 중이기 때문이다. 핵심은 FSD를 탑재한 차량을 얼마나 대량으로 저렴하게 생산할 수 있는가에 있다. 테슬라는 기가팩토리 확장과 제조 혁신으로 저가 차량을 대량 보급해야 한다. 도로에 테슬라 차량이 수억 대 포진하면 FSD의 위상이 절대적으로 강화되고 라이선싱 요청이 쏟아질 것이다.

나는 테슬라가 장기 승자가 될 것이라 믿고 계속 많은 자금을 투입 중이다. 실주행 데이터로 세상을 배우는 AI와 그 AI를 가장 많이 생산·배치하는 기업으로, 애플처럼 1등 프리미엄 생태계를 주도할 잠재

단순한 자동차 회사가 아닌, 리튬 정제 → 배터리 셀 → 에너지 스토리지 → 차량 → 충전 → 소프트웨어 → 로보틱스 → 로보택시 → 보험까지 통합하는 생태계를 구축 중인 테슬라.

출처: 〈Tesla Investor Relations Q1 2024〉 자료

력을 갖췄다고 본다. 현실 데이터는 합성으로 재현할 수 없으며, 실제 도로를 달리는 차량이 세상을 바꿀 것이다. 두 기업의 경쟁은 산업 전체를 키우는 선순환을 만든다. 테슬라 1주당 가치는 2035년 로보택시·옵티머스 보상 패키지 달성 시점에 제대로 재평가될 것으로 기대한다.

테슬라의 미래 전망과 투자 관점은 머스크의 야심찬 비전과 혁신적인 전략에 크게 의존한다. 특히 '2025 CEO 성과 보상안'은 테슬라를 AI와 로보틱스 분야의 글로벌 리더로 전환시키는 핵심 로드맵이다. 이 보상 패키지는 2025년 11월 주주총회에서 75% 이상의 압도적 지지로 승인되었다. 2018년 보상안이 델라웨어 법원에서 무효화된 후 재설계된 이번 패키지는 급여나 보너스를 완전히 배제하고 100% 성과 중심으로 구성되었다. 10년 기간(2035년까지) 동안 12단계 트랜치(Tranche)로 나뉘어 있으며 각 트랜치는 시가총액 목표와 운영 성과 목표를 동시에 달성할 때만 해제된다.

보상안 발표 당시 테슬라 시가총액은 약 1.5조 달러였다. 최종 시가총액 목표인 8.5조 달러를 달성하면 약 5.6배 성장한 셈이다. 모든 트랜치가 완수되면 머스크는 테슬라 주식 약 4억 2,374만 주(당시 발행 주식 기준 약 12%)를 추가로 받게 된다. 현재 지분율(약 13%)과 합치면 25% 이상으로 확대된다. 보상으로 받은 주식은 바로 매각할 수 없도록 제한된다. 머스크의 장기 헌신을 강제하는 구조이다.

보상안의 운영 목표는 테슬라의 다각화 전략을 그대로 반영한다. 초기 트랜치에서는 차량 2,000만 대 인도와 같은 전기차 시장 확대를, FSD 활성 구독자 1,000만 명과 로보택시 100만 대 운영은 AI 소프트웨어 수익화를, 옵티머스 100만 대 인도는 로보틱스 신사업을 각각 강조한다. 후반 트랜치로 갈수록 조정 EBITDA(Earnings Before Interest,

Taxes, Depreciation and Amortization)가 핵심이 되는데, 달성 목표 500억 달러에서 시작해 최종 4,000억 달러까지 단계적으로 올라간다. 특히 마지막 세 트랜치는 EBITDA 4,000억 달러를 서로 겹치지 않는 별개의 4개 연속 분기(즉 최소 3년) 동안 유지해야 하는 극도로 엄격한 조건이다.

머스크가 이 패키지를 통해 지분율을 25% 이상으로 끌어올리려는 이유는 명확하다. 테슬라를 AI와 로보틱스 분야의 절대 선두주자로 키우기 위해서는 안정적인 경영권이 필수적이기 때문이다. 그는 늘 대형 기관 투자자의 단기 실적 압박에서 벗어나 장기 비전을 추구해야 한다고 주장했다. 25% 지분은 이사회와 주주총회에서 실질적인 지배력을 확보하게 해주며 동시에 xAI, 스페이스X(SpaceX) 등 다른 기업들과의 시너지를 보호하는 방패가 된다. 일부에서는 이 패키지가 머스크 중심적이며 주식 희석 위험이 있다고 비판하지만 75%라는 높은 지지율은 주주들이 그의 리더십과 과거 실적을 신뢰한다는 증거이다. 2018년 패키지가 논의될 당시에 불가능하다 여겨졌던 시가총액 6,500억 달러 목표를 모두 초과 달성한 성과는 이번 보상안에 대한 신뢰를 더욱 강화했다.

테슬라의 미래 전망에서 가장 두드러지는 것은 로보택시와 자율주행 분야의 야심찬 비전이다. 테슬라는 로보택시 네트워크를 핵심 성장 동력으로 삼고 있으며 2026년 중 공개 예정인 로보택시 전용 모델 사이버캡(Cybercab)은 FSD를 기반으로 무인 택시 서비스를 실현할 제품이다. 사이버캡은 우버 등 기존 택시 산업을 근본적으로 재편할 잠재력을 지니며 머스크는 2030년까지 수백만 대의 로보택시를 투입해 연간 수조 달러 규모의 수익을 창출할 수 있다고 강조한다. 이는 피지컬 AI의 실생활 적용 사례로 승객 안전을 보장하기 위한 엣지 케이스 해결이 핵심 과제다.

옵티머스와 연계된 생태계는 테슬라를 자동차 제조사가 아닌 포괄적인 모빌리티 플랫폼으로 탈바꿈시킬 전망이다. 2026년 테슬라는 옵티머스 생산에 집중하며 모델 S와 X의 생산을 중단하고 사이버캡 생산을 확대하기 위해 제조 직무를 다수 채용 중이다. 머스크는 옵티머스 Gen 3를 곧 공개할 예정이며 2026년 말까지 대량 생산을 목표로 하고 있다. 이런 움직임은 테슬라가 전기차 사업에서 AI와 로보틱스로 선회하는 신호로, 2026년 자본 지출이 200억 달러 이상으로 증가할 전망이다.

2025 CEO 성과 보상안은 테슬라를 물리적 AI 시대의 리더로 이끄는 중요한 촉매제이다. 목표를 모두 달성하면 현재 대비 기업 가치가 약 6배 가까이 오를 수 있다. 만약 로보택시 네트워크 확장, 옵티머스 상용화, FSD 글로벌 수익화, AI 생태계 시너지 같은 추가 성장 동력이 제대로 터진다면 그 이상도 충분히 가능하다.

한 사람의 비전이 전 세계 최고 수준의 인재를 모아 밤낮없이 업무를 몰아붙이게 만드는 레버리지 현상도 중요하다. 이런 구조 아래에서 가치가 폭발적으로 창출되는 과정을 보면, 테슬라에 투자하는 행위 자체가 일종의 레버리지라고 할 수 있다. 주식 한 주를 사는 것만으로 머스크의 비전, 그를 따르는 인재 조직, 로보택시·FSD·옵티머스·AI 등 수조 달러 규모 미래 시장, 그리고 2025 보상안으로 묶인 장기 헌신까지 동시에 빌리는 셈이기 때문이다. 역사적으로 이런 레버리지를 가진 기업은 극소수였고, 지금 테슬라에서 그 격변이 다시 일어나고 있다. 테슬라에 투자한다는 건 단순히 주식을 사는 게 아니라, 머스크라는 강력한 레버리지를 통해 미래 성장을 선취하는 행위이다. 그 레버리지가 잘 작동하면 주가 성장 6배는 기본이고, 여정 중 추가 상방까지 더해져 훨씬 큰 결과가 나올 수 있다.

창업자의 꿈에 동참한다는 것

시장의 출렁임에도 쉽게 흔들리지 않는 이유는 머스크가 추구하는 꿈, 인류가 지구에만 의존하지 않고 살아남을 수 있게 하려는 노력에 조금이라도 힘을 보태고 싶은 마음 때문이다.

테슬라가 벌어들이는 막대한 현금흐름은 과거부터 스타십 개발과 생산을 뒷받침하는 중요한 자금원 역할을 했다. 하지만 최근 들어서는 스페이스X의 스타링크(Starlink) 사업으로 현금흐름이 안정되고, 2025년 매출 약 155억 달러를 기록하며 독립적인 성장 궤도에 올라섰다는 점은 주목할 만하다. 물론 여전히 머스크의 기업들은 서로 깊이 연결돼 있다. 테슬라는 전체 생태계의 중심축 역할을 한다. 배터리 기술은 화성 기지에 필요한 대규모 에너지 저장으로 이어지고, 자율주행과 AI는 옵티머스의 두뇌가 되며, 옵티머스는 화성 착륙 후 첫 작업을 수행할 실질적인 노동력이 된다. 태양광 사업은 태양열 패널로 화성의 에너지 자립을 가능하게 한다. 결국 테슬라에서 시작된 기술들이 스페이스X, xAI, 보링컴퍼니(The Boring Company), 뉴럴링크(Neuralink)까지 퍼져나가면서 전체 기업군이 수혜를 보는 구조로 설계돼 있다.

테슬라 한 주를 사는 건 머스크의 비전과 연결된 거대한 네트워크에 참여하는 일이다. 머스크의 사업은 다른 행성으로 확장되는 인류 생존 프로젝트의 핵심 엔진이다.

머스크는 과거부터 "지구는 아주 오래 살았지만, 언제든 핵전쟁, 소행성 충돌, 극단적인 기후 변화 등 다양한 이유로 큰 재앙을 맞이할 수 있다"면서 지구에 운명을 거는 건 위험하니 인류가 화성 같은 다른 행성에서도 스스로 살아갈 수 있게 해야 한다고 강조했다. 스페이스X를 만든 이유도 기존 로켓 회사가 발사 비용을 제대로 줄이지 못해서, 인류가 여러 행성에 진출하는 걸 불가능하게 만든다고 판단했기 때문이다. 그는 "인류가 다른 행성으로 확장되지 않으면 자연적이든 인위적이든 멸종을 기다릴 뿐"이라고 직설적으로 말하며, 로켓 기술의 근본적인 혁신을 추구했다.

머스크의 진정성은 과거의 수많은 실패와 파산 직전의 순간들 속에서 가장 강렬하게 드러난다. 2008년, 스페이스X의 세 번의 로켓 발사가 모두 실패로 끝나고 테슬라는 크리스마스 이브를 앞두고 현금이 바닥날 뻔했다. 그는 페이팔(PayPal) 매각으로 번 약 1억 8,000만 달러를 거의 모두 쏟아부었고, 두 회사를 동시에 살리기 위해 파산에 가까운 지경까지 몰렸다. 친구에게 돈을 빌려 집세를 내고, 이혼의 고통 속에서도 포기하지 않았다. 그때 그는 "마지막 한 푼까지 두 회사에 넣

  월급쟁이 루지 부의 설계

겠다"고 말하며, 한쪽을 포기할 수 없어 둘 다 살리는 길을 택했다. 그 선택이 결국 나사(NASA)와의 16억 달러 계약과 투자 유치로 이어져 오늘날의 스페이스X와 테슬라를 만들었다.

대부분 사람은 그런 극한의 실패와 스트레스를 견디고 싶어 하지 않는다. 머스크 본인도 "내 머릿속은 폭풍 같다. 대부분의 사람들은 나처럼 되고 싶어 하지만, 실제로는 이해하지 못한다"고 말한 적이 있다. 모두가 그의 성공만 보고 부러워하지만, 그 뒤에 숨은 밤샘 작업, 끊임없는 비판, 정신적·신체적 고통, 가족과의 단절은 감히 상상조차 하지 못한다. 그는 완벽하지 않고 때론 논란을 일으키지만, 적어도 인류 미래를 위한 비전만큼은 거짓이 없다. 인류의 미래를 위해 자신의 모든 것을 걸고, 실패할 때마다 다시 일어나는 그 끈질김은 진심에서 나온다. 태양 에너지의 극히 일부만 활용해도 인류 전체 에너지 수요의 10,000배를 충족할 수 있다는 그의 계산은 지구 한계를 넘어 우주 에너지 활용으로 이어지며, 이는 테슬라의 태양광 사업과 연계돼 화성에서의 에너지 자립을 위한 기반이 된다.

혹자는 종종 '일론 타임(Elon Time)'이라고 부르는 그의 특징적인 현상을 이야기한다. 머스크가 발표하는 일정이나 목표가 극도로 낙관적이고 야심차서, 실현까지 몇 달, 심지어 몇 년 늦어지는 경우를 가리키는 말이다. 하지만 '일론 타임'은 불가능해 보이는 목표를 향해 팀을 극한으로 몰아붙이는 방식의 일부다. 로켓 발사 초기의 실패를 극복하고 성공으로 전환하거나 테슬라의 모델3 생산 지옥을 해결하고 스타십 개발을 계속 밀어붙이는 과정에서 그는 늘 "실패는 옵션이 아니다"라는 태도를 일관했다. 나는 어떤 문제가 터져도 그의 천재성과 호기심, 그리고 함께하는 인재의 힘으로 결국 더 강해져서 이겨낼 거라고 믿는다. 그가 걸어온 길을 돌아보면 어떤 목표든 성공 가능성은 충분하다.

투자자로서 그의 방향성과 진정성을 이해하면, 테슬라 투자는 단기 수익이 아닌 인류 미래에 대한 베팅이 된다. 시장의 변동성과는 무관한 머스크의 인류애에 올라타서 투자하는 거다. 누가 들으면 오버한다고 하거나 기업과 사랑에 빠졌다고 할 수 있겠지만, 그런 얘기는 이미 수없이 들었다. 특히 주가가 하염없이 추락할 때 나의 선택이 틀렸다고 속삭이는 유혹과 비난을 매일 들었다. 이미 지나간 일이다. 아무것도 아니다.

같은 자산에 투자한다고 해서 절대 같은 주주가 아니고, 같은 생각을 가진 주주가 아니다. 어떤 사람은 단기 차익만 노리고 들어왔다가 주가 하락에 비난부터 쏟아낸다. 하지만 진짜 주주는 머스크의 비전을 공유하고, 장기적으로 인류의 여정에 동참하는 사람이다. 그의 실패를 함께 짊어질 각오가 없으면, 그건 투자라기보다 도박에 가까운 거다. 반대로 그의 진심을 믿고 응원하면 시장의 등락은 작은 파도일 뿐이다. 인류가 다행성을 정복하는 미래를 꿈꾸며 투자한다면 자녀 세대가 더 안전한 우주에서 살 수 있도록 기여하는 사람이 된다.

결국 테슬라는 내게 돈 이상의 가치를 지닌다. 장기적으로 꾸준히 투자하며, 인류의 미래를 조금이라도 함께 만들어가는 데 힘을 보태는, 그 자체로 의미 있고 풍요로운 과정이 되기 때문이다.

"제대로 된 투자 방법이란, 자신이 꽤 잘 이해하고 있고 경영진을 전적으로 신뢰할 수 있는 기업 몇 곳에 상당한 금액을 집중해서 넣는 것임을 시간이 흐를수록 나는 점점 더 확신하게 된다네.

아는 바가 거의 없고 특별히 믿을 만한 이유도 없는 기업에 자금을 지나치게 많이 분산하는 것이 위험을 제한해준다고 생각하는 것은 큰 착각이라네. (…) 사람의 지식과 경험은 분명히 한계가 있어서, 내가 개인적으로 완전한 신뢰를 갖고 투자할 만한 기업은 어떤 시점에도 두세 개를 넘는 적이 거의 없네."*

자산 분산의 착각에 속지 말자. 경영진과 비전을 철저히 검증한 서너 개의 믿음직한 기업에 집중하자. 시장의 파도를 타며 시간을 분산해 매입 단가를 단단하게 다지자. 리스크를 관리하며 장기 성장을 거머쥐자.

....

* 케인스가 F. C. 스콧에게 보낸 편지(1934년 8월 15일), 케임브리지 대학교 출판부 《존 메이너드 케인스 전집 제12권(The Collected Writings of John Maynard Keynes: Vol. XII.)》 55~57쪽 참고.

투자의 핵심은 확신의 퀄리티

투자는 수익의 크기가 아니라 확신의 질이 핵심이다. 외부에서 보이는 화려한 숫자나 남들의 성과가 아니라, 스스로 공부하고 경험을 통해 쌓아 올린 내부 확신이 진짜 힘이다. 이 확신이 단단해야 시장이 극단적으로 출렁일 때도 중심을 잃지 않고, 오히려 그 혼란 속에서 기회를 읽어내며 담담히 대응할 수 있다.

10억 원의 투자 수익을 올린 A가 있다고 해보자. 이때 원금이 10억 원이었다면 수익률은 100%에 불과하다. 반대로 B가 1억 원 수익을 냈다고 해도, 그게 1천만 원으로 시작해 10배를 만든 결과라면 수익률은 900%에 달한다. 겉으로 드러난 숫자만 보면 A가 훨씬 앞서 보이지만, 실제 성과를 비교하려면 투입한 자본 대비 수익률, 투자 기간, 위험 수준 등을 모두 고려해야 한다. 그런데 대부분 사람은 그런 맥락을 생략하고 숫자 크기만 보고 부러워하거나 위축된다.

각자의 출발 조건은 천차만별이다. 누가 더 잘했는지 비교는 불가능하다. 억지로 비교해봐야 스트레스만 쌓인다. 배우 전원주 씨의 SK하이닉스 투자 사례가 이를 잘 보여준다. 전원주 씨는 2011년 무렵, 아직 SK그룹에 인수되기 전 하이닉스 주식을 주당 2만 원대에 매입해 지금까지 장기 보유 중이다. SK하이닉스 주가가 2026년 현재 90만 원대를 넘나들며 사상 최고가를 계속 경신하는 가운데, 그대로 들고 있다면 수익률은 4,200%를 훌쩍 넘기고 원금은 40배 이상으로 불어났을 것이다. 이건 단순히 '운이 좋았다'거나 '결과가 화려하다'는 이야기가 아니다.

과거 대부분 사람이 하이닉스에 주목하지 않던 시절, 그는 회사의 직원들을 직접 만나보고 강의를 들으며 기업에 대한 확신이 생겨 큰 금액을 투자했다. 이후 반도체 업황의 극심한 변동성, 시장의 출렁임, 주변의 회의적인 시선, 그리고 자산 규모가 커지면서 따라오는 심리적·금전적 압박을 10년 넘게 견뎌내며 한 번도 팔지 않고 버텼다. 그는 방송에서 "회사를 믿고, 급한 돈이 아닌 여유 자금으로 장기 투자하라"고 조언하며, 주주총회에 직접 가서 경영진의 표정과 진정성을 확인했다고 털어놓기도 했다. "나는 절대 안 판다"는 그의 한마디는 장기 투자의 본질을 몸소 보여준다.

성공한 투자 사례가 SNS나 커뮤니티에 넘쳐나는 시대지만 전원주 씨처럼 남들이 외면하던 때부터 확신을 갖고, 변동성을 온몸으로 감내하며 끝까지 버틴 사례는 극소수다. 결과만 보고 부러워하거나 조급할 게 아니라, 그 뒤에 숨은 긴 인내와 흔들리지 않는 믿음의 과정을 떠올려봐야 한다. 그런 고난의 여정이 쌓여야 진짜 큰 부와 마음의 여유가 생기는 법이다. 매달 정해진 금액을 꾸준히 넣고, 공부하며 전략을 다듬고, 시장이 출렁여도 흔들리지 않고 버티는 것. 이 과정이 쌓이다 보면 어느 순간 눈에 보이는 결과가 따라온다. 투자는 숫자 경쟁이 아니라, 자신과의 약속을 지키는 일임을 기억하자.

변동성을 나의 편으로 만들어라

기술성장주 투자의 핵심은 변동성을 내 편으로 만드는 것이다. 하루 10% 급등, 일주일간 20% 급락은 일상적인 일이다. CEO의 돌발 행동 하나로 주주들이 흔들릴 때도 많다. 많은 이들이 등락에 겁을 먹고 매도하거나 관망하지만, 변동성은 성장주의 필연적인 특징이자 장기 투자자에게는 귀한 선물이다. 특정 저점이나 고점을 맞히려 애쓰는 건 시간 낭비다. 시장 타이밍은 신도 모르기에 구조를 짜고 이를 끝까지 유지하는 데 초점을 맞춰야 한다.

투자는 단순한 숫자 게임이 아니라, 장기적인 관점에서 구조를 세우고 꾸준히 실행하는 과정이다. 특히 기술성장주처럼 변동성이 큰 종목에서 '매입단가 평균법칙(Dollar-Cost Averaging)*'은 핵심 전략 중 하나다.

....

* 일정 금액을 정기적으로 투자해 가격 변동에 관계없이 자산을 분할 매수함으로써 평균 매입단가를 낮추는 투자 전략.

    월급쟁이 루지 부의 설계

매달 100만 원씩 투자한다고 가정해보자. 주가가 10만 원일 때는 10주를 산다(100만 원÷10만 원=10주). 주가가 5만 원으로 떨어지면 20주를 산다(100만 원÷5만 원=20주). 반대로 주가가 20만 원으로 오르면 5주만 산다(100만 원÷20만 원=5주). 이렇게 3개월을 투자하면 총 투자액은 300만 원, 총 주식 수는 35주가 된다. 평균 매입단가는 8만 5,714원(300만 원÷35주)이다. 단순 평균 주가인 11만 6,667원(35만 원÷3개월)보다 훨씬 낮아진다. 이게 바로 매입단가 평균법칙의 힘이다. 주가가 하락할 때 자동으로 저가 매수가 이뤄져 전체 포트폴리오의 기반이 단단해진다. 이 과정은 시장의 단기 변동을 무시하고 장기 가치를 축적하는 데 집중해 투자자의 심리적 부담을 줄여준다.

이 법칙은 주가 하락에만 초점을 맞추지 않는다. 기술성장주처럼 장기적으로 상승 추세를 보이는 종목에서는 오를 때도 꾸준히 사는 게 핵심이다. 성장주의 본질은 지속적인 상승 추세에 있기 때문이다. 테슬라나 나스닥 지수 같은 기술 중심 자산은 시장을 재편하는 혁신으로 인해 장기적으로 상승하는 패턴을 보인다. 주가가 오르는 중에 매수를 멈추면 상승 추세를 놓치게 된다. 보유 수량이 부족해져 나중의 큰 수익을 포기하는 셈이다. 오름세에서 사는 건 순간적으로 평균 단가가 올라가 수익률이 낮아 보일 수 있지만, 그게 바로 성장주 투자에서 추구해야 할 포인트다. 수량이 핵심이기 때문이다. 이 전략은 시장의 상승 파도를 타며 자산을 점진적으로 확대하는 데 집중한다.

성장주 투자는 '수익률'보다는 '수량'을 우선시해야 한다. 주가가 오르는 중에도 꾸준히 사면 평균 매입 단가가 점점 높아지면서 단기 수익률은 희석될 수 있다.

5만 원에 20주를 샀는데 다음 달 10만 원에 10주를 더 사면 평균 단가는 약 6만 6,667원이 된다. 수익률로 보면 초기 매수분만큼 높지 않지만, 총 수량이 30주로 늘어난다. 주가가 20만 원으로 오르면 총수익은 약 400만 원이 된다. 만약 오름세에서 매수를 멈췄다면 수량이 20주에 그쳐 수익은 300만 원으로 줄어든다. 오름세에도 주식을 사는 게 수량을 키워 나중에 큰 수익금으로 돌아온다. 수량 중심의 사고방식은 장기적으로 복리효과를 극대화하며, 단기 변동에 흔들리지 않는 안정된 포트폴리오를 구축한다.

매입단가 평균법칙: 테슬라 사례

테슬라는 2010년대 초반부터 자율주행 기술, 로보택시 네트워크, 에너지 저장·발전 사업 등으로 강한 성장을 했지만, 그 과정에서 주가는 큰 변동성을 반복했다. 2015년경 주가가 (분할 조정 후) 약 15달러 수준에서 시작해 2018~2019년 조정기에는 12~18달러까지 하락하며 베어마켓(Bear Market)*을 겪었고, 2020년 들어서는 235달러 이상으로 상승했다. 2022년 베어마켓 동안 다시 100달러대까지 떨어졌다가 2025년 말에는 450달러 근처까지 회복하며 여전히 변동성을 보였다.

....

* 주가가 전반적으로 하락 추세에 있으며 투자 심리가 위축된 약세 시장 상태.

만약 2015년부터 매달 고정 금액으로 주식을 꾸준히 사들였다면 하락장에서는 저가에 대량 매수로 평균 단가를 크게 낮췄을 것이고, 상승장에서는 추세를 타며 수량을 계속 쌓았을 것이다. 결과적으로 2020년대 중반 이후의 주가 상승 시점에 보유 수량이 상당히 증가하여 총수익이 최대화됐을 가능성이 매우 높다. 반대로 상승장에서 "이미 많이 올랐으니 좀 더 기다리자"라고 매수를 멈췄다면 로보택시 실현, 에너지 사업 확대, AI·로보틱스 진출 등의 성장 모멘텀을 제대로 누리지 못했을 것이다. 큰 상승은 종종 예상보다 더 길고 강하게 이어지며, 그 과정에서 변동성은 오히려 수량을 쌓는 기회로 작용한다. 혁신적인 기업의 성장 궤적은 비선형적이고 예측 불가능하다.

내가 깊이 공부해서 기업의 미래 비전에 대한 확신을 확실히 세워야 한다. 그러면 변동성은 더 이상 두려운 적이 아니라, 장기적으로 큰 수익금을 만들어내는 핵심 인자가 된다. 변동성은 성장주의 숙명이자, 동시에 강력한 복리효과 촉진 인자다. 확신이 있으면 그 출렁임을 즐기며 구조적으로 대응하는 게 오히려 자연스러워진다. 변동성을 피하려는 게 아니라 그것을 내 편으로 만드는 태도가 장기 투자에서 진짜 차이를 만든다.

05 지금 바로 시작하는 적립식 투자

변동성이 부담스럽다면 증권사 적립식 자동 매수 서비스를 활용하자. 감정을 배제하고 기계적으로 실행되는 구조가 가장 강력한 무기다. 시장이 하락할 때 우리는 본능적으로 매수를 주저한다. 그러나 자동화된 시스템은 미리 설정한 금액만큼 흔들림 없이 매수한다. 주가가 낮을 때 더 많은 수량을 사고, 높을 때 적게 사는 매입단가 평균화가 저절로 실현되면서 변동성이 내 편으로 바뀐다. 한국 증권사에서 '주식모으기'나 '소수점 주식 모으기'라는 이름으로 이 서비스를 폭넓게 제공한다. 소액부터 시작할 수 있어 월급쟁이 투자자에게 특히 잘 맞는다.

토스증권의 '주식모으기'가 대표적이다. 수수료 무료화 정책으로 큰 인기를 끌었던 기능이다. 매일·매주·매월 등 원하는 매수 주기를 선택할 수 있다. 국내 주식은 1주 단위로, 해외 주식은 1,000원부터 소수점 단위로 투자할 수 있다. 유안타증권, 키움증권, 미래에셋증권, 한국투자증권, 메리츠증권, 나무증권 등 주요 증권사도 미국 주식 소수점 모으기 서비스를 제공 중이다. 앱이나 온라인 플랫폼에서 간편하게 신청할 수 있고, 환전 수수료 우대나 거래 수수료 면제 이벤트도 자주 열어서 비용 부담을 줄여준다.

적립식 투자는 자동화된 인플레이션 헤지이자 노후 설계의 핵심 수단이다. 인플레이션은 현금의 가치를 잠식하지만, 혁신 기업은 시장을 재편하며 매출과 이익을 계속 확대해 이를 넘어선다. 초기 단계에서는 배당 없이도 주가 상승으로 자본 이득을 극대화할 수 있고, 10년간 꾸준히 적립하면 원금이 몇 배로 불어날 가능성이 크다. 기업이 성숙기에 들어서면 잉여 현금이 배당으로 전환된다. 테슬라는 아직 배

〈도표 3-4〉 한눈에 보는 증권사별 수수료 및 혜택

증권사	수수료 정책	환전 우대	주요 특징	추천 대상
토스증권	10 달러 이하 무료	평일 95%	직관적인 UI, 달러 재투자	소액을 매일 투자하는 사람
미니스탁	월 40만 원 무료	자동 환전 (60~80%)	원화 자동결제가 편리함	월 40만 원 이하로 적립식 투자하는 사람
키움증권	이벤트 기간 동안 0원	변동	공유 이벤트, 다양한 투자 종목	이벤트를 시의적절하게 활용 잘하는 사람
NH투자증권	우대 혜택 있음	100% (이벤트 활용 시)	ISA 계좌 연동 가능	절세 중시형 투자자

*2026년 1월 기준, 각 증권사의 사정에 따라 변동될 수 있습니다.

당을 줄 단계가 아니지만 기업의 현금흐름이 증가하면 배당 가능성도 높아진다. 그때부터 매년 들어오는 배당금은 생활비로 쓰거나 재투자해 복리를 키우는 현금흐름 수단이 된다.

숫자로 확인해보자. 10년 동안 매달 100만 원씩 투자하면 원금은 1억 2,000만 원이다. 10년간 주가가 시작 시점 대비 3배 상승했다고 보수적으로 가정하자. 분할 매수로 평균 매입단가가 낮아지는 효과까지 고려하면 총 자산은 약 3억 6,000만 원으로 불어난다. 기업이 성숙 단계에 진입해 연 3% 배당을 시작하면 연간 배당금은 약 1,080만 원, 월 평균 약 90만 원의 현금흐름이 생긴다.

주가 상승폭은 기업의 성장에 따라 달라지고, 3배 상승은 보수적 가정이다. 핵심은 분할 매수로 변동성을 평균화하고 장기 복리로 자산을 키우는 구조에 있다. 이 구조가 갖춰지면 70대에 들어서도 인플레이션을 이기며 안정적으로 생활비를 충당할 수 있다.

나스닥 지수의 장기 추이가 이를 뒷받침한다. 1990년 1월 425포인트였던 나스닥 지수는 2026년 1월 23,500포인트까지 올라 대략 55배 상승했다.

〈도표 3-5〉를 보면 회색으로 표시된 구간이 눈에 띄는데, 미국 경기 침체 시기다. 닷컴 버블 붕괴(2000~2002년), 글로벌 금융위기(2008~2009년), 코로나 팬데믹(2020년) 등 큰 충격마다 지수가 50~80% 폭락했다. 그러나 장기적으로 보면 그 하락들은 더 큰 상승의 디딤돌이었다. 침체 때마다 '할인된 가격'으로 기술성장주를 살 수 있는 기회가 반복됐고, 이를 놓치지 않고 꾸준히 분할 매수한 투자자는 변동성을 적극 활용하며

놀라운 복리 수익을 거뒀다.

기술성장주는 단기적으로 극심한 변동을 겪지만, 장기적으로는 경제의 중심이 기술로 이동하면서 지속적으로 우상향한다. 큰 하락은 가장 강력한 매수 기회로 작용해왔다.

이 수치는 단순한 과거 기록이 아니라 기술성장주의 본질적인 패턴을 보여준다. 초기에는 배당이 없고 변동성이 커서 많은 투자자가 주저하지만, 이는 혁신 기업에 투자할 때 감내해야 할 기본 요소다. 기업이 시장을 재편하고 매출·이익을 지속적으로 확대하면 잉여 현금이 쌓인다. 이는 배당과 자사주 매입, 안정적인 현금흐름으로 이어진다.

이 모든 것은 '예측'이 아니라 '역사적 패턴'과 '구조'에 근거한다. 미래 주가를 맞히는 일은 불가능하다. 그러나 혁신 기업이 시장을 장악하고 현금 창출 능력을 키우는 흐름은 반복됐다. 분할 매수는 그 패턴

〈도표 3-5〉 나스닥 지수 차트

출처: https://fred.stlouisfed.org/series/NASDAQCOM

을 감정 없이 따라가는 방법이다. 변동성이 클수록 같은 금액으로 더 많은 주식을 살 수 있고, 수량이 쌓이면 복리로 힘을 발휘한다.

투자는 숫자 싸움이 아니라 시스템의 싸움이다. 스스로 공부하고 구조를 세우며 변동성을 두려워하지 않는 태도가 가장 강력한 무기다. 시스템을 유지하고, 투자 대상을 꾸준히 학습해 확신을 키울수록 시장은 적이 아니라 동반자가 된다.

장기 성장주 투자, 변동성을 활용한 분할매수, 학습으로 다진 확신, 노후를 위한 복리 설계. 이 네 가지가 하나의 시스템을 이룬다. 지금 시작하는 것이 미래의 자유를 만드는 가장 확실한 길이다.

 월급쟁이 루지 부의 설계

배당성장주와 ETF 투자

부동산을 주된 투자처로 삼으면서 상방이 열린 금융·탈금융 자산을 추구하는 투자 철학에서 배당성장주와 배당성장 ETF는 포트폴리오의 안정성과 현금흐름을 책임지는 핵심 자산이다. 기술주의 높은 변동성이나 부동산의 관리 부담 없이 예측 가능한 배당성장과 심리적 안정감을 제공한다.

여기서 다룰 'DRIP' 철학은 일반적인 '배당 재투자 계획(Dividend Reinvestment Plan)'과 전혀 다르다. 내가 한국형으로 재정의한 '배당 유지와 소득 보존(Dividend Retention & Income Preservation)'의 축약어로, 자산에서 발생하는 현금흐름으로만 생활하며 원금을 절대 건드리지 않는 라이프스타일을 말한다.

DRIP이라는 단어가 주는 이미지가 이러한 투자 철학의 본질과 완벽하게 일치한다. 'drip'은 물방울이 톡톡 떨어지는 소리이자 그 움직임을 뜻한다. 한국어로 치면 떡에서 콩고물이 톡톡 떨어져 나오는 느낌이다. 떡(원금)은 그대로 두고 콩고물(배당금·현금흐름)만 주워 먹는 것. 원금은 절대 건드리지 않고 떨어지는 현금흐름만으로 생활하는 DRIP 전략이 떠오르지 않는가.

해외에서는 'live off dividends(배당금으로만 사는 삶)'라는 표현이 쓰이지만 다소 딱딱하고 길다. 널리 쓰이던 개념인 DRIP(Dividend Reinvestment Plan)은 배당금을 같은 주식에 자동 재투자하는 시스템인데, 한국 주요 증권사에서는 해외주식·ETF 자동 DRIP 기능을 지원하지 않는다. 배당금이 들어오면 직접 재매수 해야 하므로, 기존 용어를 그대로 쓰면 '자동 재투자'로 오해하기 쉽다. 그래서 한국 투자 시스템에 맞춰 현금흐름 소비 중심으로 재정의했다. 자동 재투자 이미지를 걷어내고, 떨어지는 현금흐름만으로 생활한다는 직관적 뉘앙스를 살렸다.

DRIP 철학을 실현하기에 가장 적합한 자산은 배당성장주와 배당성장 ETF다. 배당금을 꾸준히 늘리는 우량 기업으로 포트폴리오를 구성해 단기 주가 급등보다 장기 현금흐름에 초점을 맞추기 때문이다. 배당 성장이 예측 가능하므로 포트폴리오의 변동성이 줄고, 시장 불안 속에서도 심리적 안정감을 준다. 대표 사례가 SCHD ETF다. 2026년 1월 기준 배당 수익률 약 3.8%, 10년 연평균 배당성장률 약 10%로, 배당금이 매년 10%씩 늘며 장기 현금흐름을 창출하는 구조를 가진다.

배당률이 일시적으로 높아지는 현상은 대부분 주가 하락에서 비롯된다. 배당금 자체는 줄지 않고 매년 증가하므로, 주가는 배당성장의 힘에 의해 회복될 가능성이 크다. '배당률이 높아졌다=매수 기회'라는 관점으로, 여윳돈이 있다면 추가 매수해 평균 매입단가를 낮추고 미래 배당 증가의 혜택을 늘리자.

이런 배당성장의 안정성과 예측 가능성이 DRIP 철학의 핵심 기반이다. 초기에 소비를 철저히 통제해 현금흐름을 창출하는 자산을 축적하고, 이후 배당금으로만 소비하며 원금을 영구 보존한다. 소비와 투자의 관계를 재정의하고, 자산이 부채로 전락하지 않도록 원칙을 세우는 것이다.

자동차·가전제품 같은 감가상각 자산은 배당금으로만 구매하거나 렌트한다. SCHD 배당금으로 자동

출처: 미래에셋증권(2026년 3월 9일 기준)

차 렌트비를 내거나, 부동산 임대 소득으로 가전 렌트비를 충당하는 식이다. 세컨하우스나 별장처럼 유지비가 큰 자산도 배당금으로 세금·이자·관리비를 감당할 수 없다면 매수 대신 렌트를 선택하거나 보류하는 편이 현명하다.

실거주 주택은 포기하기 어렵다. 다만 DRIP 관점에서 주택 관련 비용을 냉정하게 따져야 한다. 주택은 장기 자산 가치 상승을 기대할 수 있지만, 대출 이자·유지비·세금 등은 매달 지속적으로 빠져나가는 현금 유출이다. 내가 깔고 앉아 사는 집이라도 그 비용은 내 주머니에서 나가므로 실질적 부채 요소에 해당한다. 이 비용을 근로 소득이나 불안정한 수입으로 메우면, 시장 하락이나 예상치 못한 지출 앞에서 자산 가치 상승을 기다릴 여유가 사라진다. 배당금으로 이 비용을 충당할 수 있는 수준에 도달해야 비로소 주택을 보유하며 자산이 불어나는 구조가 완성된다. 그때 주택은 부채가 아닌 진짜 자산이 된다.

나의 DRIP 철학에서는 실거주 주택 비용을 현금흐름으로 감당 가능한 수준으로 최적화하는 것이 원칙이다. 월 100만 원의 주거비가 필요하다면 SCHD 3억 원어치(연 3.8% 기준 약 115만 원 배당금) 또는 이에 준하는 현금흐름으로 충당하는 구조를 목표로 하면 된다.

DRIP 철학은 소비를 원금이 아닌 현금흐름에 의존하게 만든다. 원금을 건드리는 소비가 자산을 깎아내는 행위라면, 배당금으로 소비하면 자산은 보존되고 지속 가능한 생활이 가능하다. SCHD에서 나오는 배당금으로 매달 구독 서비스 비용이나 여행 경비를 충당하면, 시간과 자산을 희생하지 않는 소비가 된다. 이런 경험은 자산 축적의 동기를 강화하며 DRIP 실천을 가속하는 원동력이 된다.

부동산과 비교하면 오피스텔 월세 수익률이 높아 보이지만 세금·임차인 관리·미납·금리 변수가 크다. SCHD 같은 배당성장 ETF는 매수 버튼을 누르기만 하면 유동성을 확보하고 DSR 제약 없이 대출 활용도 가능하다. 배당률이 부동산 월세 수익률보다 낮아도 충분히 매력적이다. DRIP 전략은 부동산과 배당성장주를 조합해 유동성과 안정성을 극대화하는 데 중점을 둔다.

DRIP 철학의 궁극적 목표는 심리적 자유다. 재정적 안정은 물론이고 시장이 급락하거나 예상치 못한 지출이 발생해도 흔들리지 않는 마음의 평화 말이다. 시장이 붕괴할 때 많은 투자자가 공포에 사로잡혀 자산을 헐값에 처분한다. 그러나 DRIP 전략에서 나오는 현금흐름이 생활비를 충당한다면, 원금을 보호하면서 침착하게 장기 관점을 유지할 수 있다.

DRIP 전략의 실제 사례

2022년 테슬라 주가가 고점에서 약 100달러까지 -60% 이상 급락하고, 비트코인이 69,000달러에서 17,000달러로 -75% 폭락한 혼란 속에서도 SCHD의 배당금은 흔들림 없이 안정적인 현금흐름을 제공했다. 이 배당 수입으로 생활비를 충당하거나 급락한 자산을 저가에 매수했다면 공포가 지배하는 시장에서도 기회를 포착할 수 있었다. SCHD는 개별 주식 관리 부담이 적고, 기술주 비중이 낮아 나스닥 위주 포트폴리오를 가진 투자자에게 효과적인 보완 자산이 된다. 나스닥 지수가 급락할 때 시세를 유지하거나 오히려 상승한 구간도 있었다.

2022년은 연준의 금리 인상으로 주식 시장 전체가 타격을 받은 해다. 성장주 중심의 나스닥은 -32% 이상 최대 낙폭을 기록했지만, SCHD의 최대 낙폭은 -15%에 그쳤다. 안정적인 배당 중심 포트폴리오가 시장 충격을 완화한 것이다. 같은 해 SCHD의 가격은 나스닥보다 덜 하락하고 더 빠르게 회복했다.

내가 정의한 DRIP은 배당금을 재투자하지 않고 생활비로 쓰거나 다른 자산에 투자한다는 전제이므로, 배당을 제외한 순수 가격 수익률로 성과를 평가한다. QQQ(나스닥100 지수 추종 ETF)는 2022년 연간 약 -33% 하락한 반면, SCHD는 약 -7% 하락에 그쳤다(SCHD의 2022년 배당 수익률은 약 3.4%였으므로 총수익률 -3.25%에서 배당 수익률을 빼면 약 -7%가 나온다).

가격 변동성이 낮은 SCHD는 시장 붕괴 시 배당을 현금흐름으로 활용하는 투자자에게 강력한 보호 장치가 된다. 위기 속에서 자산을 팔지 않고 생활을 유지하며 힘든 구간을 넘긴 것이 배당 중심 전략의 진짜 힘이다.

투자는 자산을 불리는 행위를 넘어, 삶의 질을 바꾸고 심리적 자유를 만드는 과정이다. DRIP 철학은 매달 소비 패턴을 점검하고 생활비를 배당 소득으로 충당할 자산 기반을 계획적으로 쌓는 여정인 셈이다.

06 SCHD ETF는 배당이 본질이다

배당성장주의 본질은 주가가 출렁여도 배당금 자체는 줄어들지 않는다는 점이다. SCHD가 추종하는 '다우존스 미국 배당 100 지수'는 고품질 배당 기업으로 엄선돼 역사적으로 연평균 약 10% 배당성장률을 유지했다. 지속 가능한 성장 기반을 갖춘 기업으로 구성된 구조 덕분이다.

한국 투자자 커뮤니티에서는 SCHD가 기술주·AI 랠리 기간에 뒤처질 때마다 "한국인이 많이 들고 있어서 그렇다", "SCHD는 왜 안 오르냐", "다른 ETF로 갈아타야 하나" 같은 말이 나온다. 주가가 횡보하거나 시장 대비 약세일 때 반복되는 논란이다. 그러나 단기 주가에 흔들릴 이유가 없다. 핵심은 주가가 아니라 배당금과 꾸준한 배당성장이다. SCHD는 매년 배당을 증액 지급하고, 그 배당금이 재투자되면서 복리효과를 극대화한다. 주가가 주춤해도 배당금은 계속 올라간다.

SCHD 장기 보유자는 시장의 소음이나 일시적 비난에 개의치 않고, 배당금 성장이라는 한 가지 사실만 믿고 꾸준히 축적하면 된다. 시간이 흐르면 배당 소득이 생활비를 초과하고, 주가가 회복되는 순간 총자산이 폭발적으로 증가한다. 이것이 DRIP 철학의 본질이자 심리적 자유로 가는 가장 견고한 길이다. 연 배당 1,000만 원을 만드는 SCHD 포트폴리오를 구축했다 가정하고 과거 평균 배당성장률(약 10%)을 적용해보자.

SCHD 배당금 추이

7년 뒤에는 약 2,000만 원

14년 뒤에는 약 4,000만 원

21년 뒤에는 약 8,000만 원

30년 정도 지나면 연간 2억 원

이 놀라운 복리효과는 마법이 아니다. 매년 배당금이 조금씩 증가하고 재투자하면서 생기는 자연스러운 결과다.

SCHD 같은 배당성장 ETF를 기술성장주와 결합하면 시너지가 배가된다. 기술성장주에 집중 투자하면서 대출로 생활비를 마련하는 경우, SCHD의 배당 소득이 대출 이자를 커버하는 수준에 도달하는 날이 온다. 소득세 없이 대출금을 사용하면서 이자 비용을 SCHD 배당으로 상쇄하는 효과다. 그러면 순자산 증가 속도가 빨라지고 재정적 자유를 앞당기는 전략적 레버리지가 된다.

SCHD의 운용보수는 0.06%로 배당성장 ETF 중 가장 낮다. 기술 성장주와 거의 겹치지 않는 종목 구성이어서 변동성도 적다. 배당 금액만 확인하고 매년 성장하는 배당을 취하면 그만이다. 100개 이상의 우량 배당주를 자동으로 유지·조정하므로 투자자가 종목을 선별하거나 리밸런싱(Rebalancing)*할 필요가 없다. 매수 후 장기 보유하면 배당이 꾸준히 증가하는 구조라 시간과 스트레스를 최소화하면서 안정적인 현금흐름을 누릴 수 있다.

SCHD는 2011년 출시 이후 10년 이상의 실적으로 효용을 입증했다. 시장 침체에도 빠른 회복력을 보여줬고, 장기 보유 시 비용 부담이 거의 없어 복리효과를 극대화한다. 신규 ETF보다 최소 10년 이상 역사를 가진 펀드에 투자하는 게 합리적일 것이다.

우량 기업을 소유하라

SCHD는 대형주 중심으로 시가총액이 크고 안정적인 배당을 유지해 온 미국 대표 기업으로 구성돼 있다. 이 ETF 하나로 미국 경제의 '살아 있는 역사'와 친숙한 브랜드를 동시에 소유하는 셈이다.

2026년 현재, SCHD는 약 102개 종목을 보유하며 상위 10개 종목

---

* 시간이 지나며 변한 자산 비중을 목표 비율에 맞게 재조정해 위험과 수익 구조를 유지하는 투자 전략

이 전체 자산의 약 40%를 차지하는 집중과 분산 전략을 동시에 구사하고 있다. 주요 섹터는 에너지(약 20%), 소비재 방어(약 18%), 헬스케어(약 15%), 산업재(약 12%) 등이며, 상위 종목으로는 록히드 마틴(Lockheed Martin, LMT), 쉐브론(Chevron, CVX), 브리스톨-마이어스 스큅(Bristol-Myers Squibb, BMY), 코노코필립스(ConocoPhillips, COP), 머크(Merck & Co., MRK), 알트리아(Altria, MO) 등 제약·에너지·방산·소비재 강자가 핵심을 이룬다. 모두 우리 일상과 깊이 연결된 기업이다.

SCHD를 보유하면 일상의 시선이 달라진다. 주유소에서 기름을 넣을 때 쉐브론이나 코노코필립스가 내 현금흐름을 만들고 있다는 사실이 떠오른다. 프록터앤갬블(Procter & Gamble)이 생산한 샴푸, 치약, 질레트 면도기, 세제를 사용할 때마다 그 브랜드가 내 배당성장의 한 축을 담당하고 있음을 체감한다. 슈퍼마켓에서 코카콜라·펩시 제품을 고르며 내 삶과 투자 기업이 하나로 이어지는 일상적 재미를 느낄 수 있다.

물론 매년 지수가 재구성되고 분기별로 리밸런싱이 이뤄지면서 구성 기업이 바뀔 수 있다. 일부 기업이 탈락하고 새로운 우량 배당주가 편입되는데, 교체된 기업을 새롭게 공부하고 선정 이유(배당성장률, 재무건전성, 현금흐름 등)를 파악하는 과정이 장기 투자자의 안목을 키워준다. 단순한 '사서 묻어두기'가 아니라 꾸준히 배우며 수량을 축적하는 루틴이다. 이런 학습 태도가 DRIP 철학을 더욱 견고하게 만든다.

SCHD의 종목 선별 과정은 엄격하다. 최소 10년 연속 배당 지급 이력을 요구해 전체 기업의 약 90% 이상이 탈락하고, 시가총액 5억 달러 이상, 3개월 평균 일일 거래대금 200만 달러 이상 등 유동성 기준을 통과해야 한다. 현금흐름/부채 비율, ROE(Return on Equity, 자기자본이익률), 배당수익률, 5년 배당성장률 등 펀더멘털 지표로 최종 순위를 매겨 100개 안팎의 종목을 유지한다. 안정성과 성장 잠재력을 동시에 추구하는 구조라 강제 저축처럼 믿고 맡길 수 있다. 2024년 10월 주식 3분할 이후 주당 가격이 낮아져 소액 적립식 투자가 더 쉬워진 점도 매력적이다.

이런 일상적 연결은 장기 투자자에게 강력한 심리적 이점을 준다. 시장이 크게 흔들려도 이 기업들은 일상에서 없어질 수 없는 존재이고, 배당도 꾸준히 지급한다는 확신이 있으면 공포에 휩싸여 매도하는 대신 침착하게 버티고 추가 매수할 여력까지 생긴다.

DRIP 철학의 핵심인 심리적 자유는 이 '친숙함'과 '신뢰'로 한층 단단해진다. DRIP 철학은 매달 소비를 점검하고 배당 소득으로 충당할 자산을 계획하는 과정이며, SCHD 같은 배당성장 ETF는 그 여정의 핵심 동반자다.

07 부자들의 비밀 절세 전략

대부분 사람은 자산을 사고팔며 단기 차익에 매달리지만, 진짜 부자는 자산을 쌓고 활용하며 세대를 이어 부를 극대화한다. 미국 부자들의 비밀 무기인 '매입, 담보대출, 상속(Buy, Borrow, Die)' 전략은 투자 기법을 넘어 세금을 이연하고 복리수익을 극대화하며 부의 시스템을 만드는 방법이다.

아마존(Amazon) 창업자 제프 베조스(Jeff Bezos)는 아마존 주식을 팔지 않고 담보로 대출을 받아 생활비와 투자금을 해결했고, 2007년과 2011년에 연방 소득세를 전혀 내지 않았다. 머스크도 테슬라 주식을 담보로 2022년 940억 달러 규모의 신용 한도를 확보해 트위터 인수 자금을 마련했다. 한국에서는 아직 이 전략이 생소하지만, 평균 금융 지식이 높아지면 주식을 담보로 활용하는 사례가 점차 늘어날 것이다.

자산가는 복리효과를 감각적으로 안다. 많은 사람이 부채를 무거운 짐으로 여긴다. 대출 이자와 원금 상환 압박이 삶을 짓누른다고 느끼기 때문이다. 그러나 시각을 바꿔야 한다. 부채는 짐이 아니라 미래 복리수익을 키우고 세금을 줄이는 강력한 도구다. 당장의 부담에만 매몰되면 큰 것을 놓친다. 열심히 살면서도 부채를 적극 활용해 자산을 쌓는 것이 현명한 전략이다.

매입 단계는 모든 전략의 기반이다. 가치가 지속적으로 상승할 자산을 사는 데 초점을 맞춘다. 부자는 성장 잠재력이 높은 자산을 선택해 포트폴리오를 구축하고 장기 보유를 원칙으로 삼는다. 삼성전자 회장이었던 이건희는 1980년대 삼성전자 주식을 대량 매입해 장기 보유했고, 그 가치는 시간이 지나며 수십 배 상승했다. 사후에는 자손들이 상속받아 복리효과를 누렸다. 당장 급등하는 자산이 아니라 장기 성장하는 자산이 핵심이다. 젊은 투자자라면 10년 후 폭발적 성장을 기대할 수 있는 주식을 골라야 한다.

한국 세법상 해외 주식의 양도소득세는 연간 기본공제 250만 원 초과분에 22%(양도소득세 20%+지방소득세 2%)가 적용된다. 그러나 팔지 않으면 세금 유예가 가능하다. 테슬라 주식을 1,000만 원에 매입해 5,000만 원에 매도하면 양도차익 4,000만 원에서 250만 원 공제를 뺀 3,750만 원에 22%를 적용, 약 825만 원의 세금을 내야 한다. 팔지 않고 보유하면 이 세금을 미루면서 복리효과를 계속 누릴 수 있다. 오늘 산 주식으로 내일 이익을 실현하는 게 아니라 수십 년 후 자녀가 물려받아도 가치가 계속 불어나도록 설계해야 한다.

담보대출 단계는 자산을 매각하지 않고 현금을 확보하는 전략이다. 양도소득세를 피하면서 자산의 성장을 유지할 수 있다. 부유층은 자산을 담보로 저금리 대출을 받아 생활비, 추가 투자, 사업 확장에 활용한다. 대출금은 소득으로 간주되지 않아 소득세가 붙지 않는다. 다만 한국 세법상 주식 담보대출의 이자 비용은 일반적으로 소득세 공제 대상이 아니지만 대출 구조에 따라 사업 관련 비용으로 인정받을 여지는 있다.

머스크는 테슬라 주식을 담보로 대출을 받아 세금을 최소화하며 현금을 확보했다. 한국에서는 삼성가 세 모녀(홍라희·이부진·이서현)가 2023년 상속세 납부를 위해 삼성전자 주식을 담보로 2조 원 이상을 대출받았다. 홍라희는 2024년 836만 주를 담보로 3,850억 원을 빌려 세금 부담을 줄이고 자산을 보전했다. 2025년 기준 이들의 주식 담보 대출 총액은 5조 1,668억 원으로 증가했으며, 이 돈은 상속세 재원 마련에 활용된 것으로 보인다.

대출을 단순한 부채로 볼 것이 아니다. 이 전략에서 대출은 레버리지 도구다. 주식을 담보로 맡기고 돈을 빌리자. 주식을 팔아 세금을 내는 대신 이자만 지불하며 주식을 계속 보유해 가치 상승을 누릴 수 있다.

자산을 팔지 않는 것이 핵심

"결국 언젠가는 팔아야 하지 않느냐"는 반론이 나올 수 있다. 그러나 자산을 매각하지 않으면 양도소득세는 발생하지 않는다. 한국 세법상 국내 상장 주식 양도소득세는 대주주(종목당 보유액 50억 원 이상)에 한해 과세표준 3억 원 이하 22%, 3억 원 초과 27.5%가 부과되며, 소액주주는 비과세다. 해외 주식은 보유 규모와 상관없이 연간 양도차익 250만 원 공제 후 초과분에 22%가 적용되지만, 뒤에 다룰 상속 전략에서 이 세금을 해결할 수 있다. 상속 전략 전까지는 자산 가치가 상승할 때마다 담보로 추가 대출을 받아 생활비나 투자를 충당하면 된다.

부채는 인플레이션으로 실질 가치가 감소하고, 자산 성장률이 이자율을 초과하면 자연스럽게 상쇄된다. 필요 시 롤오버(Rollover)*로 만기를 연장하면 실제 상환 부담은 최소화된다.

자산이 100억 원 규모로 성장했다고 가정하자. 매년 자산의 1%만 대출받아도 연 1억 원의 현금이 생긴다. 대출금에는 소득세가 없으므로 안정적인 생활을 유지하고 새로운 기회도 탐색할 수 있다. 그 사이 자산은 계속 성장하고, 인플레이션은 대출의 실질 부담을 줄여준다. 소득세를 최소화하면서 자산을 매각하지 않고 부유한 삶을 살 수 있는 구조다. 대출 활용 시 금리 변동을 주시하며 저금리 시기에 재대출로 비용을 최적화하는 것도 유용하다. 초반에는 안정적인 부동산 담보대출로 규모를 키우고, 주식 자산이 크게 불어나면 그때 금융 자산 담보대출 고려하는 편이 안전하다.

---

* 만기된 투자자산이나 금융계약을 청산하지 않고 동일하거나 유사한 조건으로 새 계약에 이어서 재투자하는 것.

 월급쟁이 루지 부의 설계

〈도표 3-7〉 대주주 양도세 기준표

구분	대주주	소액주주	대주주 기준	세율
코스피	과세	비과세	1% 또는 50억 원 이상	22%(3억 원 이하), 27.5%(3억 원 초과)
코스닥			2% 또는 50억 원 이상	
비상장 주식			4% 또는 50억 원 이상	

〈도표 3-8〉 해외 주식 양도소득세

구분	대주주 기준(본인+특수관계인 합산)	세율(지방세 포함)
양도소득세 (매매 차익)	22% (단일세율)	연간 양도차익 250만 원 초과시 과세 기본공제: 연 250만 원 손익통산 적용 (같은 해 해외주식 전체)

트럼프 미국 대통령의 사업 이야기가 이 전략을 부동산 사업으로 구현한 실례라고 할 수 있다. 1970년대부터 대출로 자금을 조달하며 뉴욕 부동산 프로젝트 사업을 키웠고, 2000년대에도 은행 대출을 활용해 호텔과 타워를 건설했다. 2008년 금융 위기 때는 대출 재구조화로 위기를 극복하고 회복의 기반을 마련했다. 부동산이든 주식이든 자산을 담보로 활용하는 법을 터득하는 것이 핵심이다. 암호화폐 담보대출도 금융권에서 점차 확대될 전망이며, 비트코인이 제도권에 안착하면 은행에서 관련 상품을 취급하며 현물 보유자를 우대할 가능성이 높다고 생각한다.

상속 단계는 세금을 최소화하며 부를 세대 간 이전하는 마지막 단계로, 미국 세법의 '상속 시 취득가액 상향 조정 제도(Stepped-up Basis)'가 핵심이다. 사망 시 자산이 상속인에게 넘어가면 기준 가격이 사망 시점 시장 가치로 재조정돼 이전 증가분에 대한 양도소득세가 면제된다. 베조스가 아마존 주식을 상속하면 자녀는 이전 증가분에 대한 세금을 피할 수 있다. 상속 시 자산의 과세 기준이 사망 시점의 공정시장가치로 상향 조정되므로 상속인이 자산을 매도할 때 자본이득세가 크게 줄어든다. 세금 유예를 통해 복리효과를 극대화하는 데 필수적인 제도다.

한국에서는 상속세가 10~50% 누진세율로 적용되지만, 상속받은 자산(주식, 부동산)은 상속개시일(피상속인 사망일)의 시가로 평가돼 상속세를 계산한다. 상속인이 나중에 자산을 팔 때 양도소득세의 취득가액도 상속 당시 시가로 '스텝업'되므로 이전 증가분에 대한 양도소득세를 피할 수 있다. 여기에 일괄공제 5억 원, 배우자 공제 최소 5억~최대 30억 원, 금융재산공제(상속받은 금융재산의 20%, 최대 2억 원 한도) 등을 활용하면 상속세 부담을 상당히 낮출 수 있다. 스텝업은 미국 세법 용어지만, 한국에서도 유사한 효과가 있다. 대한민국 소득세법 제163조 제9항을 보자.

상속·증여재산의 미실현이익에는 상속세·증여세 외에 자본이득세를 과세하지 않으며, 상속·증여받은 재산을 양도할 때 취득가액을 피상속인의 당초 취득 가격이 아닌 상속개시일·증여일의 시가로 산정한다.

피상속인이 보유하던 자산은 상속 시 사망일 당시 시가로 재평가된다. 상속세는 이 시가 기준으로 계산되지만, 상속인이 나중에 자산을 팔 때 취득가액이 당초 매입 가격이 아니라 상속 시 시가로 스텝업된다. 피상속인 생전에 오른 자산 가치에 대한 양도소득세가 사라지는 것이다.

예를 들어 부모가 10년 전 1억 원에 산 주식이 사망 시 5억 원이 됐다고 하자. 상속받은 자녀가 이를 6억 원에 팔면 양도소득세는 1억 원(6억 원-5억 원)에만 부과된다. 스텝업이 없었다면 5억 원에 대한 양도소득세가 부과되니 차이가 크다. 장기 보유 자산에서 특히 강력한 절세 효과를 발휘한다. 이것이 '매입, 담보대출, 상속' 전략의 핵심 요소다. 다만 상속세 자체는 시가로 계산되므로 고액 자산일수록 상속세 부담

〈도표 3-9〉 대한민국 구간별 상속세율

상속세 과세표준	세율	누진공제액
1억 원 이하	10%	-
1억 원 초과 ~ 5억 원 이하	20%	1,000만 원
5억 원 초과 ~ 10억 원 이하	30%	6,000만 원
10억 원 초과 ~ 30억 원 이하	40%	1억 6,000만 원
30억 원 초과	50%	4억 6,000만 원

은 커질 수 있다.

고 이건희 회장이 사망하면서 약 26조 원 규모의 자산이 상속됐던 사건을 예시로 들여다보자. 당시 그의 배우자와 자녀는 공제를 활용해 상속세 약 12조 원(상속세율 약 46%)을 납부했으며, 이때 세금 유예를 활용하여 자산의 복리수익을 키웠다. 고액 상속에서도 전략적 공제 활용이 세금 부담을 완화할 수 있음을 보여준다.

여기서 핵심은 공제를 모르거나 활용하지 않아서 상속세 부담이 커지는 경우가 많다는 점이다. 한국 상속세법은 상당한 공제 제도를 두고 있다. 배우자가 상속받는 경우 일괄공제 5억 원과 배우자 공제 5억 원만 적용해도 총 10억 원까지는 상속세가 거의 나오지 않거나 극히 적다. 인적공제를 추가하면 공제 한도가 더 늘어난다. 재산이 10~20억 원대인 중산층 가정은 공제 항목을 잘 챙기고 재산 분배를 전략적으로 하면 세금 부담이 크게 줄어든다. 미리 전문가와 상의하면 다음 세대의 부담도 훨씬 가벼워진다.

"양도세를 평생 안 내고 자녀에게 떠넘기는 이기적 전략 아닌가"라는 의문이 들 수 있다. 그러나 공제를 고려하면 대부분 중산층 가정에서는 자녀의 부담이 크지 않다. 자산을 팔지 않고 담보대출을 활용하다가 생전 증여로 세금을 분산시키면, 내 생애를 안정적으로 마무리하면서 자녀에게 튼튼한 기반을 물려줄 수 있다. 전문 세무 상담으로 증여 타이밍을 설계하는 것이 현명하다.

이 전략에는 리스크가 따른다. 대출 이자를 지속 지불해야 하고, 자산 가치 하락 시 담보 부족으로 마진 콜(Margin Call)*을 마주할 수도 있다. 한 자산에 집중하면 리스크가 커지므로 주식·비트코인 등 다각화된 포트폴리오를 구축해야 한다. 2008년 금융 위기 때 주식 급락으로 대출 상환 압박을 받은 사람 중 다각화된 자산으로 버틴 경우가 많았다. 핵심은 좋은 자산 선택이다. 당장 수익보다 미래 성장 잠재력을 고려해야 하며, 축적 과정에서 팔지 않고 선택권을 쥐는 것이 중요하다.

테슬라를 꾸준히 모아 1,000주를 확보한 사람은 매주 1주씩 팔아도 20년을 쓸 수 있고, 2,000주라면 40년이다. 일부를 담보대출로 활용하면 양도세 없이 생활할 수도 있다. 이런 선택권은 초반에 자산을 잘 사서 오래 키워야 생긴다.

이 모든 전략의 출발점은 하나다. 믿을 수 있는 자산을 과감히 꾸준하게 매수하는 것이다. 부동산이든 미국 주식이든 비트코인이든 확신하는 자산에 투자하고 인내하면 자산은 성장한다. 대출을 활용해 초기 자본을 키우고, 자산이 자랄 때까지 관리하며 현재를 열심히 살아가면 부는 자연스럽게 쌓인다. 부채는 두려운 존재가 아니다. 대출금에는 소득세가 없다는 사실을 기억하자.

'매입, 담보대출, 상속' 전략은 절세를 넘어선 부의 시스템이다. 누구나 자신의 규모에 맞게 시작할 수 있고, 한국에서도 시가 평가 제도와 다양한 공제를 활용하면 효과를 볼 수 있다. '팔아서 써야 한다', '어

---

* 담보로 맡긴 자산 가치가 일정 수준 이하로 떨어질 때, 증권사가 추가 증거금 납입이나 포지션 축소를 요구하는 것.

차피 양도세를 내야 한다'는 생각을 버리자. 스텝업 개념을 이해하면 상속 시 자산 가치 재평가로 세금 부담이 크게 줄어든다. 좋은 자산을 사서 대출의 두려움을 떨치고 복리로 키워가는 것. 그것이 부의 마라톤을 완주하는 길이다.

심리 자본이 진짜 매입 단가다

장기투자의 성패는 투자자가 보유 기간 동안 끝까지 버틸 수 있는 감정적·심리적 내구력을 갖췄느냐에 달려 있다.

한 종목이 5년간 횡보 끝에 다시 원래 가격대에서 거래된다고 하자. 대부분은 이렇게 말한다. "그것도 투자냐?" 그러나 5년 동안 매월 꾸준히 적립식으로 매수한 투자자를 보자. 그는 고점 근처에서 산 경험, 오랜 제자리걸음에서 오는 불안과 주변의 만류, 뉴스를 차단할 정도로 환경을 재정비하며 변동성의 고통을 온몸으로 견뎠다. 시장의 냉정함, 자신의 탐욕과 공포를 수없이 마주하면서 추가 하락에도 매도 버튼을 누르지 않는 내성을 쌓았다. 이 과정에서 형성된 것은 단지 숫자로 나타나는 평균 단가가 아니다. 흔들리지 않는 심리 자본이다. 심리 자본도 시간이 지나며 복리로 강력해진다.

한편, "횡보가 끝났으니 저렴할 때 들어가자"며 5년 평균 단가보다 낮은 가격에 일시 진입한 투자자가 있다면 적립식 투자자보다 합리적으로 보인다. 그러나 그는 지불한 시간 비용은 0에 가깝고, 시장의 심리적 압박을 견딘 경험이 전무하다.

이후 다시 수년간 횡보가 이어지거나 진입 직후 -50% 급락이 오면 누가 더 오래 버틸까? 전자다. 2000년 닷컴 버블 붕괴 이후 나스닥 지수는 2002년부터 2015년까지 13년 넘게 이전 고점을 회복하지 못했다. 2000년에 일시 매수한 사람 대부분은 중도 포기했지만, 2000년부터 매월 적립식으로 나스닥 ETF를 산 사람은 2015년 고점 돌파 시점에 이미 엄청난 심리 자본을 보유하고 있었다. 그들은 2008년 금융 위기, 2011년 유럽 재정 위기, 2020년 코로나 충격에도 기계적으로 매수 버튼을 눌렀고, 2021년에는 2000년 고점 대비 3배 이상의 수익을 확인했다. "15년 동안 돈이 묶였다"며 무수한 투자자들이 떠난 자리를 적립식 투자자가 심리 자본으로 버텨내며 차지한 것이다.

DCA(Dollar Cost Averaging, 정기 정액 분할 매수)의 핵심 가치도 여기에 있다. 정기·정액 매수는 평균 단가를 낮추는 기법을 넘어, 시장의 변동성을 분산하면서 투자자가 심리적 힘을 체득하는 훈련 과정이다. 버핏이 강조한 "시간은 훌륭한 기업의 친구이며 평범한 기업의 적"이라는 말도 같은 맥락이다. "우리가 좋아하는 보유 기간은 영원이다"라는 그의 철학은, 매수 시점의 가격보다 기업과 함께할 시간의 길이와 그 시간을 견딜 확신이 더 중요하다는 뜻이다. 장기 수익률 상위권 개인 투자자를 추적하면 거의 예외 없이 10~20년 이상 적립식 투자 이력이 있으며, 시장 타이밍을 맞추려 하지 않았다는 공통점이 있다.

투자에서 진짜 낮은 매입 단가는 원화나 달러로 계산되는 숫자가 아니다. 최악의 시나리오를 버텨낸 시간과 경험의 양으로 측정해야 한다.

선택한 주식을 최소 10년 동안 50% 이상 하락이 와도 기계적으로 매월 매수할 수 있는지, 그 기간의 모든 심리적 압박을 감당할 수 있는지 냉정히 점검하자. 이 기준을 통과하지 못한다면 현재 가격이 역사적 저점처럼 보여도 큰 금액을 일시 투입하는 것은 위험하다.

"5년간 수익을 못 냈다"며 이러한 투자를 조롱하는 사람이 있다. 선형적 수익은 노동의 영역이다. 투자 세계에서는 비선형의 흐름에 몸을 맡기고, 그 흐름을 끝까지 동행할 심리 자본을 쌓는 사람만이 최종 승자가 된다.

4장

금보다 희소한 디지털 가치 저장 수단: 비트코인

비트코인, 부의 재편을 선점하는 최고의 자산

비트코인은 2008년 글로벌 금융 위기 직후 사토시 나카모토(Satoshi Nakamoto)라는 익명의 인물이 발표한 백서 《비트코인: 개인 간 전자 현금 시스템(Bitcoin: A Peer-to-Peer Electronic Cash System)》으로 세상에 처음 소개됐다. 2008년 리먼 브라더스 파산으로 촉발된 금융 위기는 중앙은행과 대형 은행의 무책임한 신용 팽창과 규제 실패가 초래한 대규모 신뢰 붕괴였으며, 사토시는 이 중앙화된 금융 시스템의 근본적 취약성을 해결하고자 비트코인을 고안했다. 2009년 1월 제네시스 블록(genesis block)*이 생성되며 그의 이론이 현실화됐고, 2026년 현재 비트코인은

---

* 블록체인에서 가장 처음 생성된 블록으로, 이후 모든 블록의 기준이 되는 출발점이다. 이전 블록이 존재하지 않는 유일한 블록이며, 해당 네트워크의 구조와 규칙이 시작되는 지점이다.

수억 명의 사용자와 기관 투자자가 인정하는 성숙한 디지털 자산으로 자리 잡았다.

모든 것이 디지털로 변환되는 시대에 화폐와 자산을 디지털 형태로 보유하는 것은 필연적인 결과다. 음악은 스트리밍으로, 책은 전자책으로, 사진은 클라우드에, 주식과 채권은 스마트폰 앱으로 거래된다. 가치 저장 수단인 화폐와 자산이 물리적 형태를 벗어나 디지털로 전환되는 것은 자연스러운 진화다. 큰 기술·사회적 변화의 물결을 가장 먼저 파악한 사람만이 미래의 부를 선점해왔다. 인터넷 시대를 일찍 이해한 아마존, 구글, 애플이 전통 시장을 장악한 것처럼, 디지털 자산 시대를 선점하는 사람이 다가올 부의 재편에서 압도적 우위를 차지할 가능성이 크다. 비트코인은 이 흐름의 선봉에 선 디지털 금이다.

비트코인의 공급량은 2,100만 개로 영구 고정돼 있으며, 어떤 권력도 이를 인위적으로 늘릴 수 없다. 반감기 메커니즘(halving mechanism)[*]이 희소성을 더욱 강화한다. 네트워크는 평균 10분마다 블록 하나를 생성하고, 블록 생성 시 보상은 2009년 50 BTC(Bitcoin의 약자이자 화폐 단위)에서 시작해 2024년 네 번째 반감기 이후 3.125 BTC로 줄었다. 현재 일일 신규 발행량은 450 BTC 정도이다. 2026년 1월 기준 약 1,998만 BTC(전체 발행량의 약 95%)가 채굴돼 유통 중이며, 남은 채굴량은 약 102만 BTC만이다. 보상은 2028년 1.5625 BTC, 2032년 0.78125

---

* 비트코인 네트워크에서 신규 코인 발행량을 통제하기 위해 약 4년마다 채굴 보상이 절반으로 줄어드는 구조를 말한다. 공급 증가 속도를 점차 낮춰 총 비트코인 발행량을 2,100만 개로 제한하고 희소성을 높이도록 설계된 메커니즘이다.

BTC로 줄어들고 2140년경 채굴이 종료된다. 이 예측 가능한 감소 곡선이 비트코인에 절대적이고 투명한 희소성을 부여하며, 비트코인의 연간 수량 증가량은 약 0.823%에 불과하다.

비트코인은 기술 경쟁에서 의도적으로 뒤처져 있다. 프로토콜 변경을 극도로 어렵게 설계한 이유는 가장 안전하고 희소하며 신뢰받는 디지털 화폐로 자리매김하기 위해서다. 세계 최고 수준의 해시레이트(hashrate)[*], 전체 블록체인 데이터를 직접 보관·검증하는 노드(Node)[**] 수, 사용자가 늘수록 가치가 제곱으로 증가하는 네트워크 효과, '디지털 금'이라는 압도적 브랜드 파워가 비트코인의 무기다. 17년간 해킹 시도, 중국의 전면 채굴 금지, 2018년·2022년 대규모 시장 하락 등 수많은 위기를 견딘 자산이라는 사실 자체가 신뢰를 뒷받침한다.

다른 암호화폐는 특정 창시자나 운영 단체가 강하게 통제하고, 공급량을 쉽게 변경할 수 있으며, 해시레이트가 낮아 보안이 취약하고 유동성도 부족하다. 그래서 장기 생존이 어려운 경우가 많다. 비트코인은 기술 경쟁이 아닌 화폐로서의 신뢰성과 희소성 경쟁에서 이미 승리한 자산이다.

....

[*] 블록체인 네트워크에서 채굴 장비가 초당 수행하는 해시 계산 횟수로, 네트워크의 보안성과 연산 능력을 나타내는 지표.
[**] 블록체인 네트워크에 참여해 거래를 검증하고 데이터를 저장·전파하는 서버.

　　　　　　　　월급쟁이 루지 부의 설계

비트코인과 금의 근본적인 차이점

비트코인의 희소성과 대비되는 것이 금의 공급 구조다. 금의 공급 증가율은 매년 1.5~1.8%를 유지한다. 2026년 현재 지상 재고는 약 218,000톤이며 매년 약 3,600톤이 광산에서 생산된다. 중앙은행의 대규모 매입, 새로운 광산 개발, 채굴 기술 발전으로 희소성은 점진적으로 희석된다. 영원히 새로운 공급이 이뤄지는 자산이므로 절대적 희소성을 확보하기 어렵다.

반면 비트코인의 연간 공급률은 약 0.823%로 2024년 반감기 이후 이미 금의 절반 이하로 떨어졌다. 2028년 약 0.41%, 2032년 약 0.205%로 반감기마다 절반씩 줄어들며, 2140년 이후 완전히 0%가 돼 영구 디플레이션 상태에 진입한다. 공급량이 절대적으로 고정돼 프로토콜상 인위적 증가가 불가능하다는 점에서 금보다 훨씬 예측 가능하고 강력한 희소성을 지닌다.

시가총액 격차도 주목할 만하다. 2026년 1월 기준 비트코인 시가총액은 약 1.9조 달러, 금은 약 33.5조 달러로 금이 약 18배 규모다. 2020년에는 35배까지 벌어졌으나 비트코인 강세장에서 9배까지 좁혀지기도 했다. 디지털 전환과 기관 투자 확대가 지속되면 격차는 더 빠르게 축소될 가능성이 높다.

금은 5천 년 이상 인류가 신뢰해온 가치 저장 수단이지만, 디지털 시대에 비트코인은 금의 단점을 극복하고 더 진화한 자산이다. 금은 대규모 이동 시 고액 보험, 전문 운송, 세관 신고, 보안 요원이 필수이며, 국경을 넘을 때 압수·도난·분실 위험이 크다. 1933년 미국 정부의 민간인 보유 금 강제 몰수 사례처럼 국가 몰수 위험도 실재한다. 물리적으로 나누기 어렵고 마모·손실이 발생하며, 위조 문제가 여전하고 보관 비용도 매년 0.5~1% 이상이다. 금 거래는 며칠에서 수주가 걸리고 중개·환전·정제 비용도 발생한다.

비트코인은 이 제약을 극복한다. 12~24단어로 구성된 복구 문구만 있으면 인터넷 연결로 전 세계 어디서든 수십억 달러를 몇 초 만에 이동할 수 있다. 개인키를 오프라인으로 보관하면 정부 몰수가 사실상 불가능하다. 1BTC는 1억 분의 1로 나눈 사토시 단위까지 분할 가능하고, 모든 거래가 블록체인으로 실시간 공개·검증된다. 저장 비용은 사실상 무료이며, 콜드월렛(Cold Wallet)*이 화재·도난을 당하면 복구 문구로 되살릴 수 있다. 거래는 24시간 국경 없이 이뤄지며 검열 저항성도 뛰어나다.

위기 상황에서 전통 안전자산과의 차이는 더 뚜렷해진다. 평상시 달러는 유동성과 국제 통용성이 뛰어나지만, 위기 시 송금 시스템 차단, 계좌 동결, 자본 통제에 취약하다. 한국에서도 외국환거래법에 따라 달러 예금이 규제 대상이 될 수 있고, 환율 급등 시 정부 개입이 강화될 가능성이 있다. 금은 장기 저장 수단으로 신뢰가 높지만 무게·보관의 불편함, 소액 분할·전송의 어려움, 국가 몰수 취약점이 있다.

....

* 인터넷에 연결하지 않은 상태에서 비트코인 등 암호화폐의 개인 키를 오프라인으로 보관하는 지갑이다. 사용 편의성은 상대적으로 낮지만 해킹 위험은 크게 줄일 수 있는 보관 방식이다.

비트코인은 달러의 유동성과 금의 희소성을 결합한 자산이다. 인터넷만 있으면 전 세계 송금이 가능하고 개인 지갑으로 보관하면 정부 개입을 최소화할 수 있다. 2013년 키프로스 예금 동결 사태, 레바논·아르헨티나·베네수엘라의 극심한 초인플레이션 사례가 보여주듯 전통 자산이 제한될 때 비트코인은 탈중앙화된 대안으로 부상한다. 미국과 유럽의 비트코인 ETF 승인과 기관 투자 확대도 이를 뒷받침한다. 한국 투자자에게 비트코인은 단순한 투자가 아니라 포트폴리오의 필수 구성 요소이자 경제적 자유를 지키는 대비책이다.

02

한국의 재산권 위기를
어떻게 돌파할 것인가

한국은 불과 수십 년 만에 가난한 농업 국가에서 세계 10위권 경제 강국으로 도약했다. 정부 주도의 산업 정책과 인프라 투자, 교육 열풍이 이러한 성공의 핵심 열쇠였다. 하지만 아이러니하게도 이때 형성된 국가의 과도한 자유권 침해는 훗날 개인의 사유재산권을 위협하는 구조를 만들어냈다. 세금과 규제 강화로 개인이 모은 재산을 자유롭게 처분하기 어려워진 것이다.

부동산에서 이 문제가 두드러진다. 부동산은 한국 가계 자산의 절반 이상을 차지하지만, 종합부동산세 강화, 임대차 3법(임대료 상한제, 계약갱신청구권, 전월세 신고제), 각종 개발 규제, OECD 국가 중 일본 다음으로 높은 상속세 최고세율 50% 등으로 소유권이 점점 약해지고 있다. 표면적으로는 '주택 시장 안정'이나 '부의 재분배' 명목으로 도입됐지만,

실제로는 매매·임대·상속 권리를 제한하고 재산 일부를 국가가 가져 가는 효과를 내고 있다.

2025년 12월 기준 종부세 납부 대상자는 62만 9,000명으로 늘었고 총 세액은 5조 3,000억 원에 달한다. 집값 상승과 공시가격 인상 탓이 지만, 서울에 아파트 한 채만 가진 사람도 누적 종부세와 매도 시점의 양도세를 합치면 부동산을 처분할 때 실제로 손에 쥐는 돈이 크게 줄 어든다. 임대인은 임대료를 시장논리에 맞춰서 올리지 못하고, 상속 인은 높은 세금 때문에 재산을 온전히 물려주기 어렵다. 평생 노력해 마련한 부동산이 '진짜 내 것'처럼 느껴지지 않는 상황이다. 젊은 세대 는 대출 규제와 높은 집값에 내 집 마련을 포기하고 월세를 선택하는 경우가 늘고 있다.

사유재산을 온전히 소유한다는 것

무정부 자본주의(Anarcho-Capitalism)* 사상에서는 사유재산권을 거의 모 든 것의 가장 중요한 뿌리로 본다. 국가라는 강제 기관 없이도 서로 소 유권을 존중하고 자유롭게 거래하면 사회가 자연스럽게 굴러간다는 믿음이다. 이 사상은 오스트리아 경제학파에서 시작됐다. 19세기 후

---

* 국가 권력을 최소화하거나 폐지하고, 법·치안·계약 등 모든 사회 질서를 자유시장과 자발적 계약에 맡 기자는 정치·경제 사상.

반 칼 맹거(Carl Menger)에서 출발해 루트비히 폰 미제스(Ludwig von Mises), 프리드리히 하이에크(Friedrich Hayek)로 이어진 이 학파는 정부가 중앙은행을 통해 돈을 찍거나 금리를 인위적으로 조작하는 것을 위험하게 여겼다. 그런 개입이 거품을 키우고 경제 위기를 불러온다는 '오스트리아 경기순환 이론'으로 잘 알려져 있다. 머레이 로스바드(Murray Rothbard)는 "인간 사회의 거의 모든 문제는 사유재산과 자유로운 시장으로 해결할 수 있다"고 주장했다.

핵심은 두 가지 원칙이다. 첫째, 비침해의 원칙이다. 남의 몸이나 정당하게 가진 재산을 폭력으로 침해하지 마라. 사기, 절도, 협박 같은 행위는 안 된다는 기본 규칙이다. 둘째, 최초 전유 원칙이다. 아무도 소유하지 않던 자원에 내가 가장 먼저 노동을 투입해 점유하고 사용하면 내 것이 된다. 아무도 안 쓰던 땅을 처음 개간해 농사를 지으면 그 땅은 내 소유다. 로스바드는 "자기 노동으로 자연물을 바꿔 만든 것도 당연히 소유 가능하며, 그 소유권은 자발적 거래나 선물로만 옮길 수 있고 강제로 빼앗는 행위(세금 포함)는 침해다"라고 말했다.

내가 노력해 만든 것을 온전히 통제하고 처분할 수 있어야 새로운 아이디어를 시도하고, 위험을 감수하며 투자하고, 길게 내다보고 일할 동기가 유지된다. 반대로 세금·규제·강제 수용으로 재산권이 계속 침해되면 "열심히 해봤자 뺏기는데 무엇 때문에 하나"는 무기력이 퍼진다. 경제 활력이 떨어지고 생산성이 내려가며 국가 복지에 의존하는 사회가 된다. 과거 사회주의 국가의 생산성 저하와 빈곤의 악순환이 그 전형이다.

한국에서는 이 문제가 특히 현실적이다. 부동산을 살펴보자. 노무현 정부 때 종합부동산세가 도입됐고, 문재인 정부 시기 다주택자 양도세 중과, 종부세 최고세율 인상, 공시가격 현실화 등 규제가 전방위로 강화됐다. 윤석열 정부에서는 일부 세금 부담 완화로 시장 안정화를 시도했으나, 이재명 정부 들어 서울·수도권 집값이 다시 급등하면서 분위기가 바뀌었다. 대통령은 "팔면서 내는 세금보다 들고 버티는 세금이 더 비싸도 그렇게 할 수 있겠냐"며 보유세 강화 가능성을 여러 차례 시사하고 있다. 고가 1주택자와 비거주 1주택자까지 투기 수요로 보고 장특공 축소, 공정시장가액비율 상향 등을 검토 중이라는 관측도 나온다. 지방선거 이후 본격적 세제 개편이 예상되며, 보유세 실효세율을 선진국 수준으로 끌어올리자는 목소리가 커지고 있다.

부동산에 자산 대부분을 몰아넣으면 정책 발표 하나에 재산 전체가 흔들린다. 자산을 다양화해야 하며, 정부가 쉽게 손대기 어려운 보험 같은 자산을 반드시 포함해야 한다. 그 핵심 후보가 비트코인이다. 비트코인은 무정부 자본주의의 자기소유권과 최초 전유 원칙을 디지털 세계에서 구현한 자산이다. 채굴(컴퓨팅 노동)이나 구매(노동 가치 교환)로 얻은 비트코인은 블록체인의 불변성 덕분에 개인키만 제대로 관리하면 누구도 간섭할 수 없다. 부동산은 물리적 위치가 고정돼 규제·강제수용 대상이 되기 쉽고, 주식·예금은 금융기관을 통해 정부가 접근할 수 있지만 비트코인은 탈중앙화 네트워크여서 단일 통제 지점이 없다.

전체 자산의 5~10%만 비트코인에 배분해도 부동산 가격 급락, 종부세 대폭 강화, 규제 악화 같은 상황에서 안정성이 올라간다. 그래야 전체 재산이 한꺼번에 몰락하는 최악의 시나리오를 피할 수 있다. 2025년 상반기 기준 대한민국 가상자산 이용자는 1,000만 명을 넘었고 대부분 2030세대가 주도한다. 내 집 마련이 어려워지는 현실에서 비트코인은 투기가 아니라 미래를 지키는 현실적 도구로 자리 잡고 있다. 가상자산 이용자 보호법 등의 제도화로 환경이 더 안정화될 가능성도 크다. 부동산 중점 투자자도 '비트코인은 투기성 자산이다'라는 프레임에서 벗어나 사유재산 보호의 방어 수단이자 상방 잠재력을 가진 보험 자산으로 바라볼 때다.

자본 통제를 대비한 필수 자산 보험

비트코인은 부동산·주식과 달리 탈금융 자산이며 상방이 완전히 열려 있다. 부동산은 레버리지로 10배 수익을 낼 수 있지만 100배는 어렵다. 비트코인은 하방 리스크가 크지만 상방은 사실상 무한에 가깝다. 나는 비트코인을 내 자산의 보험으로 편입했다. 부동산으로 본질을 지키고, 주식으로 성장을 추구하며, 비트코인으로 폭발적 가능성과 리스크 헤지를 동시에 잡는 구조다.

신체에 건강보험을 들듯, 자산에도 보험이 필요하다. 국내 자산 비중이 높은 부동산 투자자라면 더욱 그렇다. 부동산은 안정적 가치 저장 수단이지만 경제 위기나 정부 규제 시 유동성이 떨어지고 통제 위험이 도사린다. 비트코인은 경제 위기, 전쟁, 금융 시스템 붕괴 같은 최악의 상황에서 자산을 보호하는 안전망이다. 상류층은 투자에 활용하고, 극한 환경에 처한 사람은 생존 도구로 사용한다. 비트코인은 부자든 가난한 사람이든 모두에게 가치를 제공하는 자산이다.

2022년 러시아·우크라이나 전쟁이 좋은 사례다. 전쟁이 터지자 은행이 문을 닫고 ATM에서 현금 인출이 막혔다. 정부가 자본 유출을 차단하면서 계좌는 동결됐고, 시민들이 은행으로 달려갔지만 이미 늦었다. 비트코인을 개인 지갑에 보유한 사람은 인터넷만 있으면 해외 송금이나 거래가 가능했고, 우크라이나는 비트코인으로 전 세계에서 기부금을 모아 전쟁을 버텼다.

비트코인은 정부나 은행이 통제할 수 없는 탈중앙화 자산이다. 위기 상황에서 은행 예금, 주식, 부동산은 사용할 수 없거나 정부가 가져갈 수 있지만, 비트코인은 내가 직접 관리한다. 비트코인의 진정한 힘

〈도표 4-1〉 러시아가 침공하자 현금을 인출하기 위해 ATM을 찾은 우크라이나 시민들

출처: AFP

은 가격의 등락이 아니라 어떤 상황에서도 자산을 온전히 지배할 수 있는 주권과 독립성에 있다. 이 가치는 돈으로 환산할 수 없다. 비트코인은 인간의 존엄과 미래를 위한 필수적인 안전망이다.

03 한국 경제의 불확실성과 자본 통제의 현실

한국은 글로벌 무역과 금융에 깊이 의존하는 개방형 경제 체제다. 금융 위기, 지정학적 긴장, 국내 환율 변동성과 외환 부족 같은 요인으로 경제 불확실성이 언제든 확대될 수 있다. 이런 상황에서 정부는 경제 안정을 위해 자본 통제를 강화할 수 있으며, 이는 외국환거래법 제6조에 명확히 규정돼 있다. 이 법은 평시에는 외국환거래와 대외거래의 자유를 보장하지만, 위기 시 정부 개입을 허용한다.

제6조 제1항은 천재지변, 전시·사변, 국내외 경제 사정의 중대하고 급격한 변동 같은 비상사태에서 기획재정부장관이 지급·수령 및 거래의 일시 정지, 지급수단·귀금속의 보관·예치·매각 의무 등을 부과할 수 있도록 한다. 제6조 제2항은 국제수지 균형 유지의 어려움, 통화 가치나 외환시장의 급격한 변동, 대량 자금 이동 등이 발생할 경우

자본거래에 사전 허가 의무를 부과할 수 있음을 명시한다. 실질적으로 정부가 해외 송금을 제한하거나, 개인이 보유한 해외 주식·ETF·외화 예금을 강제 매각해 외환을 확보할 수 있다는 뜻이다.

1997년 IMF 외환 위기 당시 한국 정부는 외환 부족을 해결하고자 강력한 금융 통제를 시행하고 자본 유출을 막는 다양한 조치를 취했다. 당시에는 해외 주식 투자가 활성화되지 않았지만, 오늘날 서학개미로 불리는 해외 투자자가 급증한 환경에서 유사한 위기가 재발하면 개인의 해외 자산이 외국환거래법에 따라 통제될 가능성은 충분히 현실적이다. 비상 상황에서 여권 발급 제한이나 해외 여행 통제 같은 보조적 조치도 동반될 수 있어 개인의 재정적 자유가 제약받을 수 있다. 발생 확률이 낮아 보여도 한 번 터지면 막대한 피해를 초래하므로 무시할 수 없는 리스크다.

경제 불확실성이 고조되면 환율 급등이나 인플레이션으로 원화 가치가 하락할 위험이 커지고, 위기가 심화되면 정부는 지급준비금이나 외화 예금을 통제할 수 있다. 이때 비트코인은 효과적인 대안으로 부상한다. 정부가 여권 발급이나 해외 여행을 제한하더라도 비트코인은 물리적 이동 없이 가치를 유지하거나 이전할 수 있는 핵심 옵션이다.

미국의 금융 위기 대처 사례

1929년 대공황으로 미국 경제가 무너지자 프랭클린 루스벨트(Franklin

D. Roosevelt) 대통령은 1933년 3월 은행 시스템 안정을 위해 '은행 휴일'을 선포하고 모든 은행을 일시 폐쇄했다. 대공황에 따른 대규모 인출 사태와 금본위제 하의 달러 가치 불안정이 겹치면서 상황이 악화됐다. 이에 루스벨트는 1933년 4월 5일 행정명령 6102호(Executive Order 6102)를 통해 개인과 기업이 보유한 금을 정부에 강제 양도하도록 명령했다. 이 명령의 주요 내용은 다음과 같다.

적용대상: 미국 시민, 거주자, 기업 등 모든 개인과 단체가 소유한 금화, 금괴, 금 증서(5온스 이하의 소량 장신구는 예외).

양도 기한과 조건: 1933년 5월 1일까지 연방준비은행에 금을 제출하고, 정부가 정한 고정 가격(온스당 20.67달러)으로 현금 또는 은행 예금을 받음. 이는 시장 가격보다 낮은 수준이었다.

처벌: 위반 시 최대 1만 달러 벌금(현재 가치로 약 25만 달러) 또는 10년 징역, 혹은 둘 다 부과. 실제로 금을 숨긴 일부 개인이 적발되어 처벌받았다.

목적: 금을 중앙은행으로 집중시켜 통화 공급을 통제하고 달러 가치 하락을 막기 위함. 대공황으로 외환 유출과 은행 파산이 심화되자, 정부는 금 회수를 통해 통화 정책 주도권을 확보하려 했다. 결과적으로 1933년 말까지 상당량의 금이 정부로 회수되었고, 1934년 금보유법(Gold Reserve Act)을 통해 민간 금 소유가 완전히 금지되었다. 정부는 회수된 금을 바탕으로 달러 가치를 재조정했으나, 개인들은 실질 자산 가치를 잃었다. 일부는 저항했지만, 강력한 법 집행으로 대부분 준수했다.

이는 정부의 자산 통제가 얼마나 갑작스럽게 현실이 될 수 있는지 보여주는 대표적 사례다. 개인이 안전자산으로 여기던 금이 하루아침에 정부 손으로 넘어간 것은 자산 보호의 취약성을 상기시킨다. 한국에서도 외국환거래법 제6조에 따라 위기 시 해외 자산이나 외화 예금이 유사하게 통제될 수 있다. 반면 비트코인은 블록체인 기술로 물리적 압수나 중앙 회수가 불가능하며, 하드웨어 지갑에 보관하면 정부의 디지털 감시로부터도 보호된다. 비트코인은 역사적 교훈을 넘어선 현대적 자산 보호 대안이다.

가치 저장 수단을 넘어 화폐로

비트코인은 흔히 암호화폐로 취급되지만 사실은 그 이상의 자산이다. 화폐의 역사를 보면 인류는 조개껍데기, 금, 은, 지폐, 디지털 자산으로 기술을 발전시키며 가치를 보관했다. 초기 화폐는 교환 수단으로 시작했으나, 금처럼 안정적인 가치 저장이 가능하다는 것을 발견하며 자산으로 자리 잡았다.

비트코인은 2009년 사이퍼펑크 운동의 산물로 비주류에서 출발했다. 이제는 주류 금융으로 편입되는 과정을 밟고 있으며 이는 인터넷 혁명과 유사하다. 1990년대 초반의 인터넷은 몇몇 기술 애호가의 도구로 여겨졌으나, 2000년대 들어 전자 상거래, 소셜 미디어, 온라인 뱅킹이 확산되면서 필수 인프라가 됐다. 비트코인도 초기 채택 단계(비주류 해커와 초기 투자자 중심)에서 벗어나, 2021년 엘살바도르의 법정화폐 채택과 2024년 미국 비트코인 현물 ETF 승인을 거치며 제도권으로 진입했다. 2026년 1월 현재 시가총액 약 1.9조 달러로 글로벌 금융 시스템에서 무시할 수 없는 위치를 차지하고 있으며, 전통 금융과 맞물리며 사라질 수 없는 자산이 되었다.

비트코인은 금, 주식, 채권, 부동산, 미술품 같은 전통 자산과 경쟁하며 각국이 받아들일 수밖에 없는 새로운 자산으로 인식되기 시작했다. 정부와 기관 투자자는 비트코인을 화폐라기보다 혁신적 자산으로 보고 선점하려는 움직임을 보인다. 비트코인이 화폐 역할을 수행하지 못하리라는 생각은 오산이다. 시간이 지나면 교환 수단으로서의 역할도 자연스럽게 수행할 것이다. 초기 인터넷이 파일 공유에서 시작해 스트리밍 서비스와 온라인 결제로 확장된 것처럼, 비트코인도 가치 저장 기능에서 출발해 일상적 거래 수단으로 진화할 가능성이 높다.

전통 자산에는 각각 고유의 약점이 있다. 뉴욕의 임대용 건물은 세금 부담, 유지보수 비용, 임대 규제, 세입자 관리 등으로 지속적인 관리가 필요하고 유동성도 낮아 쉽게 처분하기 어렵다. 금은 물리적으로 무겁고 보관 비용이 들며 도난 위험이 있다. 새로운 채굴로 공급이 늘어날 수도 있다. 주식이나 채권은 추가 발행이나 인플레이션 압력으로 가치가 희석될 위험이 있다.

반면 비트코인은 이런 문제에서 상대적으로 자유롭다. 디지털 형태의 금이자 재산이자 에너지 저장 수단이다. 10억 달러 상당의 비트코인을 소유해도 물리적 무게가 없고, 전 세계 어디든 빠르게 전송할 수 있다. 토요일 오후에 한국에서 프랑스나 미국으로 자금을 이체하려면 전통 은행 시스템은 휴일이나 처리 지연으로 인해 며칠이 걸리지만, 비트코인은 시간·장소·공휴일 제약 없이 지갑에서 보내기 버튼을 누르는 순간 상대방 지갑에 도착한다. 상대방이 어디에 있든 상관없다.

비트코인의 보안성과 자율성

100만 달러 상당의 비트코인을 구매하고 개인키를 안전하게 관리하면 외부 위협에서 자산을 보호할 수 있다. 강제적인 상황에서 압력을 받을 수는 있으나 개인키를 철저히 보호하면 자산 유출을 막을 수 있다.

고대 이집트 파라오는 금을 무덤에 묻고 피라미드를 건설해 보호하려 했으나 결국 도굴꾼에게 빼앗겼다. 비트코인은 블록체인 기술과 암호학 기반의 탈중앙화된 보안을 제공하며, 중앙 기관 개입 없이 소유권을 유지할 수 있도록 한다.

세금 문제에서도 비트코인은 상대적으로 유연하다. 뉴욕에서 불리한 암호화폐 세금 정책이 시행되면 다른 도시나 국가로 쉽게 이동할 수 있다. 미국 전체가 규제를 강화해도 모나코나 스위스 같은 세제 우호 지역으로 옮기면 된다. 비트코인의 탈중앙화 네트워크가 이런 글로벌 이동성을 보장한다. 비트코인은 점점 더 많은 개인과 기관이 채택하면서 인플레이션에 강한 자산으로 자리 잡고 있다. 전문가들은 비트코인이 앞으로 5년 내에 금 시장의 상당 부분을 대체하며 가치를 몇 배로 끌어올릴 것으로 전망하기도 한다.

주식 인덱스 펀드나 채권 같은 전통자산까지 일부 대체할 것으로 보인다. 비트코인은 다른 자산의 가치 저장 기능을 흡수하고 재분배하는 역할을 하게 될 것이다. 이런 현상은 이미 현실에서 관찰된다. 캐나다 밴쿠버와 토론토에서는 외국인 투자자가 부동산을 대량으로 사들이면서 현지 주민의 주택 구매가 어려워졌다. 외국 자본 유입으로 현지 소득 수준과 동떨어진 가격이 형성되며 주거 시장이 사실상 분열됐다. 미국에서도 인플레이션 우려로 부동산이나 주식 같은 실물 자산에 자금이 몰리면서 집값이 상승하고 일반 가구의 주거 부담이 커지는 문제가 반복되고 있다.

사람들은 화폐 가치 하락을 막으려 실용적 용도가 있는 자산(집, 땅, 심지어 식량까지)을 사 모은다. 그러나 부동산이 가치 저장 수단으로 전락하면 주거가 필요한 사람이 피해를 입고, 식량이 비슷한 역할을 하면 가격 폭등이나 부족 사태가 일어날 수 있다. 비트코인은 총 공급량이 2,100만 개로 고정된 순수한 가치 저장 수단이므로 이 문제의 해결책이 될 수 있다. 막대한 자금이 부동산이나 실물 자산에서 빠져나와 비트코인으로 이동하면 집은 다시 '살기 위한 주거 공간'으로, 식량은 '먹기 위한 식재료'로 본래 용도를 되찾을 것이다. 비트코인이 가치 저장 기능을 효율적으로 수행하면서 다른 자산이 본연의 실용적 역할로 돌아가도록 돕는 것이다. 부동산 투자 자금이 비트코인으로 이동하면 집값이 안정화돼 실수요자가 주택을 더 저렴하게 구입할 수도 있다. 채권 대신 비트코인을 선택하면 채권 가격이 하락하고 수익률이 상승해 은퇴자 같은 실수요자가 더 나은 조건으로 접근할 수 있다.

　월급쟁이 루지 부의 설계

비트코인 투자의 본질은 단순하다. 조기에 매수해 안정적으로 보유하는 것이다. 이 단순함이 전통 투자 방식의 복잡성과 대비된다. 비트코인은 안전한 가치 저장 수단으로서 한 세대 전체가 도박 같은 투자 대신 안정적 저축을 선택할 수 있게 돕는다.

비트코인을 단지 결제 수단으로만 평가하는 것은 시야가 좁다. 19세기 경제학자 윌리엄 스탠리 제번스(William Stanley Jevons)는 귀중한 물건이 화폐로 자리 잡는 과정을 분석하며 네 단계를 순차적으로 거친다고 설명했다. 첫째, 희귀하거나 아름다운 대상으로 생각해 수집·소유의 대상이 된다. 둘째, 장기적으로 가치가 유지돼 부의 보존 수단으로 기능한다. 셋째, 일상 거래에서 주고받는 교환 수단으로 널리 받아들여진다. 넷째, 상품과 서비스의 가격을 나타내고 경제 활동의 계산 기준으로 사용되는 완성 단계에 도달한다. 이 과정은 갑자기 일어나지 않는다. 사회 구성원이 점차 안정성과 유용성을 인정하면서 자연스럽게 진행된다.

현재 비트코인은 두 번째 단계, 즉 장기적 가치 보존 수단으로 인정받는 단계에 있다는 것이 시장 컨센서스다. 일상 결제 수단으로서의 역할은 다음 단계이다. 라이트닝 네트워크(Lightning Network)* 등 기술적

---

* 비트코인 블록체인의 확장성을 높이기 위해 개발된 '2계층(오프체인) 결제 네트워크'로, 거래를 블록체인 밖에서 처리한 뒤 최종 결과만 기록함으로써 수수료를 낮추고 처리 속도를 크게 향상시키는 기술.

발전에도 불구하고 본격 확대까지는 더 많은 시간이 필요하다. 현시점에서 비트코인의 주된 역할은 자산을 안전하게 보관하는 투자처이다.

앞으로 비트코인은 거래 수단으로서의 기능이 점차 확대되고, 궁극적으로 가격 표시와 경제 계산의 기준이 되는 단계까지 나아갈 수 있다. 과거 금이 걸어온 길을 디지털 환경에서 재현하는 과정이다. 비트코인은 제한된 공급량과 강력한 암호학적 보안을 기반으로 한 새로운 유형의 가치 보존 수단이며, 장기적으로는 화폐의 핵심 기능을 모두 갖춘 차세대 자산으로 발전할 전망이다. 비트코인은 화폐 역사에 새로운 장을 열고 인류의 부와 거래 방식을 근본적으로 바꿀 것이다.

05 화폐로서의 은과 비트코인의 미래

2025년에 은 가격이 폭등했던 사태를 태양광 패널, 전기차, AI 데이터 센터 같은 산업 수요 폭발과 구조적 공급 부족 때문이라고 분석한다면 절반만 맞는 말이다. 국제 은 산업 협회(The Silver Institute) 자료에 따르면 2025년에도 9,500만 온스 규모의 적자가 이어지면서 5년 연속 공급 부족이 누적됐고, 총 8억 온스 이상의 갭이 생겼다. 광산 생산은 거의 정체돼 있고 지상 재고는 고갈 직전까지 몰려 있다. 이런 불균형 속에서 가격 상승은 자연스러운 균형 회복 메커니즘이다. 2025년 은 가격은 연초 대비 144% 이상 치솟아 사상 최고치를 경신했고 여전히 강세를 유지하고 있다. 투기 열풍이 아니라 실물 경제의 구조적 문제와 산업 수요가 함께 빚은 결과로 보인다.

그러나 은의 진짜 가치는 산업적 용도보다 가치 저장 수단으로서의

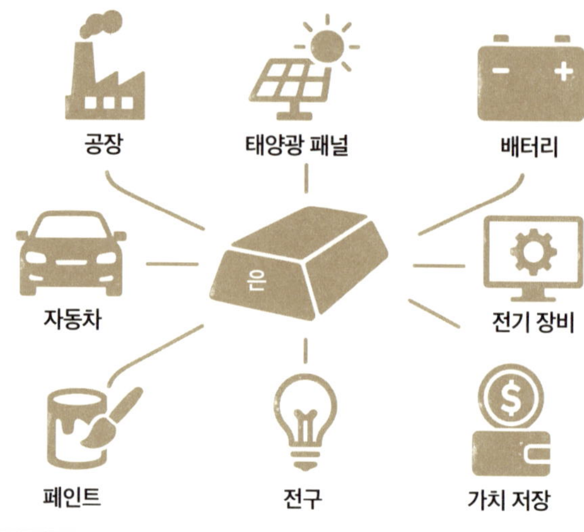

〈도표 4-2〉 은의 산업적 용도

역할이 훨씬 크지 않을까. 은은 수천 년간 화폐로 기능했고, 오늘날에도 인플레이션과 명목화폐 가치 하락에 대한 강력한 방어 수단으로 여겨진다. 사람들이 은괴를 금고에 쌓아두는 이유를 생각해보자. 미래 산업 수요 폭발보다는 사회적 합의에 기반한 가치 지표의 안정성과 신뢰가 목적일 것이다. 전자제품, 태양광, 전기차 등 산업 수요가 늘어나는 것은 사실이지만 가격 결정의 핵심 동인은 아니다. 오히려 은 보유자에게는 불편한 요소가 될 수 있다. 산업 소비자가 은을 대량 매입하면 단기적으로 공급이 줄어 가격이 오르지만, 그들이 장기적 가치 형성의 주체는 아니기 때문이다. 결국 은의 가격은 통화적 합의와 투자자 수요, 때로는 투기적 흐름에 좌우되는 경우가 많다.

이 점을 명확히 보여주는 것이 2025년의 시장 움직임이다. 같은 기간 금 가격은 약 65% 상승하며 사상 최고치를 돌파했고 2026년 들어서도 좋은 흐름을 보여주고 있다. 그러나 누구도 금의 산업 용도가 랠리를 주도했다고 주장하지 않는다. 금은 거의 순수한 화폐 자산으로 평가된다. 안전자산 수요, 통화 불신, 지정학적 리스크가 주요 원동력이었다. 은도 144%라는 압도적 상승률로 금을 앞지르며 비슷한 궤적을 그렸다. 표면적으로는 공급 부족과 산업 수요가 강조되지만, 금과 은의 동시 폭등은 가치 저장 자산이라는 공통된 성격이 원인임을 증명한다. 은은 역사적으로 오랜 기간 저평가 상태에 머물다 금융 불안정이나 통화 정책 변화, 통화 불신이 고조될 때마다 급반등하는 패턴을 보였다. 2025년 랠리도 그 연장선이다. 산업 수요는 부수적 촉매에 불과했고, 진짜 힘은 금은비(금 대비 은 가격 비율)를 기준으로 한 저평가 인식과 가치 저장 수요가 한꺼번에 터진 데 있었다.

은은 이미 잘 정립된 화폐로서 비트코인만큼이나 우수한 통화 기능을 발휘한다. 비트코인이 디지털 희소성과 탈중앙성을 강조한다면, 은은 물리적 실체와 수천 년 동안 쌓은 신뢰라는 독보적 강점을 지녔다. 새로운 산업 용도가 발견돼도 금 가격이 크게 요동치지 않듯, 은 역시 산업 요인만으로는 가격 변동이 제한적이다. 은을 원자재라기보다 화폐에 더 가까운 자산으로 보는 이유다.

2025년 비트코인은 큰 변동성을 보였으나, 장기적으로 화폐적 합의가 지배적이라는 사실을 잊지 말아야 한다. 쓸모가 없다는 비판은 본질을 놓친 말이다. 비트코인의 실생활 적용이 제한적이라 해도 희소성과 탈중앙 네트워크 효과만으로 은처럼 가치 저장 수단으로서 강력한 상승 동력을 유지한다. 은의 2025년 랠리가 오랜 눌림 후 화폐적 반등으로 폭발한 것처럼, 비트코인도 통화 불신과 디지털 자산 채택 가속화 속에서 비슷한 잠재력을 품고 있다. 비트코인이 인플레이션 헤지, 국경 없는 가치 이전, 중앙화 통화 시스템 대안이라는 화폐적 성격을 완전히 발휘한다면 은의 상승을 능가하는 압도적 상승폭이 나올 수 있다.

은은 화폐적 합의와 산업 수요의 결합으로 랠리를 보였지만 운송·보관 비용 등 물리적 한계로 상승에 제약이 따랐다. 비트코인은 디지털 환경 덕에 무한 확장성을 지니며, 글로벌 채택이 늘수록 네트워크 효과가 기하급수적으로 증폭된다. 내재 가치가 실생활 용도 확대와 맞물리면 상승 잠재력은 은을 초월할 것이다.

진정한 화폐 자산의 상승은 산업 수요가 아니라 통화 불신과 사회적 합의에서 나온다. 스테이블코인(Stablecoin)*과 결합된 크립토 결제 인프라가 빠르게 확산되고 기관과 기업의 채택이 가속화되는 가운데, 일상적 가치 이전과 상거래에서 비트코인이 실질적 화폐 역할을 하게 될 가능성이 커지고 있다. 가치 저장 기능에 실생활 유틸리티가 더해지면 새로운 차원의 상승 동력이 만들어질 것이다.

----

* 가격 변동성을 줄이기 위해 달러 등 법정화폐나 자산에 가치를 연동해 설계된 암호자산으로, 일반 암호화폐보다 가격이 안정적으로 유지되도록 만든 디지털 화폐.

   월급쟁이 루지 부의 설계

06 비트코인의 성장 잠재력

2025년 전 세계 자산 총액은 약 1,000조 달러 규모로 추정된다. 주식 시장은 약 135조 달러, 부동산은 370조 달러, 채권은 318조 달러, 현금(M2 기준)은 약 129조 달러이다. 실물자산으로는 금이 약 22조 달러, 예술품과 수집품이 약 27조 달러를 차지한다. 비트코인은 약 2조 달러 규모로 전체의 0.2%에 불과하다.

이러한 자산 비율은 비트코인이 여전히 초기 단계에 있음을 잘 보여준다. 1990년대 초반 인터넷이 경제에 미치는 영향이 미미했던 시절과 닮았다. 당시 인터넷은 무시당할 만큼 작았지만 이후 수십 년간 세계 경제를 완전히 바꿨다. 비트코인도 디지털 시대의 가치 저장 수단으로서 유사한 잠재력을 지닌다. 기술 채택의 역사적 패턴에 비춰 보면 비트코인이 기존 금융 시스템의 대안으로 자리매김할 가능성이

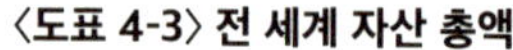

〈도표 4-3〉 전 세계 자산 총액

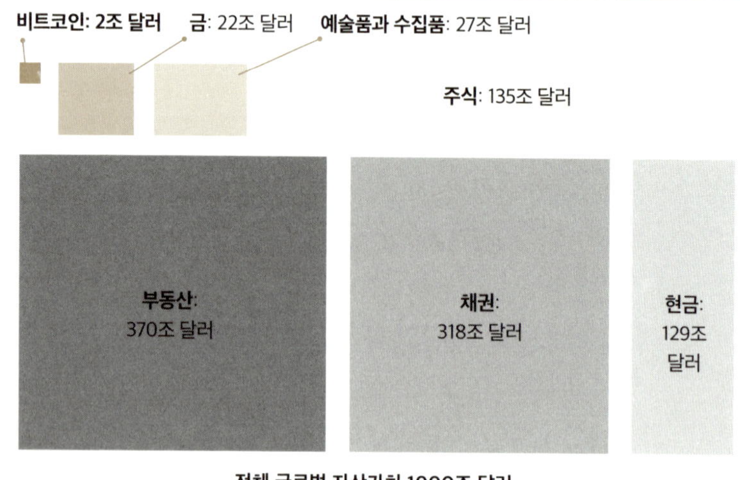

출처: Jesse Myers, onceinaspecies.com

농후하다.

현재 약 2조 달러에 불과한 비트코인이 전체 자산 시장의 1%만 차지해도 시가총액은 10조 달러로 확대된다. 비트코인 1개 가격을 편의상 100,000달러로 가정하면 500,000달러까지 상승할 가능성이 있는 것이다. 5% 점유율이라면 50조 달러 규모로, 1BTC당 2,500,000달러의 가치 상승을 보여줄 수도 있다. 이 계산의 근거는 총 공급량 2,100만 개라는 영구적 희소성이다. 사용자가 늘수록 가치가 상승하는 네트워크 효과와 전 세계적 채택 증가도 뒷받침한다. 지난 3년간 비트코인 가격은 연평균 120% 성장률을 기록했다. 인플레이션과 경제 불확실성 속에서 가치 저장 수단으로서의 역할을 실증한 결과다. 이런 성장률이 영원히 지속된다고 단정할 수는 없지만, 역사적 흐름

　　　　　　　　　　　　　　월급쟁이 루지 부의 설계

〈도표 4-4〉 자산별 시총 성장 추이

자산 카테고리	2023 (조 달러)	2025 (조 달러)	연평균 성장률
비트코인	0.4	2	120
금	12	22	35
예술/수집품	24	27	6
주식	115	135	8
부동산	330	370	7
채권	300	318	3
현금	120	129	4
총 자산	901	1,013	6

과 현재 데이터가 지속 가능성을 시사한다.

전 세계 자산 시장의 확대는 화폐 공급량 증가와 밀접하게 연결돼 있다. 자산 시장은 사람들이 가진 돈으로 거래되고 평가되는 재산의 총합이기 때문이다. 경제가 제대로 성장하면 기업 이익이 늘고 임금이 오르면서 자산 가치도 자연스럽게 상승한다. 그러나 화폐 공급량 증가가 경제 성장이나 신규 자산의 성장 속도를 앞서면 돈이 넘쳐나면서 특정 자산에만 몰리게 된다. 이것이 '자산 인플레이션'이다. 전체 물가 인플레이션과는 별개로, 주식·부동산·암호화폐 등 자산 가격만 급등하는 현상이다.

시장에 빵 10개가 있고 총 돈이 10달러라면 빵 한 개 가격은 1달러다. 경제 성장으로 총 돈이 12달러가 됐는데 빵은 여전히 10개라면 빵한 개 가격은 1.2달러로 올라간다. 돈은 늘었는데 빵은 그대로라서 빵을 사려는 경쟁이 붙는 것이다. 1달러로는 예전만큼 빵을 못 사게 된다. 이것이 화폐 가치 하락, 즉 인플레이션의 기본 원리다. 현실에서는 돈이 모든 물건에 고루 퍼지지 않고 특정 '프리미엄 빵(희소하거나 사람들이 열광하는 자산)'으로 쏠리면서 그 가격만 폭등하는 자산 인플레이션이 일어난다.

미국의 화폐량 증가 속도가 크게 둔화된 시기가 있었다. 2022년 말부터 2023년 내내 돈 공급이 오히려 줄었다. 작년 대비 연간 -2%에서 -4% 정도 감소한 수준이다. 그런데도 그 기간 주식, 부동산, 암호화폐 가격은 계속 올랐다. 전체 유동성이 줄어도 기관 투자, 기대 심리, 저금리 잔여 효과 등으로 돈이 특정 자산 시장에 집중됐기 때문이다.

법정화폐 기반 자산은 상대적으로 느리게 성장했다(채권 CAGR 3%, 현금 4%). 반면 공급이 제한된 자산은 압도적 강세를 보였다(비트코인 120%, 금 35%). 주식(8%), 부동산(7%), 예술·수집품(6%)은 중간 수준의 안정적 상승을 기록했다. 총 자산은 901조 달러에서 1,013조 달러로 연평균 6% 성장했다. 돈이 덜 풀리는데도 자산 가격이 오르면 기존 돈으로는 점점 사기 어려워진다. 비트코인처럼 총량이 영구히 제한된 자산이 돋보이는 이유다.

앞으로도 자산 가격이 계속 오르면서 돈이 최상위 자산에만 쏠리는 현상이 강해질 것이다. 업종 1등 기업 주식이나 최고 입지 프리미엄 부동산에 자금이 집중되면, 화폐량 증가 속도는 느려지는데 자산 가격 상승 속도는 빨라지는 구조가 만들어진다. 이것이 반복되면서 자산 쏠림이 심해지는 순환이 생긴다.

부유층은 이미 가진 자산 가치가 올라가면서 자산이 눈덩이처럼 불어난다. 반면 일반인은 임금 상승 속도가 자산 가격 상승을 따라가지 못해 생활비가 부담스러워지고 실질 구매력이 떨어진다. 부자는 자산이 알아서 불어나는 효과를 누리고, 일반인은 생활비는 오르는데 월급은 제자리인 상황에 놓인다. 격차가 커질수록 1등 자산은 꼭 가져야 한다는 생각이 강해진다.

2000년부터 2025년까지 미국 M2의 연평균 성장률이 약 6.3%였다는 점을 고려하면 향후 10년간 글로벌 자산 시장은 AI 붐과 신흥 시장 성장에 힘입어 2,000조 달러 규모까지 커질 가능성이 높다. M2 증가가 자산 성장 속도를 못 따라가면 비트코인은 인플레이션 헤지 수단으로서 더 강력한 자리를 차지할 것이다. 글로벌 자산 시장이 2,000조 달러가 되고, 그중 비트코인이 1%만 차지해도 20조 달러 규모다. 1BTC 가격이 100만 달러에 도달한다는 뜻이다.

마이클 세일러(Michael Saylor) 스트래티지(Strategy) CEO의 장기 예측은 설득력을 더한다. 세일러는 2010년대 초 애플의 잠재력을 미리 알아보고 투자해 성공한 전문가이며, 그의 책 《모바일 웨이브》(제이펍, 2013)의 메시지는 과격하다는 비판을 받았지만 시간이 지나자 옳았음이 증명됐다. 세일러는 비트코인을 디지털 재산이자 인플레이션 헤지 수단으로 보고 2024년 〈비트코인 컨퍼런스(Bitcoin Conference)〉와 진행한 여러 인터뷰에서 1BTC당 가격을 1,300만 달러로 전망했다.

이는 스트래티지가 2020년부터 비트코인을 대규모로 매입한 전략의 배경이고, 화폐 가치 하락을 고려한 시나리오다. 이 경우 비트

〈도표 4-5〉 자산별 시총 예상 성장 추이

자산 카테고리	2023 (조 달러)	2045 (조 달러)	2045 비율	단순 연간 상승률 (%)
비트코인	0.4	280	7%	29
금	12	45	1%	5
예술/수집품	24	110	2%	9
주식	115	850	21%	10
부동산	330	1,360	34%	7
채권	300	840	21%	5
현금	120	500	12%	7
총 자산	901	4,000	100%	7

코인은 전 세계 자산 시장 비중 0.2%에서 2045년 7%까지 성장하며 1BTC 가격은 1,300만 달러에 도달할 수 있다. 0.1BTC만 보유해도 130만 달러만큼의 가치가 창출되므로 개인 노후 준비에 실질적 도움이 된다. 과도한 낙관이라는 우려가 있을 수 있으나, 인터넷의 역사적 성장 궤적과 비트코인이 지난 15년간 연평균 100% 이상의 성장률을 보여준 점을 상기해보자.

비트코인 성장에 기여하는 기관

비트코인 성장 과정에서 기관의 역할도 무시할 수 없다. 비트코인 전문 금융 플랫폼 리버 파이낸셜(River Financial)의 〈비트코인 채택 보고서(Bitcoin Adoption Report 2025)〉에 따르면 현재 비트코인 보유 물량의 약 66%가 개인 투자자에게 집중돼 있어 국가나 대형 기관이 규제나 대규모 거래를 통해 변동성을 유발할 가능성이 있다. 초기 시장의 자연스러운 진통이며 1990년대 인터넷 초기와 유사하다. 장기 보유 전략과 탈중앙화 구조를 믿고 버티면 극복할 수 있는 단계다.

2026년 현재 비트코인 채택률은 전체 잠재 시장의 약 3% 수준으로 극초기 단계다. 미국 투자 자문 기관 포트폴리오에서 비트코인 순 배분 비중도 평균 0.006%에 불과해 기관 참여는 매우 미미하다. 그러나 리버 파이낸셜의 보고서는 비트코인 채택이 전형적인 S-커브 패턴을 따를 가능성을 강조한다. 초기에는 느리다가 임계점을 넘으면 급격한 가속 성장이 일어나는 구조다. 이 패턴이 현실화되면 0.1BTC를 확보하려고 상당한 규모의 기존 자산(주식, 부동산 등)을 처분하는 사례가 흔해질 수 있다.

변동성은 분명 리스크지만, 비트코인의 탈중앙화 구조와 희소성이 장기 안정성을 제공한다. 규제 강화가 오히려 제도권 진입의 신뢰를 높여 채택을 촉진할 수 있다는 점도 주목할 만하다.

세일러의 베이스 케이스처럼 2045년 비트코인이 1,300만 달러에 도달해 시가총액 280조 달러(글로벌 자산의 7%)를 차지할 가능성은 인터넷의 초기 성장 궤적과 유사한 채택 패턴을 고려할 때 현실적 시나리오로 보인다. 보수적으로 글로벌 자산 시장이 연 6% 성장한다 해도 10년 후 비트코인이 전체의 1%만 점유하면 1BTC 가격은 100만 달러를 넘긴다.

복리효과가 결정적 역할을 한다. 1,000달러를 연 10% 수익률로 30년 투자하면 약 17,000달러, 40년이면 45,000달러가 된다. 비트코인이 연평균 29% 성장(세일러 시나리오)하면 오늘 0.01BTC(약 900달러)만 투자해도 2045년에 13만 달러가 된다. 초기 채택자와 장기 보유자가 이 복리효과를 가장 크게 누릴 수 있으며, 시장 진입 기회는 아직 충분히 열려 있다.

변동성, 규제 변화, 경쟁 디지털 자산 등장, 에너지 소비 논란 등 리스크는 무시할 수 없다. 그러므로 포트폴리오 다각화를 기본 원칙으로 삼아야 한다. 그러나 역사적으로 새로운 기술은 초기 회의론과 버블 붕괴를 극복하며 지배적 위치를 차지했다. 비트코인은 복리효과를 통해 장기 투자 수익과 재무 안정성을 제공할 수 있는 강력한 후보이며, 금융 시스템의 대안으로서 더 큰 가치를 창출할 핵심 자산이다.

대규모 부의 이전을 대비하라

2026년 1월 기준 대규모 부의 이전은 전 세계적으로 중요한 역사적 전환점이다. 세룰리 어소시에이츠(Cerulli Associates, 미국의 금융 컨설팅 회사)의 2024년 보고서에 따르면 2048년까지 미국에서 총 124조 달러 규모의 자산이 후대에 이전될 전망이다. 이 중 105조 달러가 상속인에게, 18조 달러가 자선 단체로 흘러간다. 베이비부머와 사일런트 세대(Silent Generation)가 전체의 약 80%에 달하는 자산(약 79조 달러 이상)을 이전하며, X세대가 약 39조 달러, 밀레니얼이 46조 달러, Z세대가 약 15조 달러를 받을 것으로 추정된다. 한국을 포함한 글로벌 흐름에서도 유사한 패턴이 나타나며, 이 과정은 단순한 돈의 이동을 넘어 세대 간 가치관과 투자 철학의 변화를 촉진하는 촉매로 작용한다.

부의 이전에서 가장 두드러지는 차이는 비트코인에 대한 세대별 인식이다. 은퇴 세대(베이비부머·사일런트)는 비트코인을 여전히 '위험한 투기 자산'이나 '디지털 버블'로 보는 보수적 시각이 강하다. 금, 부동산, 채권, 예·적금 같은 전통 자산을 안전한 기반으로 여기기 때문이다. 반면 10~20대는 디지털 네이티브로서 비트코인을 '미래의 화폐'나 '디지털 금'으로 자연스럽게 받아들인다. 고정 공급량, 검열 저항성, 국경 없는 이동성, 높은 분할 가능성 등을 근거로 인플레이션 헤지와 장기 가치 저장 수단으로 높이 평가한다.

OKX(글로벌 암호화폐 거래소)의 2026년 1월 설문조사에서도 이 격차가 드러난다. 암호화폐 플랫폼에 높은 신뢰(10점 만점에 6점 이상)를 보인 비율은 Z세대 40%, 밀레니얼 41%인 반면 베이비부머는 9%에 불과하다. 2026년 암호화폐 거래를 확대할 계획이라는 응답도 Z세대 40%, 밀레니얼 36%로 베이비부머(11%)의 약 4배다. 기술 친화도와 문화적 배경 차이에서 비롯된 필연적 결과다.

〈도표 4-6〉미국 세대별 암호화폐 인식

세대	나이	기술·디지털 태도	투자·자산 관점 (암호화폐 관련)
사일런트 세대	81~98세	아날로그 중심, 기술에 매우 보수적	전통 자산(금·부동산·예금) 최우선, 비트코인을 투기·위험으로 봄
베이비 부머	62~80세	디지털 적응 중, 전통 금융 신뢰 강함	전통 자산 중심(주식·부동산·채권), 비트코인 편견 강함
X 세대	46~61세	초기 디지털 사용자, 기술 적응력 높음	균형 투자(주식·부동산 + 일부 암호화폐 탐색), 실용적 접근
밀레니얼	30~45세	디지털 네이티브, SNS·인터넷 의존 높음	비트코인 신뢰 높음(41% 고신뢰, 50% 전통 금융 대체 가능 믿음)
Z 세대	14~29세	디지털 네이티브, 스마트폰·앱 중심	비트코인을 '디지털 금'으로 수용. 장기 가치 저장 중시
알파 세대	0~13세	태어날 때부터 AI·디지털 네이티브	미래에 비트코인·디지털 자산 자연 수용 예상, 기존 편견 거의 없음

인식 변화는 이미 가속화되고 있다. 2024년 비트코인 ETF 승인과 기관 자금 유입 이후 일부 은퇴 세대가 비트코인을 탐색하기 시작했지만, 여전히 전통 은행을 신뢰하는 경향성이 8배 이상 강하다. 반면 Z세대의 52%, 밀레니얼의 약 50%는 암호화폐가 전통 금융을 대체하거나 강력히 경쟁할 것이라고 믿는다. 소셜 미디어, 친구 네트워크, 가족 내 대화, 교육 프로그램 등이 이 격차를 점차 좁히고 있다.

핵심은 젊은 층이 앞으로 벌어들일 소득의 일부를 비트코인에 투자하고 있다는 사실이다. 편견 없이 새로 창출되는 소득을 정액 분할 매수 방식으로 투자하며 시장 변동성을 줄이면서 인플레이션 헤지와 성장성을 동시에 확보한다. 과거 은퇴 세대가 금이나 주식으로 부를 축적했듯, 젊은 세대는 비트코인으로 디지털 시대의 금융 주권과 장기 복리효과를 확보하는 길을 걷는다. 비트코인의 역사적 수익률이 금을 압도적으로 앞선다는 것은 비트코인 적립식 매수가 미래 부를 형성하는 설계임을 보여준다.

상속 시점이 되면 이 현상은 더 가속화된다. 세대간 상속으로 이전되는 124조 달러 대부분이 현재는 주식·부동산·채권 등 전통 자산 형태로 넘어가지만, 시간이 갈수록 상당수 자녀가 이를 암호화폐 투자로 재배분할 가능성이 크다. 갤럭시 디지털(Galaxy Digital)*의 분석에 따르면 이런 이동으로 암호화폐 시장에 1,600억~2,250억 달러 규모의 추가 자금이 유입될 수 있으며, 매일 2,000만~2,800만 달러 정도의 지속적 매수 압력이 발생할 수 있다고 한다. 상속 자산의 15%만 비트코인으로 전환해도 수조 달러급 신규 수요가 생겨 가격 상승을 크게 증폭할 잠재력이 있다.

핵심은 상속받은 부를 어떻게 관리하고 전환하느냐다. 보수적으로 유지할지, 일부를 디지털 자산으로 옮겨 성장성을 더할지 결정하는 순간이 미래 부의 방향을 좌우한다. 지금부터 은퇴 세대의 자산 일부를 비트코인으로 전환하거나, 상속 전에 가족 내 비트코인 교육과 공동 투자를 시작하는 것이 현명하다. 과거 세대가 금으로 안정성과 유산을 추구했다면, 미래 세대는 비트코인으로 성장·자유·글로벌 이동성을 추구한다. 이 흐름을 무시하면 상속받은 부도 디지털 경제의 물결에서 뒤처질 수밖에 없다. 한국도 글로벌 흐름과 크게 다르지 않다. 지금이 행동할 적기다.

....

* 암호자산 투자, 자산운용, 트레이딩 등을 제공하는 글로벌 디지털 자산 금융회사.

버크셔 해서웨이(Berkshire Hathaway)는 많은 사람이 버핏의 회사로만 알지만, 실제로는 자 회사를 넘어선 독특한 기업 구조를 갖고 있다. 1965년 버핏이 인수한 이후 버크셔 해서웨이는 보험, 철도, 에너지, 제조, 유통 등 다양한 산업의 우량 자산을 영원히 보유하는 '영구 자본' 형태를 구축했다. 핵심 철학은 명확하다. 배당을 거의 하지 않고 이익을 회사 내부에 재투자해 복리효과를 극대화한다는 것이다.

버크셔 해서웨이는 1967년 이후 단 한 번도 정기 배당을 하지 않았다. 버핏은 "주주가 직접 현금을 받아 재투자하는 것보다 우리가 더 높은 수익률로 재투자할 수 있다면 배당을 하지 않는다"는 원칙을 60년 가까이 지켜왔다. 그 결과 1965년부터 2025년까지 연평균 복합 수익률은 약 20%에 이르며, 같은 기간 S&P 500 지수 수익률 약 10%

를 크게 앞질렀다. 배당 없이도 복리로 자산을 크게 불릴 수 있다는 실증이다.

이런 버크셔 해서웨이의 특성은 비트코인과 닮았다. 비트코인도 배당이나 이자 같은 즉각적 수익을 제공하지 않는다. 대신 2,100만 개로 고정된 총 공급량과 4년 주기 반감기 메커니즘으로 희소성을 설계해 장기 가치 상승 가능성을 내재하고 있다. 버크셔 해서웨이는 내부 재투자와 자사주 매입으로, 비트코인은 프로토콜에 내장된 공급 제한으로 각각 잠재력을 구현한다.

BRK.A(버크셔 해서웨이 클래스 A 주식) 1주를 보유한다는 것은 단순한 투자 이상의 의미다. 클래스 A 주식은 약 52만 3,000주로 발행 주식 수가 극히 제한적이어서 희소성이 매우 높다. 실제로는 더 독점적이다. 버핏이 클래스 A 주식의 약 30.4%를 보유하고 기관 투자자와 대형 주주가 나머지 상당 부분을 차지한다. 일반 개인 투자자가 BRK.A 1주 이상을 소유하는 사례는 매우 제한적이며, 전 세계 인구 약 80억 명 기준으로 상위 극소수 그룹에 해당한다. 2026년 1월 기준 BRK.A 주가는 약 72만 달러로 원화 10억 원을 넘는다. 1년 전 8억 원대에서 10억 원에 도달해 장기적 가치 상승 추세를 보여준다.

주가 상승의 중요한 동력 중 하나는 자사주 매입 정책이다. 2018년부터 주가가 내재가치 이하라고 판단될 때 적극적으로 매입했으며, 2018년부터 2024년 중반까지 약 778억 달러 규모를 실행했다. 발행 주식 수를 줄여 EPS(Earnings Per Share, 주당순이익)를 높이고 내재가치를 강화하는 효과를 냈다. 다만 2024년 후반부터 2025년까지는 매입을 중

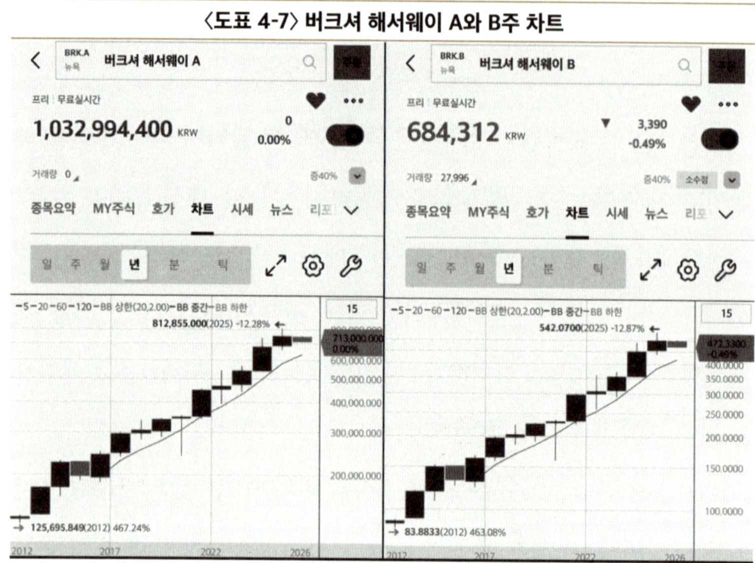

〈도표 4-7〉 버크셔 해서웨이 A와 B주 차트

출처: 미래에셋증권(2026년 1월 28일 기준)

단했다. 주가가 내재가치에 충분히 부합한다고 판단한 결과로 보인다. 저평가된 상태에서만 사들이는 버핏의 일관된 원칙이 반영된 것이다.

BRK.A의 거래량은 매우 적고 버핏은 한 번도 클래스 A 주식을 분할하지 않았다. 대신 1996년 BRK.B(클래스 B 주식)를 도입해 대중 투자자에게 낮은 진입장벽을 제공했다. BRK.B와 BRK.A의 경제적 교환 비율은 1,500 대 1로, BRK.B 1,500주를 모아야 BRK.A 1주로 전환할 수 있다(1996년 도입 당시 30 대 1이었으나 2010년 BRK.B가 50 대 1 주식 분할되면서 1,500 대 1로 바뀌었다). 두 주식은 동일한 기업 지분을 대표하지만, 많은 장기 투자자가 BRK.B를 꾸준히 모아 BRK.A 1주 가치에 도달하는 것을 목표로 삼는다. 분할되지 않는 희소성과 버핏의 철학에 직접 연결된 상징성을 소유한다는 자부심 때문이다.

비트코인도 유사한 희소성 서사를 지닌다. '비트코인 1개를 가진다는 건 전 세계 2,100만 명에 속한다는 것'이라는 표현은 하드캡(Hard Cap)*에서 나온 이론적 최대치다. 그러나 실제로는 훨씬 더 집중돼 있다. 2026년 1월 기준 온체인 데이터(On-chain Data)**에 따르면 1BTC 이상 보유 주소 수는 약 100만 개이며, 거래소·기관·ETF·다중 주소 등을 제외하면 실제 개인 보유자는 이보다 적을 것이다. 대형 보유자(고래)가 전체 공급량의 상당 부분을 차지해 분포가 치우쳐 있다. 비트코인 1개를 개인 지갑으로 보유한다는 것은 BRK.A 1주 보유자만큼이나 드문 일이다.

전통과 신흥 가치 저장 수단

두 자산을 비교하면 흥미로운 점이 드러난다. BRK.A 1주는 60년 가까운 역사 동안 버핏의 가치 투자 철학으로 입증된 안정적 자산이다. 주식 수가 극도로 제한적이며 분포도 비교적 안정적이다. 비트코인 1개는 아직 성과를 증명하는 과정에 있지만, 이미 BRK.A 1주만큼 배타적이며 디지털 금으로서의 서사, 채택 확대, 높은 성장 잠재력을 갖고 있다. 비트코인은 이미 버크셔 해서웨이의 시가총액을 넘어섰지만

---

* 투자나 자금 모집에서 설정된 최대 한도로, 이 금액에 도달하면 추가 모집이 불가능한 상한선.

** 블록체인 네트워크 상에 기록된 거래 내역, 지갑 주소, 전송량 등 모든 공개 데이터를 의미하며, 네트워크의 활동 수준이나 투자자 행동을 분석하는 데 활용되는 정보.

금 시가총액 대비 약 20분의 1에 머물러 있어 격차를 좁힐 여지가 충분하다.

희소성 강화 메커니즘에서도 유사점이 있다. BRK.A의 자사주 매입은 발행 주식 수를 줄여 공급을 감소시키고 기존 보유자에게 EPS 증가와 주가 상승 혜택을 준다. 비트코인의 반감기는 매 4년마다 신규 공급 속도를 반으로 줄이는 자동화된 과정으로 2012년(50→25), 2016년(25→12.5), 2020년(12.5→6.25), 2024년(6.25→3.125)으로 진행돼 기존 보유자가 가치 상승의 주요 수혜자가 된다. BRK.A 매입은 회사 판단에 따라 불규칙하지만 비트코인 반감기는 코드에 고정된 예측 가능한 메커니즘이다. 둘 다 장기적으로 희소성을 강조하며 기존 보유자에게 구조적 이점을 제공한다.

비트코인 소유 방식은 다양하다. 개인 지갑에 보관하며 완전한 통제권과 자율성을 우선시하거나, 거래소에 맡겨 편리함과 유동성을 선택하거나, ETF를 통해 간접 보유하며 접근성을 높이는 경우가 있다. 개인 지갑은 보안과 독립성이 장점이지만 관리 책임이 크고, 거래소는 편리하지만 플랫폼 리스크가 있으며, ETF는 쉽지만 탈중앙화 본질을 일부 희석할 수 있다. BRK.B를 모아 BRK.A 1주를 목표로 하는 투자자처럼 비트코인 1개를 온전히 소유하려는 사람도 가격 이상의 가치를 추구한다.

BRK.A 1주가 10억 원에 이른 지금, 이를 장기 보유한 투자자의 인내는 비트코인의 미래를 보는 데 유의미한 교훈을 준다. 비트코인이 언젠가 BRK.A 1주의 가치를 넘어설 가능성도 있지만, 핵심은 한정된 공급과 분할되지 않는 희소성이 만들어내는 가치의 상징이다.

버핏을 존경하지만 비트코인에 대한 그의 부정적인 관점에는 아쉬운 점이 있다. 비트코인은 이해하기 쉽지 않은 초기 자산이며 그만큼 기회가 많다. 버핏은 신기술에 약한 면이 있으므로 그의 말을 맹신하기보다 블록체인과 암호화폐에 정통한 전문가의 의견을 학습하는 것이 중요하다. 버핏이 비트코인을 이해했다 해도 받아들이지 않았을 가능성이 크다. 비트코인은 전통 금융을 위협하는 존재로 여겨질 수 있고, 막대한 자산을 쥔 입장에서 변동성 높은 자산을 새롭게 공부할 필요를 느끼지 못했을 것이다. 이미 확고한 영역에서 승부하는 것이 더 확실한 선택이라는 판단이다.

BRK.A 1주와 비트코인 1개는 모두 매우 희귀한 고가치 자산으로, 보유하기만 하면 부의 상위 극소수 계층에 속한다. BRK.A 1주가 입증된 안정적 엘리트 자산이라면, 비트코인 1개는 큰 성장 가능성을 품은 현재의 엘리트 자산이다. 비트코인을 BRK.A처럼 바라본다면 가격 상방은 무한히 그려질 수 있다.

비트코인 장기 보유의 어려움

비트코인을 장기 보유하는 사람은 드물다. 온체인 데이터에 따르면 5년 이상 이체되지 않은 비트코인은 전체 공급량의 약 25% 수준이며, 사토시 나카모토의 초기 채굴 코인(약 110만 BTC), 영구 분실된 지갑, 진정한 장기 홀더(Holder)의 몫이 섞여 있다. 사토시의 코인은 2009년부터 단 한 번도 움직이지 않았다. 비트코인이 단순한 투기 대상이 아니라 장기적 신념과 철학이 결합한 자산으로 여겨지는 이유다. 전 세계 약 80억 인구 중 비트코인을 진심으로 장기 보유하는 개인은 수백만 명 수준으로 추정되며, 이용자는 계속 늘고 있지만 장기 홀더는 여전히 극소수다. 수백만 명이 마라톤에 출전했는데 완주자가 수만 명에 그치는 것과 비슷하다. 차트 분석 기술이나 정보의 양으로 되는 일이 아니다.

인생의 가치관, 철학, 신념을 끝까지 지켜낼 수 있는 정신력의 문제다. 비트코인은 가격이 오르내리는 자산이 아니라 인류의 미래 화폐·금융 시스템 자체에 베팅하는 행위이기 때문이다. CEO도 없고 직원도 없고 파산 개념조차 없는 역사상 유일한 자산으로, 모든 규칙은 불변의 코드에 새겨져 있으며 누구도 마음대로 바꿀 수 없다. 겉으로는 그냥 가만히 있는 것처럼 보이지만, 실제로는 **세상의 조롱과 불안, 군중의 광기와 탐욕, 끊임없는 FUD***를 꿋꿋이 이겨내는 정신적 수련이다.

사람들이 흔들리는 이유는 늘 같다. 모두가 팔아 치울 때 나만 버티면 외롭고 두렵기 때문이다. 조금만 더 오르면 "지금 팔아야 하나?" 하는 충동이 솟고, 옆집 알트코인이 더 폭등하는 것 같아 갈아타고 싶은 유혹에 시달리고, 폭락할 때마다 "이번엔 진짜 끝난 거 아니야?"라는 공포가 세상을 가득 채운다. 그러나 그 극단적 변동성이야말로 진짜 기회의 본질이다. 그 파도를 끝까지 버텨낸 사람만이 다음 사이클의 큰 상승을 온전히 누릴 수 있다.

비트코인 역사는 그 공포의 목소리가 틀렸음을 증명해왔다. 4년 주기의 혹독한 겨울을 견뎌야 봄을 맞이하는 고목처럼, 비트코인도 주기적인 동면과 깊은 조정을 거치며 새 역사를 썼다. 수많은 나무가 겨울을 못 이기고 쓰러지지만 뿌리를 깊이 내린 소수만이 다시 하늘을 뚫고 올라간다. 오늘도 흔들리지 않고 버티는 투자자가 바로 그 거목

----

* Fear(공포), Uncertainty(불확실성), Doubt(의심)의 준말로, 시장 참여자에게 무차별한 불안을 유발하는 정보를 뜻한다. 주로 부정적인 뉴스나 루머로 인해 투자 심리가 위축되고 가격 하락 압력이 커지는 상황을 가리킨다.

이다.

테슬라, 엔비디아, 구글 같은 성장주에 투자하면 한 사람의 천재성과 실행력에 올인해야 한다. 머스크가 실수하거나 젠슨 황이 떠나거나 경쟁사가 더 혁신적인 기술을 내놓는 순간 크게 흔들릴 수 있어서, 매일 뉴스·실적 발표·CEO의 한마디에 심장이 덜컹 내려앉는 투자다. 그 불확실성이 부담스러워 S&P 500 지수나 코카콜라·맥도날드 같은 비교적 안전한 선택을 하지만, 이 또한 기업인과 사람이 만든 시스템에 의존한다.

비트코인은 정반대다. 아무도 믿을 필요가 없다. CEO도, 정부도, 창시자조차 믿지 않아도 되며, 믿어야 할 것은 오직 수학적 진실과 2009년부터 단 한 번도 멈추지 않고 확장된 네트워크뿐이다. 비트코인은 전통적 투자가 아니라 궁극의 저축 수단에 가깝다. 매달 월급 일부를 넣어두고 일상의 변동성은 무시하고 10년·20년 뒤에 열어보면 된다. 복잡한 분석도 타이밍도 예측도 필요 없지만, 대부분이 버티지 못하는 이유는 이 단순함 자체를 믿지 못하기 때문이다. "이렇게 쉬운 게 어디 있냐? 내가 알면 다 알 텐데? 분명 함정이 있을 거야." 그래서 온체인 데이터를 파고들고, 차트 패턴을 외우고, 거시경제 뉴스를 쫓아다니고, 알트코인으로 갈아타고, 레버리지까지 쓰면서 샛길로 빠져든다. 단순한 핵심을 외면하고 복잡함 속에서 헤매다 결정적 기회를 놓친다.

비트코인 수요는 구조적으로 팽창 중이다. 사용자 수는 늘고 풀 노드 운영자도 증가하며 가격과 무관하게 채굴 해시레이트는 사상 최고

    월급쟁이 루지 부의 설계

치를 갱신하고 있다. 스팟 ETF 출시 이후 블랙록(BlackRock)·피델리티 (Fidelity) 같은 거대 자산운용사는 물론 빅테크 기업까지 비트코인과 점점 깊이 연결되고 있다.

돈은 네트워크가 생명이다

전화망, 페이스북, 카카오톡이 그랬듯 멧커프의 법칙(Metcalfe's Law)에 따라 참여자가 한 명 늘 때마다 네트워크 가치는 단순히 1이 아니라 제곱에 가깝게 증가한다. 비트코인 가격 추이는 사용자 수의 제곱 곡선을 꽤 정확히 따라왔다. 현재 전 세계 비트코인 보유자가 4~5억 명 수준으로 추정되는데, 10억 명으로 늘어나는 순간 가치가 폭발적으로 뛸 가능성이 크다.

스트래티지나 블랙록 같은 기관 하나가 현금 보유액의 아주 작은 비중만 비트코인으로 옮겨도 전체 시장이 출렁인다. 공급은 수직으로 고정돼 있고 수요 곡선은 계속 오른쪽으로 이동한다. 경제학 교과서 첫 장의 가장 기본적인 수요-공급 원리 그대로다. 인터넷이 살아있는 한 비트코인을 완전히 죽일 방법은 사실상 없다. 2021년 중국이 채굴을 전면 금지했을 때도 해시레이트는 불과 몇 달 만에 사상 최고치를 다시 기록했다. 이것이 분산의 진짜 힘이다.

이 단순한 사실을 깊이 이해하고 시장이 출렁일 때마다 흔들리지 않으며 꾸준히 수량을 적립하는 사람이라면 충분히 자부심을 가져도 된다. 누구나 쉽게 할 수 있는 일이 아니다. 세상의 대다수가 이 진실을 진심으로 받아들였다면 지금 가격은 아닐 것이다.

비트코인은 2025년 10월 사상 최고가 약 12만 6,000달러 근처를 기록한 후 2026년 1월 기준 7만 6,000달러대까지 조정 중이다(최고점 대비 약 -40%). 2022년 이후 큰 조정을 겪는 중이지만 비트코인 역사 전체를 놓고 보면 이런 변동성은 기본값에 가깝다. 매 사이클마다 비슷하거나 더 큰 폭의 하락을 여러 번 겪으며 살아남았기에, 안전판인 부동산이나 안정 자산을 지키면서 분할로 꾸준히 매수하는 전략이 가장 현명하다. 장기 보유는 타고난 재능이나 그릇의 크기가 아니라 루틴을 끝까지 유지하는 의지의 문제다. 그 의지를 끝까지 지켜낸 사람만이 언젠가 조용히 미소 지으며 말할 수 있을 것이다. "그때 포기하지 않은 것이 내 인생 최고의 결정이었다"라고 말이다.

09 비트코인을 둘러싼 오해와 본질

비트코인을 여전히 오해하는 이유는 단순히 정보 부족 때문만이 아니다. 돈의 본질, 권력 구조, 역사적 맥락, 철학적 의미까지 전체적으로 직면하지 않고 표면만 바라보기 때문이다. 2026년 현재에도 많은 사람이 비트코인을 투기성 코인이나 환경 파괴의 주범으로 치부한다. 그러나 깊이 파고들면 인류 역사상 처음으로 등장한 완전한 개인 주권 자산이며, 중앙은행의 인플레이션 독점에 대한 근본적 도전이라는 사실이 드러난다. 미래의 핵심 먹거리인 AI 혁명과는 놀라운 시너지를 내고 있다. 비트코인과 AI는 에너지 인프라를 공유하며 발전을 가속화하는 관계로 진화 중이다.

가장 흔한 오해가 비트코인이 전기를 낭비한다는 주장이다. 비트코인 채굴은 에너지를 무작정 태우는 게 아니라 버려지거나 순간적으로 과잉 생산되는 재생에너지를 적극 끌어 쓰는 시스템이다. 케임브리지 대안금융센터(CCAF)의 2025년 보고서에 따르면 비트코인 채굴 에너지의 52.4% 이상이 지속 가능한 재생에너지와 원자력에서 나온다(재생에너지 42.6%, 원자력 9.8%). 텍사스 같은 지역에서는 채굴장이 오히려 전력망 안정화에 기여한다. 변동성이 큰 태양광·풍력의 잉여 전력을 흡수하고 피크 수요 때는 즉시 셧다운하는 유연한 부하로 작동해 재생에너지 이용률을 높이고 전체 전력 비용도 낮춘다. 비트코인은 유휴 에너지를 금융 자산으로 변환함으로써 에너지 시장의 효율성을 끌어올리고 메탄 가스 플레어링(Flaring) 감소 같은 환경적 이점까지 더한다.

이 개념을 가장 날카롭게 재해석한 인물이 젠슨 황이다. 그는 비트코인 채굴을 "사라질 에너지를 휴대 가능한 화폐로 변환하는 실용적 방법"이라고 평가했다. 한 곳에서 버려지는 전기를 디지털 형태로 저장해 전 세계 어디든 옮길 수 있게 한다는 뜻이다. 비트코인 커뮤니티가 오랫동안 주장한 '유휴 에너지 수익화(Stranded Energy Monetization)' 아이디어를 빅테크 최고 경영자가 공식 인정한 순간이다.

젠슨 황은 이 논리를 AI로 확장했다. 비트코인은 시작일 뿐이며 진짜 미래는 지능이라는 더 보편적이고 강력한 화폐가 지배할 것이라 전망했다. 과잉 에너지가 있는 곳에 데이터센터를 세워 AI 모델을 훈련시키면 그 지능을 전 세계 어디든 즉시 공급할 수 있다는 논리다. 2026년 현재 AI 데이터센터의 전력 수요가 폭발적으로 늘면서 에너지가 AI 성장의 가장 큰 병목이 되고 있다. 비트코인 채굴은 AI 인프라 확대를 위한 선행 실험장 역할을 하고 에너지 버퍼(완충 장치)로서 가

    월급쟁이 루지 부의 설계

치를 발휘할 것으로 기대된다. 비트코인은 에너지·금융·지능이 얽힌 새로운 패러다임의 출발점이다.

디파이(DeFi)*에서는 AI가 시장 분석·리스크 관리·자동 거래를 맡고 블록체인이 투명한 실행을 보장한다. 공급망에서는 AI가 예측과 최적화를, 블록체인이 위조 불가능한 추적을 담당한다. 헬스케어에서는 AI가 진단을 하고 블록체인이 환자 데이터의 안전한 공유를 가능케 한다. AI 에이전트가 블록체인 위에서 자산 소유·거래·학습을 자체적으로 수행하는 '온체인 AI'가 부상하며 새로운 디지털 경제를 열고 있다. 젠슨 황의 에너지-화폐-지능 체인은 두 혁명이 에너지 인프라를 공유하며 서로를 가속화하는 청사진이다. 단순한 기술 융합이 아니라 새로운 글로벌 가치 순환 시스템의 기반인 것이다.

비트코인은 어떻게 생산성을 높이는가

"모두가 비트코인을 사 모으면 누가 소를 키우고 가치를 창출하느냐"는 질문도 흔하다. 이 질문은 비트코인을 단순한 '투자 자산'이나 '부의 저장소'로만 보는 데서 비롯된다. 현실은 많은 사람이 비트코인을 미래 자산 가치를 키우는 답으로 여겨서 더 열심히 일하고 더 많은 가

....

* Decentralized Finance의 약자로 은행·증권사 등 중앙화 기관 없이 블록체인 네트워크를 통해 금융 서비스를 제공하는 시스템

치를 창출한다. 비트코인을 더 모으려 자신의 몸값을 높이고 생산성을 끌어올리는 동기가 유발된다. 비트코인 커뮤니티를 들여다보면 이 패턴이 뚜렷하다. 비트코인을 저축 수단으로 삼으면서 연봉을 100% 끌어올린 사람, 새로운 스킬을 쌓아 프리랜서나 창업으로 수입원을 다각화한 사람, 기존 직장을 유지하면서 부업·투자·학습에 몰두해 전체 자산을 키운 사람이 넘친다.

비트코인은 노동과 가치 창출을 대체하지 않는다. 오히려 반대다. 비트코인을 확보하려 더 열심히 일하고 더 창의적으로 사고하며 더 큰 위험을 감수한다. 달러나 원화를 보유하면서 모두가 화폐만 모으면 누가 일하느냐고 묻지 않는 것처럼 비트코인도 마찬가지다. 공급량이 2,100만 개로 고정되고 인플레이션이 없는 건전한 돈이 존재할 때 사람들은 미래를 낙관한다. 장기 계획을 세우고 더 열심히 일하며 대형 프로젝트에 뛰어든다. 비트코인은 노동과 가치 창출의 결과물을 인플레이션과 권력에 의해 착취당하지 않도록 보호하는 방패이자 경제적 자유의 실질적 기반이다.

1개당 가격이 비싸서 목돈이 필요하다는 생각도 큰 오해다. 비트코인은 매일·매주 조금씩 사 모으는 21세기형 강제 저축 수단이다. 명목화폐는 인플레이션으로 구매력이 빠르게 증발하지만 비트코인은 구조적 희소성으로 구매력이 꾸준히 상승한다. 지난 17년간 가격 데이터를 보면 비싸다고 느껴지는 순간이 오히려 강력한 매수 타이밍이었다는 점이 반복적으로 증명된다.

니모닉에 대한 두려움도 여전하다. 잃어버리면 끝이라는 말은 맞지

　　월급쟁이 루지 부의 설계

만 개인키만 제대로 지키면 누구도 빼앗을 수 없다는 뜻이기도 하다. 인류 역사상 이런 수준의 자유는 없었다. 부동산은 세금·압류·전쟁 위험에 노출되고 은행 계좌는 정부나 기관이 동결할 수 있다. 비트코인은 12~24단어 니모닉만 기억하면 극한 상황에서도 전 세계 어디서든 소유권을 행사할 수 있다.

비트코인만 사면 부자가 된다는 환상도 위험하다. 비트코인은 구매력을 보호하는 도구일 뿐 노동·창의·가치 창출의 본질을 대신하지 않는다. 진짜 비트코이너는 홀딩과 동시에 끊임없는 노력을 기울인다. 자기 가치를 높이고 생산성을 극대화하는 실천이 중요하다. 비트코인 수량 쌓기만으로는 제한적 결과에 그치지만, 비트코인과 생산성 향상의 조합은 경제적 자유를 실현한다.

알트코인 투자를 하지 않는 이유

과거에는 나도 이더리움을 비롯한 여러 알트코인에 적극적으로 투자했다. 새로운 기술에 설레기도 했지만 사이클을 여러 번 겪고 나니 깨달은 건 하나였다. 장기적으로 살아남는 건 비트코인뿐이고, 비트코인 하나만 제대로 공부하고 따라가도 평생 시간이 모자랄 만큼 깊이가 있다는 사실이었다. 지금은 오로지 비트코인에 집중한다. 사람마다 성향과 투자 목적이 다르니 이더리움이나 다른 알트코인이 매력적으로 보일 수 있다는 건 충분히 이해한다. 알트코인을 사지 말라고 강요하지는 않는다. 다만 내 경험으로는 잡다한 알트코인을 신경 쓰다 보면 가장 중요한 본질을 놓치기 쉬웠다.

이더리움 얘기가 나오면 RWA(Real World Assets)* 시장 점유율을 예로 들며 "이더리움이 1등이니까 비트코인은 끝났다"는 이야기가 종종 들린다. 2026년 2월 기준 RWA.xyz** 집계를 보면 온체인 토큰화 실물자산은 약 246억 달러이며 이중 이더리움 기반이 약 58.6%를 차지한다. 블랙록 보고서에서도 이더리움이 RWA 토큰화 시장의 65%가량 점유한다고 나온다. 숫자만 보면 이더리움이 압도적 1등이다. 그러나 이 수치 하나로 비트코인을 열등하다고 단정하는 건 전체 그림을 너무 좁게 보는 시각이다. 부동산으로 비유하면 압구정 현대아파트를 두고 너무 비싸고 노후화됐으니 볼 필요 없다고 하는 것과 같다.

압구정 현대가 부동산 시장에서 오랜 1등으로 인정받는 이유는 입지가 압

---

* 부동산·채권·원자재 등 현실 자산을 블록체인에서 토큰화해 거래할 수 있도록 만든 자산.
** 블록체인 기반 RWA 토큰화 시장의 규모와 데이터를 분석·제공하는 플랫폼.

도적이고 한강변 최고급지의 희소성이 최고 수준이기 때문이다. 1970년대 구축이지만 땅값이 모든 것을 커버한다. 부자들의 선호가 굳어져 가격 상한이 거의 없고 재건축 호재까지 더해져 가격이 계속 오르고 있다. 1등을 놓치면 나중에 더 비싸게 사야 한다는 게 시장의 오랜 공식이다. 20년 전 비싸서 못 산다며 포기한 사람 대부분이 후회했고, 지분을 빨리 확보한 사람이 승자가 됐다.

비트코인도 같은 논리로 풀어낼 수 있다. 암호화폐 시장에서 디지털 금으로서의 입지가 압도적이다. 보안과 탈중앙화가 어떤 체인보다 철저히 검증됐으며 2009년부터 이어진 불변성이 핵심 강점이다. 누구도 독단적으로 바꿀 수 없는 속성이 장기 가치 보존을 목표로 하는 자산에 가장 잘 맞는 기반이다. 지금은 이더리움이 RWA 시장에서 1등이지만, 비트코인은 장기적으로 보면 압구정 현대처럼 본질적 가치가 모든 걸 포괄하는 위치에 더 가까워 보인다.

이더리움의 현재 우위를 부정하지는 않는다. 스마트 컨트랙트(Smart Contract)* 인프라와 블록체인 오라클(Oracle)이 가장 먼저 안정적으로 갖춰졌고 기관들이 가장 익숙하게 사용하기 때문이다. 블록체인 오라클은 블록체인이 실세계를 직접 확인할 수 없어 생긴 중계 시스템이다. 현실 정보를 스마트 컨트랙트가 믿고 쓸 수 있게 안전하게 전달한다. 오라클의 신뢰성이 흔들리면 아무리 정교한 스마트 컨트랙트도 무의미해지므로 RWA에서 오라클은 생명줄이다. 체인링크(Chainlink)**가 이더리움 위에서 가장 성숙하게 운영되고 기관이 선호하다 보니 RWA 프로젝트가 자연스럽게 몰린 것이다. 현재 시점의 인프라 선점과 네트워크 효과가 작동한 결과일 뿐 이더리움이 영원히 우월하다는 증거는 아니다.

....

* 블록체인 위에서 조건이 충족되면 자동으로 실행되는 프로그램 형태의 계약.
** 블록체인과 외부 데이터를 연결하는 탈중앙화 오라클 네트워크로, 스마트 컨트랙트가 현실 세계 정보를 활용할 수 있게 해주는 프로젝트.

비트코인 생태계도 이를 빠르게 따라잡는 중이다. 레이어2 솔루션(Layer2 Solution)*이 TVL(Total Value Locked)**을 빠르게 늘리며 스마트 컨트랙트 유사 기능, 디파이, RWA 응용을 확대하고 있다. 이더리움은 속도와 실행 편의성에서 앞서지만 비트코인은 불변성과 신뢰에서 압도적이다.

비트코인은 가치의 인터넷(Internet of Value)의 기반 자체이자 그 기반을 직접 소유할 수 있는 디지털 지분이다. 현재의 인터넷(정보의 인터넷)은 TCP/IP(Transmission Control Protocol/Internet Protocol)라는 누구도 소유할 수 없는 공공 기반 위에 구글, 아마존, 넷플릭스 같은 앱이 올라타 엄청난 가치를 만들어냈다. 기반 자체는 소유권이 없어서 가치 대부분을 빅테크 회사가 독점했다. 반면 비트코인은 가치 이동 기반 프로토콜이면서 동시에 그 기반을 이루는 코인이라서 누구나 직접 소유하고 보유할 수 있다. 불변의 코드와 특유의 희소성이 결합돼 장기 가치 보존의 가장 튼튼한 뿌리가 된다.

압구정 현대 비유를 다시 가져오면, 비트코인은 그 아파트가 깔고 있는 대지지분 자체다. 이더리움이나 다른 체인이 RWA 같은 특정 건물이나 용도에서 1등처럼 보일 수 있지만, 장기적으로 그 땅 전체를 설계한 주체는 압도적 우위를 만든다. "지금 너무 비싸네" 하면서 다른 데 투자했다가 나중에 훨씬 더 비싸게 사야 하는 후회를 피하려면 대지지분을 핵심으로 잡는 게 맞다.

내 투자 방향은 간단하다. 비트코인만 핵심 탈금융 자산으로 확립한다. 디지털 금으로서의 위치가 가장 튼튼하다고 보기 때문이다. 이더리움의 현재 우위와 성장 가능성은 충분히 인정하지만, RWA 점유율만 보고 비트코인을 가볍게 넘기는 건 압구정 현대를 너무 비싸다고 넘겼다가 후회하는 것과 비슷하다.

암호화폐 시장은 늘 새로운 이야기가 나온다. 알트코인은 대부분 기술코인

....

* 블록체인 메인 네트워크(레이어1) 위에서 별도로 거래를 처리한 뒤 결과만 기록하는 확장 기술로, 수수료를 낮추고 처리 속도를 높이기 위해 설계된 2차 계층 구조의 프로토콜.
** 디파이 생태계에 실제로 예치·담보로 묶인 자산 총액.

으로 분류돼 계속 새로운 기술을 입증하고 경쟁에서 살아남아야 한다. 비트코인은 자산의 영역에 더 가깝다. 기술 혁신을 계속 증명해야 하는 부담이 상대적으로 적고, '존재'하고 '불변'하는 것 자체가 가치의 핵심이다. 여기저기 반짝이는 기회에 눈을 돌리다 보면 본질에서 멀어지기 쉽다. 비트코인을 꾸준히 적립하면서 평단가를 낮추고 수량을 천천히 쌓는 데 집중하는 게 가장 현실적이고 안정적인 길이다. 시장이 아무리 요동쳐도 불변성과 신뢰라는 핵심이 흔들리지 않는 한 장기적으로는 그 기반 위에 모든 것이 올라타게 마련이다. 신뢰가 가장 중요한 시장에서 진짜 오래가는 것은 누구도 손댈 수 없는 기반, 그 자체라고 할 수 있다. 이것이 내가 알트코인이 아니라 오로지 비트코인에만 투자하는 이유다.

10 양자컴퓨터, 비트코인의 종말인가

AI와 양자컴퓨터 이야기가 자주 나오면서 비트코인이 해킹당할지 모른다는 걱정이 다시 퍼지고 있다. 정말 비트코인이 위험할까? 매년 양자컴퓨터 관련 뉴스가 나오면 비트코인 가격이 떨어졌지만, 지나고 보면 좋은 매수 기회일 뿐이었다.

비트코인은 지금까지 일관된 암호 기술로 보호되고 있다. 양자컴퓨터는 아주 큰 숫자를 빠르게 작은 숫자로 쪼개는 능력이 있어 이론적으로 비트코인 지갑의 개인키를 풀 수 있다는 이야기가 나온다. 비트코인이 사용하는 ECDSA(Elliptic Curve Digital Signature Algorithm, 타원곡선 암호 기반 디지털 서명 방식)를 깨뜨릴 수 있다는 것이다. 그러나 현실에서 당장 그런 일이 일어나기는 어렵다. 대부분의 개인 지갑은 여러 사람이 동시에 승인해야 움직이도록 설계돼 있고(다중서명), 누군가 공격을 시작하면 네트워크가 자동으로 더 어려워지면서(채굴 난이도 상승) 전체 보안이 강해진다. 비트코인 네트워크는 수많은 컴퓨터로 분산돼 서로 확인하며 운영되므로 단일 공격 지점이 없다. 양자컴퓨터조차 전체 시스템을 한 번에 무너뜨리기 어렵다.

양자컴퓨터 시대를 대비한 양자 내성 암호화 기술은 이미 전 세계에서 활발히 연구되고 있으며 일부 개인 지갑은 이 기술을 적용한 상태다. 미국 국립표준기술연구소(NIST)가 2024년에 공식 승인한 ML-DSA(Module-Lattice Digital Signature Algorithm, 격자 기반 양자 내성 디지털 서명 방식) 같은 포스트-퀀텀 알고리즘이 비트코인 커뮤니티에서 테스트되고 있다.

비트코인 커뮤니티도 양자컴퓨터에 안전한 새로운 서명 방식을 계속 개발 중인데, 과거 세그윗(Segwit)이나 탭루트(Taproot) 같은 업그레이드처럼 네트워크를 크게 바꾸지 않고도 적용할 수 있다. BTQ 테크놀로지스(BTQ Technologies)가 출시한 비트코인 퀀텀 테스트넷은 포스트-퀀텀 서명을 적용한 비트코인 포크(Bitcoin Fork)*로 양자 공격 가능성을 차단하는 것을 실제로 보여주고 있다. 이 테스트넷은 누구나 허가 없이 참여할 수 있으며 비트코인 네트워크를 양자 위협으로부터 보호할 수 있는 가능성을 증명하는 중요한 실험장이다. 비트코인 초창기에 만들어져 한 번도 움직이지 않은 코인 중 다중서명이 없고 주소가 공개키로 그대로 드러내는 경우는 양자컴퓨터에 취약할 수 있다. 그러나 이

....

* 비트코인 네트워크의 프로토콜이 변경되면서 기존 체인과 새로운 체인으로 분리되는 현상을 의미하며, 변경 방식에 따라 기존과 호환되는 소프트포크와 완전히 분리되는 하드포크로 나뉜다.

런 코인도 공격하려면 막대한 비용과 시간이 들어 실제 시도 가능성은 거의 없다. 전문가 추정에 따르면 ECDSA를 깨려면 최소 2,000개의 논리 큐비트가 필요한데, 현재 가장 앞선 양자컴퓨터는 수백 개의 물리 큐비트만 갖추고 있으며 오류율이 높아 실용적이지 않다.

양자컴퓨터가 진짜 위력적으로 등장하더라도 가장 먼저 공격할 대상은 비트코인이 아니다. 강력한 비밀 무기를 가지면 함부로 드러내지 않고 최대한 숨겨두는 것이 보안의 기본 원칙이다. 이를 잘 보여주는 사례가 제2차 세계대전 때 영국이 독일군의 비밀 암호기 이니그마(Enigma)를 몰래 해독한 일이다. 이니그마는 독일 엔지니어 아르투르 슈르비우스(Arthur Scherbius)가 개발한 전기 기계식 암호 장치로, 회전 로터와 플러그보드로 메시지를 복잡하게 뒤섞어 보호했다. 독일군은 매일 설정을 바꾸며 거의 깨뜨릴 수 없는 암호라고 믿었지만 연합군이 해독해 전쟁의 흐름을 크게 바꿨다. 영국은 이 사실이 새어나가지 않도록 엄청난 희생을 감수했고, 독일이 의심하지 않게 일부 피해는 묵인하기까지 했다. 양자컴퓨터 공격도 지금 데이터를 모아두고 나중에 해독하는 방식으로 진행될 가능성이 훨씬 크다.

만약 NSA(National Security Agency) 같은 기관이 이미 그런 양자컴퓨터를 보유하고 있다면 핵무기 발사 코드, 군사·외교 통신, 주요 금융 시스템까지 점령할 수 있는 힘을 가진다는 뜻이다. 그런 힘을 가지고 굳이 비트코인을 건드릴 이유가 없다. 비트코인은 그들에게 아주 작은 먹잇감일 뿐이고 훨씬 더 중요한 목표가 많기 때문이다.

비트코인 암호 체계의 진화

비트코인 암호 방식을 변경하는 것도 방법이다. 활성 지갑은 새 방식으로 옮기면 된다. 비밀번호를 잃어버렸거나 주인이 사망해 움직이지 않는 지갑은 위험할 수 있지만 이것들은 이미 분실된 코인으로 취급돼 시장에 거의 영향을 주지 않는다. 비트코인 공급량의 20% 이상이 분실된 것으로 추정되며 이는 오히려 희소성을 높여 가격을 지지하는 요인으로 작용한다. 이 관계는 창과 방패와 같다. 날카로운 창(양자컴퓨터)이 나타나면 방패(비트코인 암호 체계)도 그에 맞춰 더 튼튼해진다. 서로를 없애려는 게 아니라 자극하면서 함께 강해지고 공존한다. 역사적으로 항상 암호 기술은 공격 기술과 함께 진화해왔다.

2026년 현재 양자컴퓨터의 실제 위협은 여전히 먼 이야기다. 대부분의 전문가는 비트코인 보안에 실질적 영향을 미치려면 2035~2040년 이후가 될 가능성이 크다고 본다. 지금 가장 강력한 양자컴퓨터도 필요한 수준에 훨씬 못 미친다. 더 중요한 건 비트코인 커뮤니티가 이미 준비하고 있다는 점이다. 양자 내성 암호 기술 표준을 기반으로 업그레이드 논의가 활발하고, 새로운 주소 형식을 도입해 점진적으로 전환할 계획이 나오고 있다. 일부 개발자와 기업은 양자컴퓨터를 대비한 비트코인 테스트 환경을 이미 구축했고 실전 네트워크에 적용할 수 있는 코드를 선보이고 있다.

거래소 해킹 사건이 터질 때마다 비트코인이 보안에 취약하다는 소문이 돌지만 이는 사실과 다르다. 비트코인 네트워크 자체는 지금까지 단 한 번도 뚫린 적이 없다. 대부분의 해킹은 거래소의 보안 문제이거나 개인이 지갑의 니모닉을 잘못 관리한 데서 비롯된 것이다.

세일러는 "양자컴퓨터는 비트코인을 깨뜨리지 않고 오히려 단단하게 만든다. 네트워크는 업그레이드되고, 살아있는 코인은 새 지갑으로 이동하며, 분실된 코인은 그대로 소실되고, 보안은 올라가고 공급은 줄어든다. 그렇게 비트코인은 더 강해진다"고 말했다. 블록체인 전문가인 안드레아스 안토노풀로스(Andreas M. Antonopoulos)도 "양자컴퓨터가 비트코인에 위협이 될 가능성은 있지만, 그 위협은 크게 과장된 측면이 있다"고 여러 번 강조했다.

양자컴퓨터가 실현되면 디지털 세상 전체가 위험해지므로 그런 기술은 공개되지 않을 것이고, 설령 공개되더라도 비트코인을 노리지 않을 것이다. 노린다 해도 미리 대비해 기술을 업그레이드하면 충분하다. 수많은 컴퓨터가 실시간으로 서로 확인하며 운영되는 분산 구조가 가장 강력한 무기다. 시장의 오해로 가격이 크게 떨어지면 대량으로 사들여 안전한 개인 지갑에 보관하는 것이 가장 현명한 선택이다.

 월급쟁이 루지 부의 설계

11 에너지를 담는 그릇

비트코인은 종종 '전기 먹는 하마'라고 비판받는다. 채굴 과정에서 막대한 전력을 소비하며 환경을 해친다는 지적이다. 그러나 비트코인은 단순한 디지털 화폐가 아니라 세계 금융 네트워크의 대지지분이자 에너지를 담는 그릇이다. 세상에 버려지는 잉여 전기를 활용해 에너지 불균형을 해소하고 새로운 경제적 가치를 창출한다.

비트코인 채굴은 전력을 많이 소모한다. 블록체인 네트워크의 보안을 유지하고 새로운 코인을 생성하려면 복잡한 연산이 필요하기 때문이다. 왜 이렇게 많은 전기를 써서 가상의 돈을 만드느냐고 의문을 가진다면 현상을 너무 단순하게 바라본 것이다. 세상에는 이미 버려지는 전기가 넘쳐난다. 전력 공급의 안정성을 위해 수요보다 항상 더 많은 전력을 생산해야 하며 이렇게 생긴 잉여 전기는 그대로 비용이 된다. 비트코인 채굴은 이 유휴 전기를 '자본화'하는 도구다. 채굴자는 전기가 싼 지역이나 잉여 전력이 발생하는 곳으로 이동해 채굴한다. 생성된 비트코인은 실시간으로 전 세계로 판매할 수 있다. 비트코인이 '에너지를 담는 그릇'이 되는 것이다. 국가나 지역의 경계를 넘어 에너지를 거래 가능한 자산으로 변환한다.

A 국가에서 잉여 전력이 문제라면 채굴자가 그곳으로 모여든다. 채굴을 통해 에너지를 비트코인으로 변환하고, 라이트닝 네트워크 같은 기술로 B 국가의 수요자에게 즉시 판매한다. 에너지를 이렇게 실시간으로, 국경 없이 거래할 수 있는 방법은 지금까지 없었다. 비트코인을 전기 먹는 하마가 아니라 에너지 재분배자로 봐야 하는 이유다.

잉여 전기는 피할 수 없는 현상이다. 원활한 전력 수급을 위해 공급은 항상 수요를 초과해야 한다. 전기 공급이 끊기는 게 무엇보다 큰 재앙이니 말이다. 문제는 이 잉여 전기가 비용이 된다는 점이다. 일부 국가에서는 전기가 남아 폐기되거나 낭비되며 경제적 손실을 초래한다. 반대로 다른 곳에서는 전기 부족으로 산업이 마비된다.

비트코인 채굴은 이 불균형을 해결한다. 재생에너지가 과잉 생산되는 지역에서 채굴이 활발한 것도 이 때문이다. 채굴된 비트코인은 에너지를 저장한 형태로 필요한 곳에 빠르게 이동할 수 있다. 전통적 ESS(Energy Storage System, 에너지 저장 시스템)보다 효율적이며, ESS 개발이 더딘 상황에서 비트코인은 이미 실전에서 증명된 해결책이다.

한국전력 사례를 보자. 한국전력은 적자를 호소하며 전기세 인상을 요구하지만, 잉여 전기를 전략적으로 활용해 비트코인을 채굴하면 적자를 만회할 수 있다. 국민 부담을 늘리는 대신 유휴 전기를 자산으로 변환하는 전략이다.

비트코인의 매력은 에너지 활용에만 있지 않다. 중앙 기관 없이 P2P 네트워크로 운영돼 특정 지역의 정전이 전체 네트워크를 멈추지 않는다. 스페인에서 대규모 정전이 발생했을 때 전통 금융 시스템(은행, ATM, 카드 결제 등)은 마비됐지만 비트코인 네트워크는 영향을 받지 않았다. 지역 채굴이나 거래소 운영에 일부 타격이 있을 수 있으나 글로벌 분산 구조 덕에 P2P 거래는 계속됐다.

머스크의 스타링크와 파워월(Powerwall)*은 비트코인과 시너지를 발휘한다. 스타링크는 지상 통신망 정전에 영향을 받지 않고 글로벌 연결을 유지한다. 스페인 정전 사태에서 스타링크와 파워월을 사용한 사람들은 인터넷과 전력을 유지했다. 이는 비트코인이 에너지 불안정 시대의 대안이 될 수 있음을 보여준다. 머스크의 사업이 어디까지 연결돼 있는지 매번 놀라울 따름이다.

비트코인은 유휴 전기를 활용해 에너지를 자본화하고 불균형을 해소하는 혁신 기술이자 화폐다. 2140년 채굴 종료까지 이 시스템은 멈추지 않는다. 소비되는 에너지를 영원한 가치로 변환하는 대단한 잠재력을 인정할 때다.

비트코인을 걱정할 시간에 어떻게 더 많은 사토시(비트코인의 최소 단위)

---

* 테슬라 파워월은 가정용 에너지 저장 장치로, 태양광 등으로 생산한 전력을 저장해 필요할 때 사용할 수 있도록 한다. 정전 시에도 전력을 공급하는 배터리 시스템이다.

를 매수할지 고민하는 게 옳다. 에너지의 미래를 담는 비트코인, 이제 오해를 풀고 본질을 직시할 때다.

12

디지털 달러의 재탄생:
지니어스 액트

트럼프 행정부는 디지털 시대에도 달러의 세계적 지위를 유지하기 위한 전략을 적극 추진하고 있다. 핵심은 2025년 7월 18일 트럼프 대통령이 직접 서명한 지니어스 액트(Guiding and Establishing National Innovation for U.S. Stablecoins Act, 스테이블코인 규제법)다. 미국 최초의 연방 스테이블코인 규제 프레임워크로, 발행사가 스테이블코인을 일대일 비율로 현금, 단기 미국 국채, 은행 요구불예금 같은 고품질·유동성 자산으로 완전히 뒷받침하도록 의무화한다. 동시에 매월 자산 구성 내역을 공개하고, 정기 감사, 자금세탁방지 및 테러자금조달방지 규정을 철저히 준수해야 한다.

이 법은 미국 기반 USDC(서클 발행 달러 기반 스테이블코인)를 투명성과 규제 준수라는 면에서 사실상 우대하며, 해외 기반 USDT(테더 발행 달러 기반 스테이블코인)를 상대적으로 불리하게 만들어 시장 재편을 촉진하고 있다.

2025년 데이터에서 법의 효과가 뚜렷하게 나타난다. 글로벌 가상자산 분석업체 아르테미스 애널리틱스(Artemis Analytics)에 따르면 전 세계 스테이블코인 거래액은 전년 대비 72% 급증해 사상 최고치인 33조 달러를 돌파했다. USDC의 거래액이 18.3조 달러로 USDT의 13.3조 달러를 처음으로 넘어섰다. 시가총액으로는 USDT가 약 1,870억 달러로 여전히 선두를 지키고 있지만(USDC는 약 750억 달러), 거래량에서는 USDC가 압도적 우위를 보인다. USDC는 블랙록이 관리하는 서클 준비금 펀드를 통해 주로 단기 미국 국채로 뒷받침되며 매월 투명한 보고서를 공개해 기관 투자자와 디파이 사용자가 선호한다. 전체 스테이블코인 시장 규모는 2025년 말 기준 약 3,140억 달러까지 확대됐고 90% 이상이 달러와 안정적으로 연동돼 있다.

이 변화의 본질적 목적은 미국 국채 수요를 대폭 확대하고 달러 패권을 강화하는 데 있다. 지니어스 액트의 준비금 요건은 비트코인 같은 변동성 자산을 배제하고 발행사가 대규모 국채를 보유하도록 유도한다. 테더는 2025년 말, 미국 국채 보유액이 1,220억 달러를 넘었고, 역레포 등을 포함한 총 노출액은 1,410억 달러에 달해 한국이나 사우디아라비아 같은 일부 국가를 능가하는 규모다. 서클의 USDC도 단기 국채 중심으로 구성돼 주요 발행사의 총 국채 보유액이 수천억 달러에 이른다. 시장 규모가 2030년까지 최대 3.5조 달러로 성장한다고 하니 최대 2조 달러 규모의 추가 국채 수요가 발생할 전망이다. 중국의 국채 매도 위협이나 탈달러화 움직임, 달러 가치 약세를 상쇄할 강

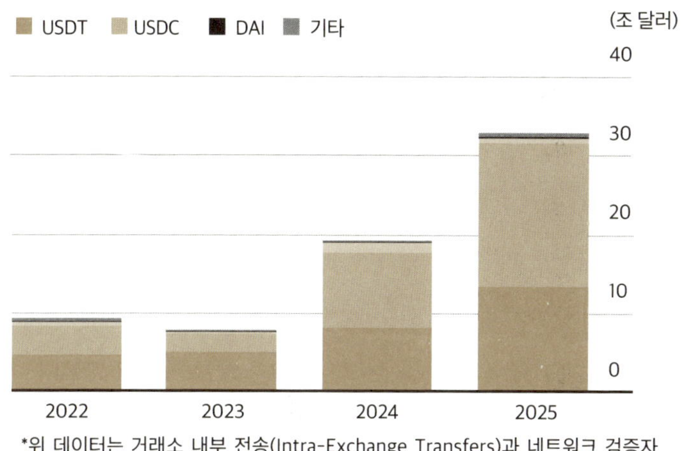

*위 데이터는 거래소 내부 전송(Intra-Exchange Transfers)과 네트워크 검증자(Validator)의 추가 수익 등을 조정하여 계산됨.

출처: 아르테미스 애널리틱스(Artemis Analytics)

력한 민간 수요 기반이 된다.

미국 재무부와 연방준비제도는 스테이블코인을 달러 패권 유지의 핵심 도구로 공식 인정하기 시작했다. 중국 디지털 위안화(e-CNY)와의 경쟁에서 승리하기 위해 달러 기반 스테이블코인을 제도권으로 편입해 해외 송금, 결제, 디파이 분야에서 달러 사용을 더 촉진하는 것이다. 지니어스 액트는 단순한 규제가 아니라 미국이 디지털 금융 시대에도 기축통화 지위를 지키려는 전략적 움직임이다.

지니어스 액트는 비트코인을 준비금으로 인정하지 않으므로 테더 같은 발행사는 기존 보유 비트코인을 매도하고 국채로 전환해야 하는 압력을 받는다. 일대일 준비금 요건을 충족하려면 안정적이고 규제 준수 가능한 자산, 주로 단기 국채로 재구성해야 하기 때문이다. 테더의 경우 일부 보유 비트코인을 매각하고 국채를 매입하는 과정이 이미 진행 중인 것으로 보인다.

단기적으로는 비트코인 공급이 늘어 가격 하락 압력이 생길 수 있다. 그러나 역설적으로 이 현상이 전체 암호화폐 시장을 키우는 효과를 낸다. 스테이블코인 시장이 확대되면 더 많은 투자자와 자본이 생태계로 유입되기 때문이다. USDC나 USDT 같은 달러 기반 스테이블코인이 성장하면 비트코인을 훨씬 쉽게 사고팔 수 있게 되므로 거래량이 폭발적으로 증가한다. 비트코인은 여전히 시장 점유율 1위이고 이 성장의 최대 수혜자가 된다. 더 많은 달러가 스테이블코인을 거쳐 비트코인 구매로 흘러드는 선순환 구조가 강화된다. 초기 매도 압력은 일시적 충격에 불과하고 장기적으로 스테이블코인이 진입 문턱을 낮춰 더 넓은 참여를 유도함으로써 비트코인과 달러 패권을 동시에 강화하는 촉매가 된다.

전략 비트코인 준비금과 달러 패권

트럼프 행정부는 2025년 3월 6일 행정명령으로 전략적 비트코인 비축(Strategic Bitcoin Reserve)을 신설했다. 정부가 압수한 비트코인을 매각하지 않고 전략 자산으로 재분류·보유하는 첫걸음이다. 단순 비트코인 보유를 넘어 미국 금융 시스템에 통합하겠다는 신호로, 앞으로 확대될 가능성이 크다. 상원의원 신시아 루미스(Cynthia Lummis)가 주도하는 비트코인 법안은 5년간 100만 BTC(총 공급량의 약 5%)를 매수하는 내용을 법제화하려는 시도다. 2026년 중간선거를 앞두고 정치적 동력이 다시 붙고 있지만 아직 통과되지 않았다. 트럼프 대통령조차 관세 협상 등 다른 우선순위와 변동성 우려, 가족들의 크립토 사업 논란 때문에 완전한 확신을 보이지 않고 있다. 초기 행정명령은 압수 자산 관리에 초점을 맞췄고, 직접 매수는 미래 가능성으로 남겨둔 상태다. 2025년 말 시장 조정기에도 적극적 추가 신호가 나오지 않아 일부 분석가는 행정부가 2026년 선거 리스크를 의식해 주저하고 있다고 지적한다.

이 흐름 속에서 비트코인은 달러 패권과 경쟁하는 존재에서 점차 보완재로 전환되고 있다. 사토시 나카모토가 꿈꿨던 탈중앙화 화폐가 기축통화를 무너뜨릴 것이라는 초기 기대와 달리, 미국의 선제적 제도권 편입으로 비트코인은 달러 생태계 안으로 흡수되는 모양새다. 2026년에 비트코인 법안이 통과되거나 예산 중립 매수가 본격화하면 비트코인이 디지털 금으로 자리 잡아 달러 패권을 오히려 강화할 수 있다. 현재 추세는 미국이 비트코인을 먼저 장악해 달러 중심 시스템에 편입시키는 쪽이 우세하다. 지니어스 액트를 넘어 미국은 비트코인을 어떤 식으로든 품고 갈 가능성이 크며, 개인 투자자에서 기관·국가 차원 매수 경쟁으로 확대되는 것은 분명하다.

개인 투자자는 아직 매수가 가능한 시점에 비트코인을 철저히 공부하고 포트폴리오의 일부로 꾸준히 매수하는 전략을 고려하는 게 현명하다. 이는 단순 투기가 아니라 미래 자산 경쟁에서 미국 주도 흐름을 활용하는 실질적 접근이 될 수 있다.

미국의 최종 목표는 전통적 페트로달러(Petrodollar)*와 디지털 달러를 결합해 블록체인 영역까지 달러 패권을 확립하는 것이다. 지니어스 액트와 전략적 비트코인 비축은 혁신을 장려하면서 규제로 균형을 맞추는 전형적인 미국식 접근이다. 먼저 시장을 열어 자본과 기술을 끌어들이고 나중에 규제로 통제하는 방식이다. 중국 디지털 위안화와의 경쟁에서 USDC를 우대하고 테더를 견제하며 비트코인을 전략적으로 비축하는 이원화 전략으로 작동한다. 비트코인을 약화시키는 건 스테이블코인과 달러 패권을 약화시키는 것과 같아지므로 미국은 위기를 기회로 삼아 미래 자산 경쟁에서 우위를 점할 것이다. 초기 비트코인 지지자가 꿈꿨던 체제 전복 대신 미국의 계획적 움직임으로 패권이 유지되는 그림이다. 이 흐름이 어떻게 펼쳐질지 희망과 우려가 공존한다.

....

* 원유 거래가 달러로 결제되면서 산유국들이 벌어들인 달러가 다시 미국 금융시장에 투자되는 국제 금융 구조.

 월급쟁이 루지 부의 설계

13 확정값인 미래를 선점하라

미래의 거대한 흐름은 이미 정해져 있다. 자율주행 모빌리티가 모든 이동의 기본 인프라로 자리 잡고, AI와 로봇이 인간 노동의 절반을 대체하며, 돈·계약·신원·신뢰를 다루는 업무가 블록체인 위에서 정부나 은행을 거치지 않고 실시간으로 처리되는 세상이 다가온다. 이 세 요소는 따로 떨어진 게 아니라 긴밀히 연결된 하나의 메가트렌드다. 하나가 임계점을 넘으면 나머지 둘도 연쇄적으로 폭발한다. 자율주행이 보편화되면 AI의 데이터 수집이 가속되고, 블록체인이 이를 뒷받침하는 신뢰 시스템을 제공한다.

게임은 이미 시작됐고 되돌릴 수 없다. 미국은 반도체 및 과학법(CHIPS and Science Act)을 통해 5년간 약 520억 달러를 반도체 제조와 연구에 쏟아붓고 있다. 중국은 14차 5개년 계획(2021~2025)을 통해 기술

분야에 수천억 달러를 투자했으며 AI와 반도체 자립을 위해 2024년 R&D 예산을 3.6조 위안(약 4,950억 달러)으로 확대하며 15차 계획의 기반을 마련했다. EU는 디지털 컴퍼스(Digital Compass) 정책으로 디지털 전환에 수백억 유로를 투입하고 있으며 2030년까지 AI와 클라우드 인프라에 2,000억 유로 이상을 추가 동원해 디지털 주권을 강화하고 있다. 테슬라, 엔비디아, 오픈AI, 바이낸스, 블랙록 같은 기업은 분기마다 수백억 달러를 들여 기술 표준을 선점 중이다.

1492년 콜럼버스가 대서양을 건너기 전 유럽 지식인은 지구가 둥글다는 사실을 알고 있었다. 소문이 유럽 전역에 퍼졌지만 실제로 탐험선에 자금을 댄 건 스페인 왕실과 소수 귀족뿐이었다. 이후 150년 동안 스페인과 포르투갈이 신대륙에서 유입된 금과 은의 대부분을 차지하며 유럽 부의 지도가 완전히 바뀌었다.

1830~1850년대 영국 철도 광풍 때는 철도가 세상을 바꿀 것이라는 열기가 사회를 휩쓸었다. 신문 1면에 매일 철도 소식이 실렸고 수백 개의 철도 회사가 설립됐다. 1840년대 중반 버블 붕괴로 주가가 급락하며 많은 투자자가 파산했지만 초기에 진입한 일부 투자자는 수십 배에서 수백 배 수익을 거뒀다. 이 자본이 후대로 이어져 영국 귀족 가문이나 기업의 기반 재산이 된 사례가 적지 않다.

1900년대 초 미국 자동차 산업에서는 극단적 생존 경쟁이 벌어졌다. 1890년대 후반부터 1920년대까지 미국에서 1,900개 이상의 자동차 제조사가 설립됐고 3,000개 가까운 브랜드가 등장했다. 대부분 소규모 기업으로 자본 부족, 생산성 저하, 치열한 경쟁, 기술적 한계로

 월급쟁이 루지 부의 설계

빠르게 도태됐다. 1921년 88개이던 업체가 1927년에는 44개로 줄어들 만큼 치열했다.

초기 자동차는 '말이 없는 마차'로 불리며 "부자들의 장난감, 신뢰할 수 없는 괴물"이라는 조롱을 받았다. 헨리 포드는 1903년 포드 모터 컴퍼니를 세운 뒤 1908년 모델T를 출시했다. 그는 이동식 조립라인을 도입, 자동차를 대량 생산·대중화했다. 포드 초기 투자자는 막대한 부를 쌓았고, 1910년대 제너럴 모터스(General Motors) 주식을 산 사람도 1920년대 들어 미국 최고 부자 그룹에 합류할 만큼 큰 수익을 얻었다.

이 패턴은 1990년대 말 인터넷 시대에 그대로 재현됐다. 1994년 넷스케이프(Netscape)가 웹 브라우저를 선보였고 1995년 상장으로 열기가 달아올랐지만 많은 월스트리트 전문가는 인터넷을 버블이라 평하며 회의적이었다. 아마존은 1997년 상장 후 닷컴 버블 붕괴로 주가가 -90% 폭락했으나 이때를 버틴 투자자들에게 훗날 수만 배 수익을 안겨줬다. 구글도 2004년 상장 당시 과대평가 논란이 있었지만 검색과 광고 사업으로 폭발적 성장을 이뤘다. 1999~2000년 닷컴 버블 붕괴로 나스닥 지수는 -80% 가까이 폭락했고 수많은 닷컴 기업이 사라졌으며 생존한 건 극소수였다.

2009년 비트코인 제네시스 블록이 채굴됐을 때 가격은 사실상 0에 가까웠다. 2011년 2월 비트코인 1개가 처음 1달러를 돌파했을 때도 대부분은 진지하게 보지 않았다. 2026년 1월 기준 비트코인 하나가 약 9만 달러에 거래되고 있지만 초기부터 사서 끝까지 보유한 사람은

0.01%도 되지 않는다.

가장 처음에 가능성을 발견하고 행동으로 옮긴 0.1%가 있었고, 그 움직임을 보고 "이건 진짜다"라고 판단해 빠르게 따라 들어간 0.9%가 있었다. 1%의 이 두 그룹은 그 시대의 거대한 부를 독식했다. 나머지 99%는 뒤늦게 깨닫거나 중간에 포기하거나 관심조차 두지 않았다. 이 극단적 집중은 우연이 아니라 인간 심리와 혁신의 본질이 만드는 필연이다.

낯선 미래를 과소평가하는 사람들

왜 매번 이렇게 될까? 사람은 익숙한 현재를 과대평가하고 낯선 미래를 과소평가하기 때문이다. 초기에는 90%가 망하고 가격도 폭락하며 주변에서 미쳤다고 손가락질한다. 돈·지식·용기·인내를 동시에 가진 사람은 극소수고, 그 흐름을 정확히 읽고 올라타는 사람도 극소수다. 메가트렌드는 늘 같은 패턴을 반복한다. 먼저 발견한 0.1%가 들어가고, 이해하고 올라탄 0.9%가 뒤따른다. 대중이 깨달을 때는 이미 10배, 50배, 때로는 100배 성장해 있다. 오늘날도 다를 이유가 없다. 기술 가속도가 10배, 자본 규모가 100배, 네트워크 효과와 데이터 독점이 1,000배 강력해졌다. 승자독식 구조는 역사상 가장 뚜렷하다. 쉬운 게임이었다면 모두가 이미 부자였을 것이고, 그러면 그 자산과 기술은 애초에 희소 가치를 가질 수 없었을 것이다.

바쁜 일상에 치여 살면 세상이 얼마나 빠르게 변하는지, 지금 얼마나 특별한 기회를 손에 쥐고 있는지 놓치기 쉽다. 대한민국 5,200만 명 중 지금이 인류 역사상 가장 거대한 부의 재편이 일어나는 때라고 매일 실감하며 사는 사람은 극소수다. 우리는 스마트폰 하나로 애플, 엔비디아, 테슬라, 구글 같은 미국 우량 기업의 지분을 클릭 몇 번으로 자유롭게 매수할 수 있고, 비트코인도 극소액 프리미엄만 내고 달러와 거의 동등한 수준으로 사서 개인 지갑으로 옮길 수 있다. 이것이 당연한 권리일까? 절대 아니다.

2025년 기준 세계 인구 약 80억 명 중 주식 시장에 직접 또는 간접적으로 참여하는 비율은 20% 미만으로 추정된다. 비중이 가장 높은 미국에서도 성인 약 55%에 그치고, 캐나다 49%, 호주 37%, 영국 등 유럽 선진국은 30%대 이하, 중국·인도 같은 인구 대국은 7% 안팎에 불과하다.* 수많은 개발도상국에서는 금융 인프라와 규제 장벽 때문에 수억 명이 주식 투자에서 완전히 소외돼 있다. 한국 투자자가 달러 환전만 하면 미국 주식을 자유롭게 살 수 있다는 건 결코 당연하지 않다. 디지털 플랫폼 혁신, 제로 수수료 거래 환경, 글로벌 금융 시스템의 개방이 만든 극소수 국가만의 구조적 우위다.

비트코인 같은 디지털 자산을 개인 지갑으로 직접 보유할 수 있다는 점도 축복이다. 2025년 전 세계 크립토 사용자 수는 약 5억 명으로

---

* 헬로세이프(HelloSafe) <2025 글로벌 주식 투자 참여율 보고서> 기준.

추정되지만 실제 비트코인 보유자는 세계 인구의 1~2%에 불과하다.*
많은 국가에서 규제 강화나 인프라 부족으로 거래소 계좌 개설조차
어렵거나 금지된 상황인데 한국 투자자는 극소액 프리미엄만 지불하
고 달러와 동등하게 비트코인을 매수해 개인 지갑으로 옮길 수 있다.
국가 간 금융 격차를 인정할 때 이 기회의 가치가 더 빛난다. 최소화된
프리미엄을 활용해 자산을 불려가는 체계적 접근이 현명한 투자자의
필수 덕목이다.

이 기회를 더 강력하게 보호하고 증폭시키는 요소가 환쿠션(換쿠션)
메커니즘이다. 원화처럼 상대적 약세 통화를 보유한 국가의 투자자가
미국 주식을 포트폴리오에 넣으면 환율 변동이 자동 보호 쿠션이 된
다. 국내 경제나 원화가 약세를 보일 때 달러 자산 가치가 상승하며 손
실을 상쇄하기 때문이다. 미국인 투자자는 누릴 수 없는 내재적 헤지
효과로, 원화 약세 시 포트폴리오를 자연스럽게 안정화한다. 국내 부
동산과 미국 주식의 낮은 상관관계까지 더해지면 최적의 분산 투자가
실현된다.

<hr>

모든 영역에서 소수가 되자

장기 투자자가 소수라는 사실은 단순한 출발점에 불과하다. 진짜 핵심은 삶의 모든 영역에서 소수가 되겠다는 결의를 평생 유지하며 살아가는 데 있다. 투자에 국한되지 않고 소비 패턴, 시간 관리, 습관 형성, 가족 가치 전수, 노후 설계, 부의 보존과 세대 전승까지 모든 측면을 아우른다. 대다수가 선택하는 쉬운 길, 즉시 쾌락을 얻거나 단기적 안위를 우선하는 길을 과감히 포기하자. 고난과 인내가 따르는 장기적 관점의 길을 택하는 소수의 태도가 진정한 부, 자유, 지속 가능한 안정된 삶을 만든다. 다수는 감정과 유혹에 휘둘려 포기하거나 과도한 소비에 빠지지만, 소수는 논리적 사고와 굳건한 습관으로 이를 이겨내고 복리효과와 시간을 가장 강력한 동맹으로 삼는다.

시장에서 다수가 단기 변동에 휘말려 매수와 매도를 반복하며 손실을 키우는 동안, 소수는 상승장에서도 매도하지 않고 꾸준히 자산을 축적하며 복리의 마법을 실현한다. 버핏은 1988년 코카콜라 주식을 산 뒤 수십 년간 한 주도 팔지 않고 보유해 수백 배 수익을 거뒀다. 아마존 초기 투자자도 1997년 상장 당시 주당 18달러에 산 주식을 끝까지 들고 있어 수천 배 상승을 경험했다. 공통점은 상승장에서 이익 실현이라는 유혹에 넘어가지 않고 오히려 더 매수하며 수량을 쌓는 습관이었다. 다주택자나 장기 투자자가 우량 자산을 지속 축적하는 태도와 같다. 우량 자산의 가치는 시간이 지날수록 기하급수적으로 증가하기 때문이다. 매도 대신 자산 담보대출(주식 담보대출, 주택 담보대출 등)을 활용해 현금을 마련하면서 원래 자산을 그대로 보유하는 전략은 복리효과를 끊김 없이 이어가게 한다. 이는 노후를 단순히 보험연금에 의존하지 않도록 설계하는 데 필수적이며, 자산을 '팔아서 쓰는' 소비가 아닌 '지속적으로 관리하는' 자원으로 보는 소수의 시각에서 비롯된다.

이 태도는 부동산 영역에서도 그대로 적용된다. 다수가 '내 집 한 채 또는 상급지 무한 갈아타기'에 집착하며 부채를 키우는 실거주 업그레이드를 추구하는 동안, 소수는 다량의 '나 대신 일하는 자산(임대 부동산)'을 구축한다. 임대 소득을 재투자하며 복리로 키우고, 실거주 주택은 부채 없이 안정적으로 유지하며 현금흐름을 극대화한다. 부채 스트레스 없이 지속 가능한 수익을 창출하는 소수의 전략으로, 시장 상승 시에도 매도하지 않고 더 사들이는 투자 습관과 뿌리가 같다.

소수자들의 원칙

이 모든 태도는 '뛰읽쓰 꾸자사모' 슬로건처럼 매일 뛰고, 읽고, 쓰는 작은 습관을 지속하는 데서 비롯된다. 투자에서도 자동 매수로 소액을 쌓거나 목돈이 생길 때마다 즉시 자산에 투자하는 습관과 정확히 일치한다. 시장 하락 시 이를 세일 기간으로 재해석하며 버티는 태도, 기술성장주나 비트코인처럼 변동성 큰 자산을 장기 보유하는 태도도 연장선상에 있다. S&P 500 지수 추종 ETF를 매달 15만 원씩 30년간 적립식으로 투자하며 연금저축펀드나 IRP(Individual Retirement Pension, 개인형 퇴직연금)에 맡기지 않고 직접 노후 자금 시스템을 설계하고 운용하겠다는 결심 자체가 이미 소수만의 선택이다. 비트코인을 직접 관리하며 극단적 변동성을 감당하고 장기 보유하는 태도는 다수가 포기하는 영역이다.

자산이 무르익을 때까지 허리띠를 졸라매고 소비 습관을 유지하며 일상을 바꾸지 않는 것과 시간을 더 효율적으로 관리하려는 노력도 소수의 영역이다. 아무리 큰 자산을 모아도 장기 보존에 성공하는 사람은 극소수다. 블랙스완(Black Swan)* 이슈를 준비하지 않고 현 상태가 계속될 거라는 자만에 소비 수

....

* 나심 탈레브(Nassim Nicholas Taleb)가 주창하며 유명해진 개념으로, 발생 가능성은 낮아 보이지만 실제로 일어나면 사회와 경제에 큰 영향을 미치는 예측 불가능한 사건을 의미한다.

준을 높이거나, 돈냄새를 맡고 다가온 지인에게 사기를 당하는 등의 사건이 누적되며 부를 갉아먹기 때문이다. 통계에 따르면 70%의 부유층이 2세대에서, 90%가 3세대에서 부를 잃는다. 화려한 실패가 아니라 사소한 습관과 태도의 변화에서 비롯된 결과다.

로스차일드 가문은 250년 넘게 8대에 걸쳐 부를 유지해온 전형적 사례다. 가족 내 결혼과 긴밀한 협력, 외부 유출 방지, 광범위한 정보 네트워크 구축, 현대적 신탁과 패밀리 오피스 활용, 가치 교육을 통해 돈을 다루는 태도와 철학을 세대를 이어 전수했다. 검소함을 유지하고 소비 충동을 억제하며, 위기를 대비한 여유 자산을 확보하고, 후손에게 인내와 재해석의 습관, 가족 결속의 중요성을 물려준 사소한 누적이 비결이었다.

장기 투자자가 소수라는 사실보다 더 중요한 건 삶의 모든 영역에서 소수가 되겠다는 사고방식을 평생 유지하는 태도다. 다수가 포기할 때 꿋꿋이 버티고, 다수가 따라갈 때 자신만의 관점으로 재해석하며, 다수가 소비할 때 절제하고, 다수가 외부에 맡길 때 스스로 책임을 지는 마음가짐이 복리효과와 시간을 통해 압도적 우위를 만든다. '뛰읽쓰 꾸자사모'처럼 매일 작은 습관을 쌓아가는 것이 소수만이 도달하는 부의 정점이자 자유로운 삶의 본질이다.

이 원칙을 결코 잊지 말아야 한다. 단 한 번의 태도 변화가 수십 년의 복리를 날려버릴 수 있기 때문이다. 자산이 무르익는 과정에서도 초심을 떠올리며 매사에 충실히 살아가야 한다. 매일 꾸준한 작은 행동이 쌓여 부의 축적과 보존, 세대 전승까지 이어지는 진정한 길이 된다

나만의 자산 포트폴리오를 설계하라

부동산·주식·비트코인 3중 투자 시스템

투자 포트폴리오를 구성할 때 남들이 걷는 길을 따르지 않으려 의식적으로 노력하는 편이다. 대부분의 투자자가 부동산에 모든 것을 걸거나 주식 시장의 단기 추세에만 매달리는 동안, 나는 부동산·주식·비트코인이라는 세 자산을 유기적으로 결합한 전략을 구축했다. 단순한 자산 분산이 아니라 각 자산의 고유한 강점을 극대화하며 시장의 불확실성을 기회로 전환하는 체계적 시스템이다. 안정성과 성장을 동시에 추구하며 장기적으로 부를 축적하는 로드맵이다.

부동산은 포트폴리오의 메인 축으로 전체 비중의 80%를 차지한다. 이는 역사적 데이터에 기반한 의도적 선택이다. 부동산은 인플레이션에 강한 헤지 역할을 하며 장기적으로 안정적 가치 상승을 제공해왔다. 지난 수십 년간 글로벌 부동산 시장은 2008년 금융 위기나 2020년 팬데믹 같은 충격 속에서도 빠르게 회복력을 발휘했다. 한국처럼 도시화가 지속되는 환경에서는 임대 수익과 자본 이득을 동시에 기대할 수 있는 핵심 자산이다. 높은 비중을 유지하는 이유는 명확하다. 변동성 높은 다른 자산이 흔들릴 때 전체 포트폴리오를 보호하는 안전망으로 작용하기 때문이다. 부동산 없이 고위험 자산에만 집중했다면 2022년 시장 조정 같은 상황에서 회복이 어려웠을 것이다. 이 기반 위에 세워진 시스템이 리스크를 최소화하면서 전체 자산의 탄력성을 높여준다.

포트폴리오의 20%는 폭발적 성장 잠재력을 가진 미국 기술성장주와 비트코인에 과감히 배분한다. 미국 기술성장주는 AI, 클라우드 컴퓨팅, 전기차 혁명 같은 메가트렌드를 타고 지속적 성장을 이끌었다. '매그니피센트 7(M7)'으로 불리는 대표 기업은 상방 잠재력이 거의 무한에 가까워 장기 보유만으로도 포트폴리오 비중이 자연스럽게 증가할 수 있다.

비트코인은 반감기 이벤트와 기관 투자자의 대규모 유입으로 2010년부터 누적 수익률이 수천 퍼센트에 달하며 인플레이션 헤지와 글로벌 불확실성 속 대안이 되고 있다. 20% 배분은 부동산의 안정성을 보완하며 전체 시스템의 성장 동력을 제공한다. 이들의 가격 상방이 터지면 부동산을 유지한 채 비중이 재조정되며 자산 가치가 기하급수적으로 상승하는 선순환을 만든다.

"부동산만으로도 충분하다"고 말하는 사람이 많지만, 부동산에만 의존하면 금리 인상이나 규제 강화 같은 외부 충격에 취약해 전체 자산이 정체되거나 붕괴할 위험이 크다. 기술성장주의 혁신 기회를 외면하거나 비트코인의 반감기 상승분을 무시하면 시대 흐름에 뒤처지기 쉽다. 2020년 초반 팬데믹 이후 기술성장주와 암호화폐가 폭발적으로 성장한 반면, 부동산에만 의존했던 투자자들은 상대적으로 낮은 수익에 그쳤다. 남들이 무시하는 시장에서 기회를 포착하고 두려운 변동성을 계산된 리스크로 전환해야 한다. 어느 시점부터는 유동성을 확보하고 자산이 저절로 돌아가는 자립형 시스템을 구축하는 데 에너지를 집중해야 한다. 젊을 때 반드시 세팅해야 할 전략이다.

10년 전에 비해 크게 늘어난 투자 옵션

과거에는 부동산이 자산 증식의 유일한 정답처럼 여겨졌지만 이제는 주식·비트코인·대체 자산까지 선택지가 넓어졌다. 강남3구 아파트 전세가율이 30% 후반대로 하락한 상황에서 모든 자금을 한 채의 부동산에 올인하는 게 최선일까? 다수는 시스템보다 당장의 수익을 따라 움직이지만, 자산의 유동성과 현금흐름을 지키며 다변화된 시스템으로 지속 가능한 수익을 창출하는 것이 진짜 시간을 벌어들이는 전략이다.

투자자 A와 B가 있다. 자산 규모는 동일하지만 A는 체계적 시스템으로 유동성 기반의 현금흐름 구조를 만들었고, B는 자금을 한 곳에 묶어 유동성과 급여 외 추가 현금흐름이 전혀 없는 상태다. 시장이 흔들리거나 예상치 못한 위기가 닥치면 A는 현금성 자산으로 유연하게

 월급쟁이 루지 부의 설계

대응하거나 부동산을 보호할 여력이 있다. B는 자금이 고착돼 위태롭게 흔들릴 수밖에 없다. 이런 사례를 수없이 목격했고, 나 또한 유동성 문제로 부동산을 처분해야 하는 상황을 겪은 적이 있다. 이런 실수는 한 번의 경험으로 끝내야지 반복해서는 안 된다.

블랙스완은 시스템으로 대비할 수 있다. 시장 추세는 일단 형성되면 어느 정도 지속되지만 블랙스완은 예고 없이 덮친다. 전월세 강세장이 이어져도 약세장이 도래할 가능성은 항상 있다. 평온한 상태가 이어질 때 단기 이익보다 장기 생존을 우선시하며 튼튼한 시스템을 만드는 데 집중해야 하는 이유다. 오래 살아남는 것 자체가 상위 1% 투자자가 되는 비결이다. 세금 부담이 증가하면 임차인에게 전가되며 전월세 인상과 매매가격 상승으로 이어진다. 그러나 매매가격이 상승해도 세금으로 빠져나가는 몫이 만만치 않다. 부동산으로 볼륨을 키우면서 서브 자산의 수익과 유동성으로 세금을 충당하고도 여유로운 이익을 남기는 구조를 만들어야 한다. 비트코인의 반감기 사이클로 인한 폭발적 상승, 성장주의 무한한 잠재력은 부동산 단독으로는 얻을 수 없는 기회다. 남들이 외면하는 절호의 기회를 놓치지 말자.

자산은 아무런 문제가 없다

한 회사의 주식을 장기 보유할 가치가 있는지 판단하는 데 가장 본질적인 질문은 하나다. "이 회사가 근본적으로 망할 이유가 있느냐?" 지난 수십 년간 시장은 명확한 답을 제시했다. 전 세계 수만 개 상장 기업 중 파산 위험이 실질적으로 제로에 가까운 기업은 극소수이며, 이들은 우리 일상에 깊이 스며든 이름들(애플, 마이크로소프트, 아마존, 비자, 코카콜라, LVMH 등)이다. 수십 년간 시가총액 상위권을 유지해왔고, 이들이 무너지려면 스마트폰, 인터넷, 클라우드, 디지털 결제, 소비 경제 자체가 붕괴돼야 한다. 현실적으로 불가능에 가깝다. 진정한 장기 투자 대상은 이미 선별돼 있다.

문제는 자산이 아니라 투자자 자신이다. 경제적 해자가 깊고 사업 모델이 우수한 기업이라도 단기간 -30% 주가가 하락하면 대부분의 투자자는 버티지 못하고 매도한다. 2000년에 마이크로소프트를 산 투자자는 2003년과 2009년 두 번의 반토막 수준 하락을 견뎌야 했고, 그때 판 사람들은 이후 20배가 넘는 상승을 놓쳤다. 또한 2018년 말부터 지금까지 아마존을 보유한 사람과 그때 매도한 사람의 자산 차이는 3배 이상 벌어졌다. 같은 주식, 같은 기간인데 결과가 완전히 다른 이유는 끝까지 보유했는지 여부 하나뿐이다.

10년, 20년 후 반드시 상승할 자산이라 해도 중간 과정에서 내가 버틸 수 있다는 보장은 없다. 시장은 언제든 50%, 심지어 70% 이상 하락할 수 있다. 역사적으로 모든 위대한 기업은 최소 한 번 이상 70~80% 조정을 겪었고, 이를 이겨낸 투자자는 전체의 5%도 안 된다. 가장 최근 시장 조정(2025년 4월, 관세 이슈)도 2020년 코로나 충격이나 2022년 금리 인상기와 비교하면 온건한 편인데도 공포가 번져 변동성을 키웠다. 공포 매도가 추가 하락을 유발하고 장기 보유자의 지분마저 낮은 가격에 청산되곤 한다.

포트폴리오 구조와 개인 체력이 핵심이다. 일부 한국 투자자는 주식과 코인만이 정답이라 믿고 실거주 주택까지 팔아 올인하지만, 본격적 조정장이 오면 위험한 함정임을 깨닫게 된다. 실거주 부동산은 최후의 안전망으로 두고, 주식은 업종 최강자 몇 개에, 코인은 비트코인 하나에 집중해 자산군을 명확히 분산하는 것이 최선이다. 부동산은 생활비 압박과 심리적 공황을 막는 버팀목이 되고, 주식과 비트코인은 서로 다른 사이클로 움직이며 과도한 낙폭을 상쇄한다. 이렇게 구성하면 큰 폭락장이 와도 생활이 흔들리지 않아 시간의 힘을 끝까지 활용할 체력이 생긴다. 모든 자산이 동시에 무너지는 최악의 순간에도 잠잘 곳과 생계가 보장되면 공포를 잘 통제할 수 있다. 부를 오래 축적한 사람은 항상 강제 매도자(레버리지 청산, 생활비가 급급한 개인, 환매 압박 기관)로부터 낮은 가격에 지분을 사들여 10년 이상 묻어두는 패턴을 가져간다. 그런 기회는 10년에 한두 번, 길어야 몇 달에 불과하며, 나머지 시간은 철저한 인내의 연속이다.

투자에서 결정적 경쟁력은 두 가지다. 첫째, 최악의 순간에도 매도하지 않는 능력이다. 끊임없는 기업 분석과 학습으로 쌓은 확신이 흔들리지 않아야 한다. 최강 기업이 완전히 무너진다면 그것은 개별 자산의 문제가 아니라 자본주의 시스템의 종말이다. 둘째, 그 확신을 지탱할 생활 체력이다. 실거주 부동산을 지키고 남는 현금으로 주식과 비트코인에 분산 투자해야 한다. 이 두 요소만 갖춰지면 나머지는 시간의 문제다. 업종 최강자 주식과 비트코인이 80% 폭락하고 세상이 끝난 듯 소란스러워도 이 자산들이 부활할 것이라는 확신을 끝까지 지킬 수 있는지 스스로에게 물어보자. "예"라고 답할 수 있는 사람에게 이 자산들은 시간이 흐를수록 복리로 증폭되는 가장 확실한 부의 원천이 된다.

유동성과 다각화로 위기에 대비하는 법

한국 투자자는 자산을 '팔아서 쓰는 것'으로만 여기는 경우가 많으나,

좋은 자산을 팔지 않고 활용하는 방법을 찾는 데 집중해야 한다. 부동산, 주식, 비트코인 모두 담보로 활용할 수 있다. 담보대출에는 소득세가 부과되지 않는다는 점을 아는 사람은 많지 않다. 현재 비트코인은 담보물로 활용하기 어렵지만, 머지않아 1금융권이나 증권사에서도 취급이 가능해질 것이다. 대부분은 "이걸 언제 팔까?"를 고민하지만 나는 "이걸 어떻게 쓸까?"를 먼저 묻는다. 이 질문이 장기적 관점을 유지하는 데 도움이 된다.

부동산으로 안정적 기반을 마련하고, 주식과 비트코인으로 성장 잠재력을 더하며, 현금흐름과 유동성을 확보하는 시스템을 구축해야 한다. 투자는 단거리 경주가 아니라 마라톤이다. 부동산·주식·비트코인을 적절히 믹스한 포트폴리오와 그 위에 세운 시스템이 오래 살아남아 당신을 상위 1% 자산가로 만든다.

부동산 투자에서 유동성 함정에 빠지지 않으려면 미리 대비해야 한다. 안정적 현금흐름과 자산 가치 상승을 상상하며 부동산에 뛰어들지만, 수중에 현금이 부족해지는 순간 꿈이 악몽으로 바뀐다. 자산 가치가 아무리 높아도 현금이 없으면 대응이 어렵다. 대출이 막히거나 임차인이 보증금 반환을 요구하면 급하게 자산을 처분해야 한다. 역전세 현상이 나타나거나 금리가 오르면 압력이 커진다. 유동성이 없으면 좋은 자산도 부담으로 변한다.

역전세나 금리 상승 같은 리스크를 미리 대비하고 현금흐름을 유지해야 한다. 즉시 쓸 수 있는 현금이 있으면 역전세 상황도 수월하게 넘길 수 있다. 주식 포트폴리오가 있다면 담보대출이 유용하다. 비교적 빠르게 현금을 마련할 수 있고 DSR 같은 규제에도 덜 민감하다. 수억 원이 급하게 필요할 때 부동산을 팔지 않고도 대처할 수 있다. 다만 주식 담보대출도 시장 변동성이나 담보 가치 하락 리스크가 따르니 상황에 맞게 신중히 활용해야 한다.

금리 문제도 비슷하다. 대출 이자가 부담스러울 수 있지만 월세를 놓고 있다면 이야기가 달라진다. 월세 수익이 이자를 어느 정도 커버하고 경우에 따라 남는 돈이 생기기도 한다. 월세는 물가 상승과 연동되는 경향이 있어 시간이 지나면서 오르는 경우가 많다. 한국의 주택담보대출은 대부분 혼합형(초기 5년 고정 후 변동 금리 전환)이다. 처음 5년은 이자 부담이 예측 가능하지만 이후에는 시장 금리에 따라 변동한다. 월세가 인플레이션에 따라 꾸준히 오르는 구조라면 장기적으로 이자 비용 증가를 상쇄할 가능성이 있다. 지역·임대 조건·금리 추이에 따라 다르지만, 이 메커니즘을 이해하면 금리 변동에 덜 흔들린다.

현금 흐름과 인플레이션이 맞물리는 지점

연평균 3% 인플레이션이 10년간 이어지면 월세는 더 크게 상승한다. 임대 수익은 단순 덧셈이 아니라 복리처럼 쌓여서 시간이 지나면 현금흐름이 점점 탄탄해진다. 대출 초기 5년 고정 기간 동안 이자 부담이 안정적이라면 실질적으로 손에 쥐는 돈이 서서히 늘어나는 구조가 만들어진다. 이 메커니즘이 부동산을 장기적으로 들고 가는 데 큰 힘

　월급쟁이 루지 부의 설계

이 된다.

　현금흐름을 생각할 때 전세와 월세 비중도 중요한 선택지다. 전세 보증금을 최대한 올릴 수 있는 시장이라면 임대인 입장이 유리해 보이지만, 부동산 시장은 늘 사이클을 반복한다. 임대인 우위가 극대화된 시기가 있으면 임차인 우위로 돌아서는 때도 반드시 온다. 역전세처럼 보증금 반환 압력이 갑자기 커지는 상황은 피할 수 없는 리스크다. 그래서 의식적으로 월세 비중을 두거나 계약 갱신 때 월세 전환을 제안하곤 한다. 전세만 고집하면 보증금 반환 시 현금 마련 압박이 극심하지만, 월세를 섞으면 매달 꾸준한 수입이 생기고 위기 상황에서 버틸 여력이 커진다. 임차인 입장에서 월세 부담이 늘어날 수 있으니 계약 조건을 합의 가능한 선에서 조율하는 게 중요하다.

　월세 중심 구조는 또 다른 장점이 있다. 월세가 꾸준히 올라가면 해당 지역 부동산이 임대 수익률 측면에서 매력적으로 보이기 시작한다. 투자자의 관심이 모이면 시간이 지나면서 매매 가격에도 반영된다. 이 과정에는 시차가 있다. 월세가 4~5년 꾸준히 상승해야 시장에서 "이 동네 수익률 괜찮네"라는 인식이 쌓이고, 그때 가격이 서서히 반응한다. 수익 대비 가격이 좋아지며 자연스럽게 가치가 올라가는 패턴이다. 월세로 안정적 현금흐름을 만드는 동시에 장기적으로 자산 가치 상승이라는 두 가지 이익을 노릴 수 있다. 단기 가격 등락에 일희일비하기보다 큰 흐름을 읽고 대응하는 게 중요하다. 유동성을 어느 정도 확보해두고 현금흐름 구조를 탄탄하게 짜놓으면 위기가 와도 여유롭게 버틸 수 있다.

부동산은 은행이다

과거 편의점 점포개발부서에서 일할 때, 여러 가맹점포를 운영하는 다점포 점주와 대화를 나누다 부동산 이야기가 나왔다. 매출 부진에도 웃을 수 있는 이유는 오래전 매수한 잠실아파트 때문이라던 말이 아직 생생하다. 사장님은 10억 원에 잠실 아파트를 매수해 이를 은행처럼 활용하며 부의 시스템을 구축했다. "돈이 부족하면 전세를 주고, 여유가 생기면 월세로 바꿔요. 장사가 안 될 때는 월세를 받으며 사업 리스크를 줄이면 돼요." 부동산을 경제 상황에 따라 현금흐름을 조절하는 은행으로 활용하는 시스템이다. 장사가 어려운 시기에는 월세 수익으로 현금흐름을 확보하고, 여유 자금이 생기면 전세를 월세로 전환해 더 높은 수익을 창출했다. 부동산이 자산 가치 상승을 기다리는 수동적 투자가 아니라, 현금흐름을 능동적으로 창출하고 리스크를 관리하는 시스템의 핵심 요소임을 보여준다.

사장님은 또 말했다. "문제가 될 사람들은 집 없이 점포 확장만 하는 분들이죠. 사업을 하더라도 부동산을 잘 가져가야 해요." 부동산이라는 안정적 자산 기반 없이 점포만 늘리면 리스크가 커진다. 임대료 부담이 커지거나 매출이 감소하면 사업이 빠르게 흔들리지만, 부동산을 보유하면 이야기가 달라진다. 월세 수익으로 안정적 현금흐름을 확보하고, 필요 시 전세 보증금을 활용해 유동성을 얻으며, 최악의 경우 매각으로 목돈을 마련할 수 있다. 사업과 부동산을 결합한 시스템의 힘이다.

"담당님도 부동산을 은행이라 생각하고, 월급 너무 믿지 말고 하루빨리 부동산을 사세요. 최대한 사세요."

사장님의 시스템은 개인의 부 축적에 머물지 않았다. 3주택자로서 자산 기반을 구축한 뒤 자녀에게 서울 집 한 채를 추가로 매수했다. 부동산으로 안정적 자산을 물려주고 다음 세대가 경제적 자유를 누릴 기반을 마련하는 것. 개인의 부를 넘어 가족의 미래까지 포괄하는 시스템이다.

부동산을 은행처럼 활용해 현금흐름을 창출하고, 사업 리스크를 관리하며, 가족의 미래까지 설계하는 접근법. "부동산을 은행이라 생각하고, 하루빨리 시작하고, 지금의 소비를 한 타임 늦추고, 부동산을 메인으로 현금흐름과 안정성을 확보하는 시스템을 구축하세요." 누구나 가능하지만 대부분 실천하지 않는 길이다.

오래 살아남는 투자자가 돼야 한다. 부동산에 끝없이 올인하다 대출이 막히고 역전세가 터지고 세금 부담까지 겹쳐 팔지 말아야 할 때 반강제로 매도하며 후회한 사람들을 기억해야 한다. 부동산으로 자산을 어느 정도 쌓았다면 의식적으로 현금성 자산을 확보하거나 현금흐름을 개선해야 한다. 다른 자산군을 무시하고 계속 부동산에서만 움직이는 사람이 아직 많다. 투자는 항상 잘될 때 좋지 않은 구간을 대비해야 하며, 분산된 포트폴리오와 현금흐름만이 대비책이 됐던 역사다.

상급지 환상에서 벗어나라

실거주 1채의 효용은 어디에 살든 본질적으로 크게 다르지 않다. 강남의 최신 초고가 신축 아파트에 살든 수도권 신도시의 넓고 쾌적한 신축 단지에 살든 일상이 드라마틱하게 바뀌거나 삶의 질이 수십 배 뛰지는 않는다. 강남권의 교육·의료·문화·쇼핑 인프라는 압도적으로 우수하고 주변 환경이 주는 심리적 안정감과 자부심도 무시할 수 없지만, 그 차이가 일반 가정의 일상적 행복을 결정짓는 절대적 요소는 아니다. 아침에 일어나 출근하고, 저녁에 가족과 밥 먹고, 주말에 아이들과 시간을 보내는 기본적 삶의 패턴은 위치가 달라져도 크게 변하지 않는다. 집은 결국 집일 뿐, 그것이 주는 편안함과 안정감은 '집 자체'에서 오는 것이지 주소가 강남이냐 신도시냐에 따라 달라지는 것이 아니다.

상급지의 매력이 없다는 뜻은 아니다. 다만 그 매력이 제대로 빛을 발하려면 내가 이미 어느 정도 성공한 위치에 올라서 있어야 한다는 점이 핵심이다. 진정한 상급지 커뮤니티의 매력, 자연스러운 네트워킹의 기회, 고급스러운 소통의 장은 현금흐름과 현금성 자산이 넉넉하고 경제적·사회적으로 안정된 상태에서야 비로소 제대로 활용되고 즐길 수 있다. 어정쩡한 위치에서 "이 동네에 들어가면 나도 달라질 거야"라는 기대를 품고 무리하게 들어가면 오히려 역효과가 크다. 그곳 사람들은 이미 성공한 사람끼리 서로를 알아보고 연결되는 구조이기 때문에 집 한 채 샀다고 갑자기 어울릴 수 있는 게 아니라는 현실을 직시해야 한다. 부자 동네에 산다고 자동으로 나를 만나주고 커뮤니티에 끼워준다는 환상은 대부분 허상이다.

진짜 삶을 좌우하는 것은 자산에서 나오는 현금흐름, 사업·직장 소득, 그리고 나 자신의 능력과 성장이다. 이 세 가지가 뒷받침되지 않으면 아무리 비싼 집에 살아도 외로움과 불안은 사라지지 않는다. 반대로 이 세 가지가 탄탄하면 어디에 살아도 충분히 만족스럽고 풍요로운 삶을 누릴 수 있다.

한 걸음 더 나아가 실거주 주택 자체를 '부채'로 보는 시각도 필요하다. 실거주는 전체 자산 포트폴리오 중 반드시 담아야 하는 안정 자산이되, 그 이상의 의미를 부여하지 말아야 한다. 실거주 주택은 가족의 안식을 제공하는 필수 요소이지만 동시에 자본이 묶이는 비생산적 자산으로 작용할 수 있다. 가능한 한 빠르게 투자금을 회수해 나를 위해 일하는 생산적 자산으로 재배치하는 노력이 핵심이다. 담보물 가치가 올라오면 자금을 묶어둘 게 아니라 담보대출로 빼내 수익 창출 자산에 투자하는 것을 기본값으로 삼아야 한다. 이 과정에서도 가족의 안정성을 최우선으로 고려하는 가족 중심 투자 원칙은 잊지 말아야 한다. 가족의 생활 기반이 흔들리지 않도록 최소한의 실거주 안전망을 유지하면서 잉여 자본을 효율적으로 활용하는 균형이 장기적 부를 쌓는 비결이다.

투자를 하는 궁극적 이유는 무엇인가? 가족과 함께 더 잘 먹고, 더 잘 살고, 좋은 추억을 쌓기 위함이 아닌가? 그 욕심을 미래를 위한 희생이라는 미명으로 포장해 가정을 소홀히 하고, 아이들의 안정된 학교생활과 친구 관계까지 포기하며 무작정 올인하는 것은 위험하다. 그런 식으로 투자에 목숨을 걸었다가 가정을 잃거나 아이들이 상처받는 경우를 주변에서 심심치 않게 봐왔다.

누구나 아는 대표 단지나 상급지에 거주하는 사람이 모두 지금의 가격을 지불하고 들어온 것은 아니다. 상당수는 과거 저평가된 눌림목에서 기회를 포착하고 매수한 뒤 오랜 기간 보유하며 시장 상승의 수혜를 누린 경우가 대부분이다. 그들은 단순히 '상급지'라는 라벨에 매몰되지 않고 장기적 시야로 자산을 관리한 덕분에 현금흐름과 안정된 삶을 동시에 쟁취했다. 이를 무시하고 현재 시점의 가격과 위치만 바라보며 끝없는 상급지 갈아타기에 빠지면 평생 같은 고민(생활비 압박, 노후 불안)에 시달릴 위험이 크다. 매번 더 비싼 동네로 이사하려고 대출을 늘리고 자산을 재배치하다 보면 현금흐름이 마르고 삶의 질이 떨어진다.

가족 중심 투자 원칙

가족과의 시간, 아이들의 안정된 성장, 부부 간의 신뢰는 가장 천대받고 소홀히 다뤄지는 영역이다. 아이러니하게도 바로 그것들이 인생에서 가장 소중하고 한 번 잃으면 되돌리기 어렵다. 나이가 젊고 미혼이라면 일정 기간 과감하게 모든 것을 걸고 도전하는 것도 필요하다. 위험을 감수할 여유와 회복력이 있기 때문이다. 그러나 가정이 있고 아이들이 있는 상황에서까지 모든 걸 버리고 뛰어들라고 가족에게 강요하는 것은 다시 생각해볼 일이다. 가정의 가장이라고 해서 구성원에게 극단적 희생을 강요할 권리는 없다. 집을 팔고, 차를 팔고, 월세로 전전하며 2년마다 만기와 이자 걱정을 반복하고, 아이들의 학교 배정과 친구 관계를 묵살한 채 투자에 올인한 결과는 대부분 깊은 후회다.

미래의 자산 성장과 행복도 중요하다. 그러나 현재의 소중한 것들, 잃으면 다시 되돌릴 수 없는 것들을 수시로 돌아보며 중도를 지키는 것이야말로 진정한 지혜다. 자본주의 사회에서 돈과 자산은 강력한 도구지만, 그 도구에 사로잡혀 인생의 본질을 놓쳐서는 안 된다. 나에게 맞는 속도와 방향으로, 소중한 것을 잃지 않으면서 꾸준히 나아가는 길이 가장 정도(正道)이고 오래가는 부(富)의 길이다.

투자는 가족의 안녕과 행복을 위한 수단이지 그 자체가 목적이 될 수 없다. 모든 투자 결정에서 가족의 현재 안정과 미래 성장을 최우선으로 고려하는 태도를 잊지 말자. 고수익이 기대되는 하이리스크 기회가 나타나도 가족의 생활 기반을 흔들 위험이 있다면 과감히 포기하는 선택이 원칙의 실천이다. 가족을 희생하며 쌓은 부는 공허할 뿐이지만 가족과 함께 쌓은 부는 영원한 가치를 지닌다. 이 원칙을 내재화하면 시장의 유혹에 흔들리지 않고 진정한 부자가 되는 길을 걸을 수 있다.

04 인플레이션을 어떻게 극복할 것인가

인플레이션은 우리의 돈을 조용히 갉아먹는 보이지 않는 적이다. 단순한 경제 현상이 아니라 이름 없는 세금처럼 작용하며 구매력을 서서히 침식한다. 2020년 1월에 100달러를 가지고 있었다면 2025년 11월 기준으로 동일한 구매력을 유지하려면 약 125달러가 필요하다. 그 돈의 실질 가치는 약 80달러로 줄어든 셈이다.[*] 아무것도 하지 않았는데도 시간이 지나면서 돈의 가치가 자연스럽게 희석된 결과다.

많은 사람이 소득세, 양도소득세, 재산세 같은 명확한 세금만 의식하지만 인플레이션은 고지서 없이 내 주머니를 터는 교활한 현상이다. 정부와 중앙은행이 돈을 찍어내며 부담 없이 활용하는 도구가 된

---

[*] 소비자물가지수 인플레이션 계산기(https://www.bls.gov/data/inflation_calculator.htm)를 참고.

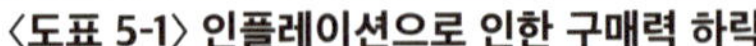

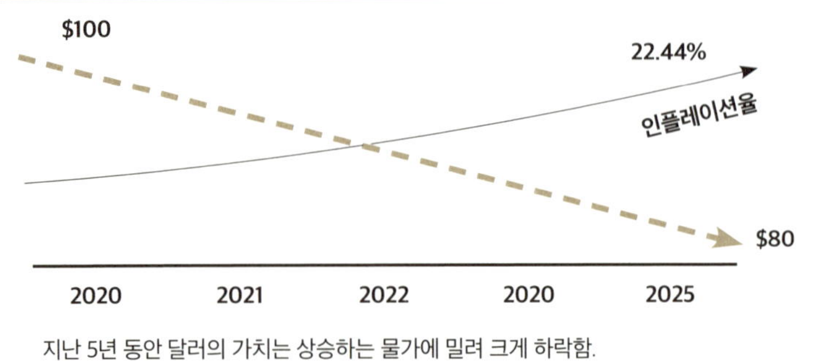

지난 5년 동안 달러의 가치는 상승하는 물가에 밀려 크게 하락함.

미국 소비자물가지수(CPI)

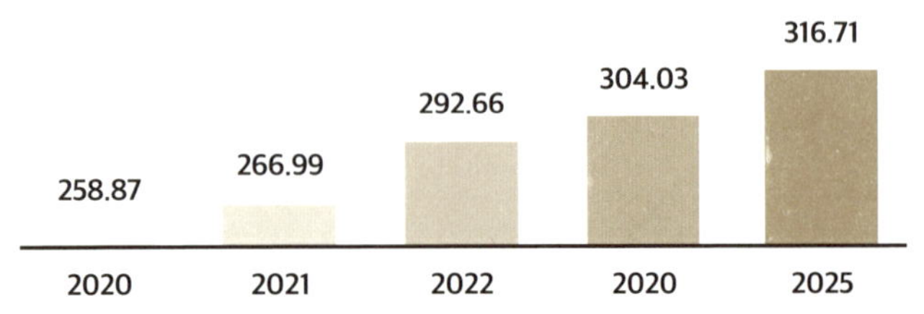

평균 연간 인플레이션(2020-2025)

4.22%

5년간 총 인플레이션

22.44%

2020년의 100달러가 2025년에는 약 80달러 수준으로 구매력이 하락했음을 의미한다.

출처: 미국 노동통계국(U.S. Bureau of Labor Statistics, bls.gov)

지 오래다. 한국인에게는 이 상황이 더 가혹하다. 소득세, 양도소득세, 재산세, 인플레이션에 더해 환율이라는 다섯 번째 세금이 추가되기 때문이다. 원화는 달러 같은 강대국 통화에 비해 지속적으로 약세를 보이며, 과거 1,100~1,200원대 환율이 1,300~1,400원을 거쳐 2026년 1월 기준 약 1,450원을 기록하고 있다. 앞으로 1,500원대가 일상이 될 가능성도 배제할 수 없다.

이런 다중 세금의 압박에서 벗어나기 위한 가장 효과적인 전략은 비트코인을 매수해 개인 지갑에 보관하는 것이다. 미국 주식 같은 달러 기반 자산도 훌륭한 선택이지만, 한국 투자자는 원화를 달러로 전환할 때 수수료와 환차손 프리미엄을 감당해야 하고 매도 시 양도소득세가 부과되므로 더 전략적 접근이 필요하다. 부동산을 먼저 매수한 후 담보로 10~20% 대출을 받아 원화로 비트코인을 사는 방식, 또는 미국 주식이 상승했을 때 주식 담보대출을 활용해 비트코인을 추가 매수하는 방법이 있다. 2020년대 초 부동산 담보대출로 비트코인을 매수해 환율 상승(1,100원대→1,400원대)과 비트코인 가격 급등(1만 달러대→9만 달러대)을 동시에 누리고 대출 부담을 줄이면서 자산을 3배 이상 불린 사례도 존재한다. 원화 가치 하락에 베팅하면서 비트코인의 상승 잠재력을 동시에 챙기는 전략적 접근이다. 환율이 10% 상승하면 대출 원금의 실질 부담이 그만큼 줄어들고, 비트코인 가격 상승이 더해지면 수익으로 대출을 상환하거나 자산을 확대할 수 있는 복합 효과를 발휘한다.

부동산만으로는 인플레이션 헤지가 부족하다. 세금, 관리 비용, 유동성 한계가 발목을 잡기 때문이다. 부동산을 안정의 기둥으로 삼되 주식과 비트코인을 동반자로 선택하는 것이 현명하며, 이 세 자산은 서로 보완하며 현재와 미래를 연결한다.

부동산은 레버리지를 담는 그릇으로서 인플레이션을 이기는 안정적 자산이다. 한 채로는 물가 상승을 따라가는 데 그치지만 다주택은 레버리지를 활용해 부를 증폭시킬 수 있다. 전세 시세가 오르면 증액분을 월세로 전환하거나 대출을 녹이며 자산 가치를 키우고, 10년·20년 뒤 인플레이션이 대출의 실질 부담을 줄이면 부동산은 온전히 내 것이 된다. 2010년대 한국 부동산 붐에서 대출을 활용한 투자자가 인플레이션 기간에 대출금의 실질 가치가 줄어드는 혜택을 누려 수억 원의 순자산을 쌓은 사례가 적지 않다.

2026년 현재 부동산 시장은 각종 규제로 다주택자나 투자 목적 매수가 매우 어려워졌다. 대출 규제 강화, 스트레스 DSR 적용, 토지거래허가구역 확대, 취득세·양도세 중과, 재건축 안전진단 기준 강화 등 레버리지 활용의 문턱이 높아진 것은 사실이다. 그러나 '실거주 대상물'로, 하나의 안정적 자산군으로 초점을 맞추면 여전히 기회가 있다. 무주택자·생애최초 주택구입자는 일정 금액대 이하에서 LTV 70%까지 혜택을 받을 수도 있다. 부동산은 투기 자산이 아니라 생활의 기반이라는 본질로 돌아가면 규제 속에서도 내 집 마련의 길은 살아있다.

평생에 걸쳐 획득해야 하는 자산

1980~1990년대 산업화 세대는 20~30년의 근로와 저축으로 내 집을 마련하며 자산을 형성했다. 하지만 지금 젊은 세대는 SNS와 미디어 발달로 쏟아지는 '로또 청약 당첨', '갭투자 수억 차익', '몇 년 만에 시세 2배' 같은 극단적 성공 사례만 바라보며 조급해지거나 포기하는

 월급쟁이 루지 부의 설계

경우가 많아졌다. 세상이 바뀌고 투자 대상이 다양해졌어도 집은 여전히 특별한 가치를 지닌다. 단순한 자산이 아니라 안정된 생활 공간이자 가족의 뿌리, 인플레이션 헤지 수단, 장기적으로 복리를 일으키는 기반이기 때문이다. 포트폴리오 관점에서 부동산은 실거주 목적으로 접근할 때 규제의 벽도 가장 낮아지고 시간의 힘을 빌려 가장 확실하고 감정적으로도 만족스러운 보상을 준다.

주식은 현재의 안정적 현금흐름과 미래의 자본 성장을 동시에 연결해주는 핵심 자산이다. 배당을 통해 생활을 뒷받침하는 수입원을 제공하면서, 기업의 성장과 시장 확대를 통해 장기적으로 자산을 키워주는 두 가지 힘을 동시에 발휘한다. 앞서 소개한 SCHD 같은 배당성장 ETF는 부동산 월세처럼 꾸준하고 예측 가능한 현금흐름을 제공한다. 성장주는 배당이 없더라도 애플과 구글처럼 시간이 지나 배당을 시작하거나 주가 상승이라는 큰 자본 이득을 안겨줄 수 있다. 애플은 2012년 배당 재개 당시 주당 약 0.38달러에서 시작해 이후 주가 폭등과 함께 배당도 지속 인상하며 초기 투자자에게 막대한 부를 안겼다. S&P 500 지수를 추종하는 VOO 같은 인덱스 ETF는 전체 시장의 성장을 따라가는 분산 투자로 위험을 줄이면서 연평균 7~10%의 안정적 수익을 기대할 수 있다. 이는 인플레이션 평균을 상회하는 수준이다.

매달 정해진 금액으로 주식을 적립식 매수하며, 시장이 떨어질 때 더 많이 사고 오를 때 가치가 상승하는 구조를 평생에 걸쳐 활용해야 한다. 변동성은 적이 아니라 기회이며, 시장의 소음과 포모를 이겨내며 시장을 떠나지 말자. 어느 순간 일하지 않아도 살아갈 수 있는 현금흐름을 제공받게 된다.

장기 보유에 최적화된 비트코인

비트코인은 투기가 아닌 희소성과 자유를 담는 시스템 자산이다. 총 발행량 2,100만 개 중 영구 손실(지갑 분실, 사망 등)로 사라진 코인은 글래스노드(Glassnode) 등 분석 기관 추정에 따르면 2026년 기준 약 300만~400만 개로, 실제 유통 가능한 공급량은 약 1,600만~1,700만 개 수준에 그친다. 2026년 1월 기준 총 채굴량 약 1,996만 개를 전 세계 인구로 나누면 1인당 약 0.002BTC 미만이다. 1BTC를 보유하면 상위 약 0.2%에 속하며, 이는 미래 먹거리 시장을 고려한 선제적 전략 수량이다. 부동산은 보유세, 주식은 배당·매도 세금이 붙지만 비트코인은 보유만으로는 세금이 없다.

전 세계 인구를 기준으로 미래 먹거리 시장에서 상위 0.2%를 점유하고 시작한 적이 있는지 생각해봐야 한다. 앞으로 개인이 1BTC를 갖기는커녕 0.1BTC조차 갖기 어려워지는 날이 온다. 비트코인 같은 상방이 열린 자산은 가격이 눌리고 눌렸다가 단번에 비선형적으로 치고 올라가 다수에게 심한 포모를 안겨주고, 포모를 못 이겨 탑승한 사람을 절망으로 이끄는 것이 기본값이다. 구조가 단순하다고 생각할 수 있지만, 제대로 공부하지 않으면 필패하는 자산이 될 수도 있다. 매수해서 후회하는 것을 두려워할 게 아니라, 알고 있었는데 놓쳤다는 후회를 하게 될 날을 두려워해야 한다.

현재 비트코인은 현금흐름이나 담보대출을 활용하기에 제약이 많다. 1금융권에서 비트코인을 담보 자산으로 인정하지 않고 배당 같은 안정적 수익도 주지 않기 때문이다. 그러나 이 시장에 지금 올라타서 꾸준히 매수하고 흔들리지 않고 지켜보는 것만으로도 충분히 가치가 있다. 세계에서 가장 똑똑하고 영향력 있는 주체들(기관 투자자, 헤지펀드, 기업 CEO, 국가 차원의 기관)이 이미 비트코인을 미래 화폐의 일부로 받아들이기 시작했기 때문이다. 규제 프레임워크를 만들고, ETF를 출시하고, 기업 재무에 편입하고, 담보대출 상품을 개발하며 법적·기술적 기반을 차근차근 바꿔놓고 있다. 이 흐름은 멈출 수 없으며, 시간이 지나면 비트코인이 현금흐름 창출과 대출 담보가 가능한 주류 자산으로 자리 잡는 날이 올 것이다.

화폐혁명의 주인공이 되는 방법은 거창한 선언이 아니라, 지금부터 매달 조금씩 사 모으고 흔들리지 않고 보유하는 평범한 행동의 연속이다. 비트코인은 새로운 화폐 시스템의 씨앗이며, 그 씨앗을 심고 지키는 사람이 미래의 주인이 된다. 1BTC를 담보로 대출을 받으면 세금 없이 자금을 확보해 부동산·ETF·비트코인을 추가 매수할 수 있으며, 비트코인 가치가 복리로 성장하면 대출은 현금흐름을 창출하는 자산이 된다. 비트코인은 현금성 자산으로 시간이 갈수록 미국 주식 시장과 독립적으로 움직이며, 원화 대출로 매수하면 환율 상승 시 대출 부담이 실질적으로 줄어드는 효과도 가져다준다.

젊을수록 자산의 볼륨을 키워야

투자자라면 대출을 갚는 데 급급하기보다 자산을 늘리는 데 집중해야 한다. 나이가 젊고 소득 창출 능력이 좋다면 대출 상환에만 초점을 맞추기보다 이를 적극적으로 활용하는 쪽에 무게를 두는 것이 현명하다. 은퇴 시점이 아니라면 대출을 활용해 금융자산이나 비트코인 같은 성장 자산에 투자하는 것이 효과적이다. 초반에 대출로 집을 사고, 담보 가치가 시장 상승과 인플레이션으로 증가하면 추가 담보대출을 일으켜 달러 기반 자산이나 비트코인을 지속 매수하는 노력이 수반돼야 한다. 단순한 레버리지 활용이 아니라 시간의 힘을 빌려 자산을 복리로 증식하는 전략이다. 2000년대 후반 글로벌 금융 위기 이후 부동산 담보를 활용해 주식 및 기타 자산에 투자한 투자자가 2020년대에 포트폴리오를 수 배에서 수십 배 키운 사례가 많다. 이 과정에서 가장 중요한 것은 대출을 유지할 수 있는 체력과 재무 건전성을 지키는 것이다. 추가 소득을 창출하고 불필요한 소비를 줄여 검소한 생활을 유지해야 레버리지를 안전하게 활용할 수 있다. 대출 이자가 부담스러울 수 있지만, 인플레이션이 대출 실질 부담을 녹여주고 자산 가치 상승이 추가 여력을 창출하는 구조를 믿어야 한다. 지금의 노력과 절제가 미래의 자유를 만든다.

꾸준히 실행하면 은퇴 시점에는 대출 없는 온전한 담보물, 진짜 나의 집을 가질 수 있다. 금융자산은 월급의 100배 규모(월급 300만 원이면 3억 원, 500만 원이면 5억 원)로 성장시켜 배당금과 이자로 안정적 현금흐름

을 만들고, 세대당 최소 1BTC를 개인 지갑에 보관해 인플레이션과

원화 약세를 철저히 헤지해뒀다면 노후가 두려울 수 없다.

달러 환율 상승, 즉 원화 약세를 어차피 원화로 생활하니 상관없다고 치부하는 생각은 근시안적 착각이다. 이는 국내 소비에만 초점을 맞춘 좁은 시야에서 비롯되거나, 일부 미디어의 왜곡된 정보 또는 주변의 안일한 의견에 영향을 받은 결과일 가능성이 높다. 우리 경제의 실상은 수입 의존도가 매우 높고, 글로벌 표준이 달러 중심인 세상에서 환율 변동은 개인의 실질 구매력을 확실히 약화시킨다. 이를 무시하면 장기적으로 상당한 손실을 초래할 수 있다. 글로벌 경제 환경에서 환율은 단순한 숫자 변동이 아니라 일상과 미래 자산 가치에 깊이 관여하는 핵심 요소다.

한국 경제는 원유, 반도체 부품, 식료품 등 대부분의 필수 자원을 수입에 의존한다. 달러 환율이 상승하면 수입품 가격이 즉각 오를 수밖에 없다. 2021년 초 약 1,100원대였던 환율이 2026년 현재 약 1,450원대로 30% 이상 상승했다. 커피 원두, 수입 과일, 전자제품 등 일상 소비재 가격도 시차를 두고 20~30% 인상되기 시작했다. 원화로 생활한다 해도 구매하는 물건의 상당 부분이 달러나 해외 통화 기반 수입품이다. 환율 상승을 간과하면 인플레이션 압력이 가중돼 실질 소득이 감소한다. 단순한 물가 상승이 아니라 글로벌 시장에서 구매력이 체계적으로 약화되고 있다는 신호다. 가계 지출의 상당 부분을 차지하는 식품과 에너지 비용이 올라가면서 중산층 가정의 생활 수준이 점차 하락하는 현상이 관찰되고 있다.

원화 자산이 명목상 가치가 상승하더라도 환율 효과로 실질 가치는 줄어들 수 있다. 원화 자산을 매각해 달러를 확보할 때 환율 상승으로 얻을 수 있는 달러 양이 현저히 줄어든다. 총자산 100억 원을 보유한 사람이 2021년에 원화를 달러로 환전하면 약 909만 달러를 얻을 수 있었다. 그러나 현재 환율로 환전하면 약 680만 달러밖에 되지 않는다. 약 229만 달러, 현재 환율로 환산하면 33억 원 정도의 구매력 손실이다. 세계 시장에서 자산 가치가 30% 이상 축소된 것이며, 이는 해외 자산 구매나 국제 거래에서 큰 장애물로 작용한다.

국내 소비만 한다고 가정하는 것은 현실과 동떨어진 발상이다. 해외 여행, 자녀 유학, 온라인 쇼핑 등 현대 생활에서 국경을 초월한 소비는 불가피하다. 투자 기회 역시 글로벌에 분산돼 있다. 테슬라, 구글, 엔비디아 같은 해외 주식, 국제 ETF, 비트코인 등에 접근하려면 달러나 스테이블코인이 필수다. 원화 자산을 처분해도 환율 상승으

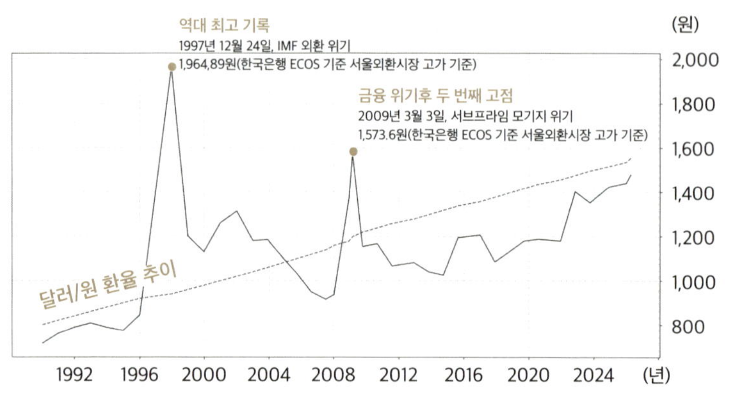

〈도표 5-2〉 달러는 꾸준히 우상향한다

로 적은 달러만 확보할 수 있으니 투자 선택지가 좁아지고 기회를 놓치게 된다. 환율 변동은 개인의 경제적 자유를 제한하는 보이지 않는 장벽으로 기능하며, 장기적으로 국내 자산 중심 포트폴리오가 글로벌 경쟁에서 뒤처지게 만든다.

장기적으로 원화 약세는 국가 경쟁력 약화로 이어질 수 있다. 수출 대기업(삼성, 현대, SK 등)은 환율 상승으로 이익을 볼 수 있지만 수입 의존적인 개인과 중소기업은 직격탄을 맞는다. 사회적 양극화를 심화시키는 요인으로 이미 빠르게 현실로 나타나고 있다. 카페를 운영하는 소상공인은 원두 가격 상승에도 가격 전가가 어려운 가운데 전기세, 임대료, 인건비 증가로 경영난에 처하는 사례가 급증하고 있다. 달러 인덱스(Dollar Index)*를 보면 2026년 1월 현재 약 98로 안정적이지만, 달

---

* 미국 달러의 가치를 유로 등 6개 주요 통화 대비 측정하는 지수.

월급쟁이 루지 부의 설계

러 자체가 약세 기조를 보이는 가운데서도 원화 환율은 지속 상승하고 있다. 원화의 상대적 약세가 더 두드러진다는 뜻이며 한미 금리 격차와 맞물리면 문제는 커진다. 미국은 경제 안정 속에서 추가 금리 인하를 검토 중이지만, 한국은 부동산 가격 급등 우려와 환율 불안정, 소비 둔화·수출 변동성 같은 부정적 신호로 기준금리를 유지하기 어려운 삼중고에 처해 있다. 금리를 내리면 자산 버블이, 올리면 경제 침체가, 유지하면 미국 금리 인하에 따른 자본 유출과 환율 압력이 커지는 딜레마다. 미국이 추가 인하를 단행하면 환율 상승이 가속화될 것으로 보인다.

환율 상승은 기회이다

부동산이나 기타 원화 자산을 보유하고 있더라도 글로벌 포트폴리오를 고려한 헤지 전략이 필수인 시대다. 지난 5년간 환율의 연평균 상승률이 6~7%에 달하며, 복리효과로 누적되면 상당한 규모의 손실로 번질 수 있다. 여기서 주목할 점은 총자산 규모의 중요성이다. 많은 사람이 순자산에만 집중하지만, 환율 상승기에는 총자산을 확대하고 적절한 부채를 활용하는 전략이 더 효과적일 수 있다. 원화 약세가 부채의 실질 가치를 줄여주기 때문이다.

총자산 100억 원 중 부채 40억 원, 순자산 60억 원인 경우를 가정하자. 부채가 없는 사람은 환율 상승으로 구매력이 30% 이상 감소하지만, 부채가 있는 사람은 원화 가치 하락으로 부채의 실질 상환 부담이 줄어든다. 실질 순자산 손실이 절반 수준으로 완화되거나 오히려 상대적 이득을 볼 수 있다. 총자산이 크고 적절한 레버리지를 활용하면 환율 상승의 피해를 최소화하고 기회를 포착할 수 있는 구조가 된다. 원화 자산 투자 시 이 점을 반드시 기억해야 하며, 무작정 부채를 피하는 대신 적정 수준의 레버리지를 고려하는 태도가 필요하다.

시계열을 길게 보면 달러 환율은 수많은 등락을 반복하며 저점을 높여왔다. 단순한 추세가 아닌 역사적 장기 패턴으로, 1990년대 아시아 금융 위기 이후부터 2000년대 글로벌 금융 위기, 최근 팬데믹과 지정학적 긴장 속에서 반복된 현상이다. 2000년대 초반 900원대까지 떨어졌던 환율이 이후 점진적으로 저점을 높여 2010년대 1,000원대를 안착시키고, 2020년대 들어 1,400원대를 넘어선 것은 원화의 구조적 약세를 반영한다. 이는 원화 자산·달러 자산·비트코인을 복리 수익 전략으로 엮을 때 중요한 통찰이다. 달러 환율은 뉴노멀에 접어들었다. 원화를 달러로 바꿔 꾸준히 우상향하는 미국 증시에 투자하면 복리 수익을 극대화할 수 있다.

원화 약세를 헤지하라

환율이 1,000원일 때 1억 원으로 미국 성장주 A를 사면 10만 달러어치 주식을 산 셈이다. 시간이 지나 환율이 1,500원으로 오르고 주식 가격이 그대로라면, 10만 달러를 원화로 바꾸면 약 1억 5,000만 원이 돼 50% 환차익이 생긴다. A주식이 성장 산업의 선두 기업이라 주가가 2배 올라 20만 달러가 됐다면? 20만 달러를 1,500원 환율로 환전하면 약 3억 원이다. 처음 1억 원 투자에 200% 수익이다. 주식 상승으로 달러 자산이 2배 증가한 데다 환전할 때 환율이 더 높아졌기 때문이다. 환율상승이 성장주 투자와 맞물리면 복리효과가 배가된다. 환율이 긴 시계열을 두고 등락을 반복하며 저점을 높여간다는 전제를 바탕으로 한 전략이다.

원화 자산은 대출을 활용해 복리 수익을 추구한다. 부동산 투자가 대출의 힘을 극대화하는 대표적 사례다. 1억 원 대출로 3억 원짜리 집을 샀다고 하자. 집값이 4억 원으로 오르면 자산 가치는 1억 원 늘어나지만 대출금 1억 원은 그대로다. 중요한 점은 집값 상승보다 원화 가치 하락으로 대출금을 '녹이는' 속도가 더 빠를 수 있다는 것이다. 환율이 1,000원에서 1,450원으로 오르면 원화 구매력이 떨어지면서 1억 원 대출의 실질 부담이 줄어든다. 대출은 원화 공급을 늘려 원화 가치를 낮추는 흐름에 동참하는 행위이기도 하다. 부동산 담보대출이 가능할 때 적극적으로 이를 활용하고, 자산 가치 상승과 대출 부담 감소를 동시에 노리며 복리 수익을 만들어야 한다.

비트코인은 기존 금융 시스템의 리스크에 대한 강력한 보험 역할을 한다. 각국 정부가 경쟁적으로 돈을 풀며 화폐 가치를 떨어뜨리고 시스템 리스크를 키우는 오늘날, 원화 가치의 빠른 하락은 이 글로벌 흐름의 일부다. 2010년 비트코인이 1달러 미만이던 시절에 1만 원으로

1만 비트코인을 샀다면, 2026년 현재 1BTC가 약 9만 달러이니 그 가치는 1.3조 원이 넘는다. 극단적 사례이지만 비트코인의 장기 상승 추세가 시스템 리스크와 화폐 가치 하락에 대한 헤지로 작동함을 보여준다. 주식이나 부동산처럼 당장 수익을 내지 않을 수 있지만, 금융 시스템 붕괴나 화폐 가치 급락 같은 극단적 상황에서 효과적 보호를 제공한다.

　　　　　　　　　　　　　　　　　　　

1997년 IMF 위기의 교훈

1997년 IMF 금융 위기 직전 분위기와 지금의 경제 상황이 여러모로 겹쳐 보인다는 이야기가 자주 나온다. 당시 1980년대부터 1996년까지 약 15년 가까이 이어진 긴 호황 속에서 80%의 국민들이 자신을 중산층이라고 여겼고, 평생 안정된 삶을 보장받을 수 있으리라는 믿음이 뿌리 깊었다. 돈이 풀리면서 소비가 넘쳐나 오히려 정부가 과소비 자제 캠페인을 벌일 정도였다. 열심히만 하면 누구나 성공할 수 있다는 낙관적 분위기가 사회 전반을 채웠다.

장기 호황의 끝자락에서 나타나는 패턴은 어느 나라든 비슷하다. 시장이 불안정하게 흔들리기 시작하면 "경제의 기본 체력은 튼튼하다", "일시적 변동일 뿐"이라는 메시지를 반복했다. 환율이 치솟고 주가가 떨어져도 "정부가 강하게 관리하고 있다", "투기 세력의 일시적 움직임"이라며 낙관론을 폈다. 해외에서 부정적 평가나 우려가 나오면 "외국 언론의 왜곡 보도"라며 강하게 반박하고 법적 대응까지 검토한다고 밝혔다. 국민이 불안해하며 달러를 찾거나 현금을 챙기기 시작하면 "심리적 과민반응이 위기를 키운다", "국민의 행동이 문제"라는 프레임을 씌웠다. 문제가 점차 커지자 뒤늦게 환전 제한, 해외 송금 규제, 외환 유출 차단 같은 조치가 쏟아졌지만 이미 시장의 신뢰는 크게 금이 간 뒤였다. 위기가 터지고 나면 "국민의 사치와 과소비 탓", "도덕적 해이" 같은 내부 책임론으로 방향을 틀었던 역사다.

1997년 한국은 9월부터 11월 중순까지 불과 두세 달 사이에 "외환 위기 가능성은 거의 없다", "경제 체질은 튼튼하다" 같은 말이 반복됐고, 환율이 900원에서 1,000원을 넘나들 때도 정부는 안정세를 강조하며 외부 요인과 국민 심리를 탓했다. 그러다 11월 21일 IMF 협상 소식이 터지면서 모든 게 한순간에 무너졌다.

2026년 한국 경제와 IMF 사태의 유사점

달러 환율 1,450원대인 오늘날과 IMF 당시가 비슷한 면이 있다. 최근 환율 상승 속에서 정부의 시장 개입 소식, 달러 보유 제한 논의, 위기 가능성 희박이라는 보도, 글로벌 요인 탓하기, 국민 심리 안정 촉구 등이 IMF 직전과 유사하다. 2026년 1월 기준 환율이 1,430~1,470원 사이를 오가며 17년 만의 최고 수준에 가까워지고 있다. 정부는 외환시장 안정을 위해 외환보유고를 동원한 개입을 계속하고 있으며, 지난해 12월 한 달간 외환보유액이 26억 달러 감소했다. 그런데도 환율은 여전히 강한 상승 압력을 받고 있어 추가적 거시건전성 조치와 자본 유출입 관리 방안을 검토 중이다.

미국 스콧 베센트 재무장관은 구윤철 부총리와의 만남에서 "최근 원화 약세는 한국의 견고한 경제 펀더멘털과 맞지 않는다"며 "외환시장의 과도한 변동성은 바람직하지 않다"고 직접 지적했다. 원화의 추가 약세가 한국 경제 기초 여건을 반영하지 않는 과도한 수준이라는 미국 측 공식 입장으로, 한국 정부 입장에서 무시하기 어려운 압박 요인이다. 경제 상황으로는 금리 인하가 필요한 국면이지만 환율이 더 오르면 안 된다는 부담을 피할 수 없다. 성장 지원을 위한 통화 완화와 환율 안정 사이에서 매우 어려운 균형을 잡아야 하는 딜레마에 놓여 있다.

서학개미나 국민연금의 달러 매입을 원화 약세의 주요 원인으로 지목하는 목소리가 적지 않다. 이창용 한국은행 총재는 국민연금의 해외 투자 확대가 외환시장 수급 불균형을 초래하고 있으며, 1,400원대 환율은 한국 경제 펀더멘털과 상당한 괴리를 보인다고 공개적으로 비판했다. 이는 과거 환율 급등기에 투기세력을 탓하던 패턴과 비슷하다는 지적이 나온다.

한편 정부와 한은은 경제 체질이 튼튼하며 올해 성장률이 1.8~2.0% 수준으로 회복될 것이라는 낙관적 전망을 반복하고 있다. 반도체 수출 호조와 AI 산업 강세를 앞세워 전망이 밝다고 강조하지만, IMF 직전에 정부가 "위기 아니다"라고 반복했던 태도와 닮았다는 우려도 나온다. 반도체·AI 중심 수출이 전체 성장 전망을 끌어올리고 있으나 IT 외 섹터는 1.4%대 성장에 그치고, 대기업과 중소기업 격차, 서울과 지방 불균형, 자산 쏠림 현상이 더 두드러지면서 국내 수요 기반은 계속 약화되고 있다.

위기 대비의 필요성과 균형 잡힌 관점

이런 유사점이 IMF 위기가 또 일어난다는 의미는 절대 아니다. 누구보다 나는 긍정론자이고 장기 우상향을 믿는 투자자로서 경제가 결국 성장할 거라 확신한다. 다만 블랙스완 이벤트는 누구도 미리 정확히 예측할 수 없기에 너무 낙관적으로만 바라보는 건 위험하다. 평소에 경각심을 갖고 시장을 바라보자는 것이다. 헤지나 보험 성격으로 포트폴리오를 다각화해두면 평소에는 수익이 조금 덜 나는 것처럼 느껴질 수 있다. 하지만 그런 선택을 꾸준히 쌓아가는 게 장기적으로 중요하다. 대형 위기가 터졌을 때 아무 준비도 되지 않았다면 급하게 현금이 필요해 평생 모은 자산을 헐값에 팔아야 하는 최악의 상황이 올 수 있기 때문이다.

달러 자산이나 비트코인을 사는 건 이런 위기에 대한 보험이다. 달러 자산을 50만~100만 달러 쌓아둔 사람은 환율이 100원만 올라가도 원화 기준 구매력이 5,000만~1억 원 증가한다. 최악의 시나리오로 환율이 500원 폭등하면 환차익은 2.5억~5억 원 수준이다. 단순 계산이 아니라 실제 위기 때 원화 가치 하락을 헤지하는 실질적 보호다.

세계 각국에서 경제 위기로 자국 통화가 달러 대비 급락한 사례를 보면, 비트코인이 현지 통화 기준으로 과거 10년 차트가 무색할 만큼 수직 급등하는 경우가 많다. 2025년 이란 경제 위기에서 리알화는 2018년 이후 약 90% 가치가 하락하며 인플레이션율이 약 50%에 달하는 하이퍼인플레이션 수준의 압박이 발생했다. 현지 비트코인 가격(리알화 기준)이 급등했지만, 달러나 원화 대비 비트코인 가격은 평상시 수준을 유지하거나 안정적이었다. 비트코인이 글로벌 탈중앙화 자산으로서 현지 통화 붕괴 시 강력한 헤지 역할을 한다는 명백한 증거다. 체인널리시스 보고서에 따르면 이란 시민들은 전통 은행 시스템에 대한 불신과 자본 통제, 인터넷 차단 속에서 비트코인을 자산 보호 수단으로 적극 활용했다. 이란의 크립토 생태계는 2025년 8억 달러 규모로 성장했으며, 대규모 시위 기간(2025년 12월 28일~2026년 1월 8일) 동안 거래소에서 개인 지갑으로의 비트코인 출금이 크게 증가했다. 시민들은 리알화 붕괴와 정치 불안 속에서 비트코인으로 자산을 지키려 했고, 일부 보도에 따르면 리알화 대비 비트코인 가격이 과거 6개월간 약 2,000% 상승한 사례도 있었다.[*]

달러나 비트코인으로 자산의 10~20%라도 미리 분산해두면 시장

---

[*] "Inside Iran's Growing $7.8 Billion Crypto Ecosystem", 2026년 1월 15일, <체이널리시스> 보고서 (https://www.chainalysis.com/blog/iranian-crypto-activity-geopolitical-tensions-2026/).

이 무너질 때 현금성 자산이나 원화 대비 급등하는 자산으로 전환된다. 남들이 헐값에 팔아치울 때 할인된 가격으로 더 큰 구매력을 발휘해 기회를 잡을 수 있다. 자본주의를 살아내는 핵심은 생존 전략에 있다. 생존만 해도 90%는 이미 경쟁자가 아닌 셈이다. 남들과 무리하게 경쟁하기보다 위기에도 무너지지 않을 시스템을 미리 만드는 게 현명하다. 큰 충격이 와도 버틸 수 있는 구조를 갖추면 위기를 오히려 기회로 바꿀 수 있다.

다시 강조하지만 오해는 없어야 한다. 내 포트폴리오의 80%가 원화 기반 부동산인데, 어떻게 한국 경기침체를 바라겠는가? 나는 누구보다 한국을 사랑하며, 앞으로 더 번영하고 강인한 국가로 성장하길 진심으로 응원한다.

자산 다각화는 비관적 태도가 아니라 생존과 안정을 위한 최소한의 방어 전략이다. 부동산이 안정적 기반을 제공하는 것은 사실이지만 글로벌 경제 충격, 환율 변동성, 통화 불안정성 같은 외부 요인 앞에서는 취약할 수밖에 없다. 한국 경제가 호황을 맞이하면 분산된 해외 자산도 함께 상승할 가능성이 크다. 상호 보완적 윈윈 구조를 형성하며 전체 포트폴리오의 가치를 강화한다. 10~20%의 해외 자산 분산은 한국 경제를 부정하는 것이 아니라 더 튼튼하게 버티고 성장할 수 있는 보험이다.

영구 앵커 자산을 확보하라

투자에서 가장 강력한 멘탈은 이미 충분히 낮은 가격에 사서 평생 팔지 않아도 되는 실물 포지션을 하나 이상 가지고 가는 것이다. 이를 영구 앵커 자산(Permanent Anchor Asset) 또는 코어 포지션(Core Position)이라고 부른다. 부동산이 될 수도 있고, 개별 주식이나 인덱스 펀드, 비트코인 같은 암호화폐가 될 수도 있다. 자산의 종류는 중요하지 않다. 핵심은 가능한 한 빨리, 가능한 한 낮은 가격대에서 매수해 "이건 영원히 들고 가도 괜찮다"는 확신을 갖는 것이다. 이를 통해 투자자는 심리적 안전마진을 확보한다.

앵커 자산이 왜 중요한가? 투자라는 게임의 본질이 결국 멘탈 싸움이기 때문이다. 시장은 가격 변동으로 끊임없이 흔들지만, 앵커 자산은 그 흔들림을 근본적으로 줄여준다.

첫째, 앵커 자산은 명확하고 안정적인 심리적 기준점을 만들어준다. 인간의 뇌는 절대적 숫자가 아니라 상대적 기준점에 따라 손익을 느낀다. 행동경제학에서 잘 알려진 앵커링 편향(Anchoring Bias)과 연결된다. 현금만 들고 있으면 어떤 자산을 사든 전 재산을 걸었다는 느낌이 들기 쉽다. 모든 매수가 도박처럼 느껴지고 작은 하락에도 불안이 커진다. 앵커 자산이 하나 생기면 취득 원가가 영구적 기준점이 된다. 기준점 아래로 떨어지면 할인 중이라 생각하고, 위로 올라가면 보너스라고 느낀다. 이후 새로운 투자는 전 재산을 거는 도박이 아니라 기존 포지션에 추가 배분하는 것으로 재인식된다. 이 변화 하나만으로 감정 기복이 크게 줄어들고 장기적으로 합리적 결정을 내릴 수 있다.

둘째, 앵커 자산은 시장의 큰 충격에 대한 완충 역할을 한다. 전체 시장이 50% 폭락하는 상황을 상상해보자. 앵커 포지션이 아직 +200%나 +300%

수익 상태라면 그 폭락은 전체 포트폴리오에 큰 타격을 주지 않는다. 핵심 자산은 여전히 크게 이익 중이라는 안정감이 생긴다. 앵커가 없으면 같은 폭락이 내 모든 돈이 반토막 났다는 공포로 직결된다. 같은 시장, 같은 자산이라도 취득 시점이 다르면 느끼는 스트레스가 완전히 다르다.

셋째, 앵커 자산은 "얼마나 비중을 가져갈까?"라는 영원한 질문에 실질적 답을 준다. 앵커 자산이 없으면 모든 돈이 위험 자본처럼 느껴져 특정 자산에 과도하게 투자하거나 영원히 관망만 하게 된다. 앵커 자산이 있으면 전체 자산의 10~20%는 새롭게 투자해도 괜찮다는 합리적 자산 배분 규칙을 실제로 지킬 수 있는 여유가 생긴다. 추상적 조언이 아니라 실제로 작동하는 구체적 기준이 된다.

앵커 자산을 일찍 확보하면 시간이 지날수록 이점이 커진다. 자산 가격 상승도 있지만, 더 중요한 것은 그 가격대를 감당할 수 있는 멘탈이 점점 희소해진다는 점이다. 20대나 30대 초반에 빚을 내서라도 좋은 부동산이나 우량 주식을 산 사람이 40대, 50대가 돼 여유롭게 웃는 이유를 생각해보자. 단순히 자산 가격이 오른 것만이 아니다. 지난 10~20년간 "나는 이미 충분히 이겼다"는 안정감 속에서 투자 결정을 내려왔다. 시장이 폭락할 때 팔지 않고, 폭등할 때 과도하게 매집하지 않고, 꾸준히 균형을 유지할 수 있었다. 이 심리적 안정감이 만드는 복리효과는 순수한 금전적 복리보다 훨씬 강력하다.

낮은 원가로 앵커 자산을 확보하면 시장을 바라보는 프레임 자체가 바뀐다. 하락장은 공포가 아니라 좋은 자산을 더 싸게 살 기회로 느껴진다. 상승장은 "예상대로 상승하고 있구나"라는 보너스로 다가온다. 돈을 꼭 벌어야 한다는 생존형 압박에서 벗어나 "기존 자산을 어떻게 더 잘 활용하고 배분할까?"라는 전략적 고민으로 옮겨간다. 이 전환은 투자 인생의 질을 완전히 바꾼다.

이 원리는 자산 클래스에 상관없이 적용된다. 부동산은 실물이 남고 좋은 입지라면 장기적으로 회복될 가능성이 높아 안전마진이 비교적 두텁다. 주식이나 암호화폐는 변동성이 크지만 우량 자산을 잘 고르면 복리 잠재력이 무한

     월급쟁이 루지 부의 설계

하다. 중요한 것은 자산을 자주 갈아타며 단기 차익을 노리는 것이 아니라, 평생 함께할 소수의 우량 자산을 미리 정하고 적립식 투자로 꾸준히 매집해 나만의 평균가를 만드는 과정이다.

진정한 소유물을 만들어라

많은 투자자가 5~10%만 올라가도 "수익 실현하고 다음 기회를 찾아야지"라고 생각한다. 그 순간 앞으로 10년, 20년, 50년 동안 쌓일 복리 수익의 대부분을 포기하는 셈이다. 버핏은 평생 "우리가 가장 좋아하는 보유 기간은 영원히"라고 말했다. 이는 단순한 명언이 아니라 1965년부터 버크셔 해서웨이 주식을 한 주도 팔지 않고 수십 년간 보유하며 수천만 퍼센트에 달하는 수익을 실현한 원칙이다. 피터 린치도 "내가 저지른 가장 큰 실수는 10배 오른 주식을 너무 일찍 판 것"이라고 회고했다. 그는 월마트나 던킨도너츠 같은 종목을 끝까지 들고 있었기에 마젤란 펀드를 13년간 연평균 29.2%라는 놀라운 성과로 이끌 수 있었다.

3억에 산 아파트가 10억까지 올랐다가 8억으로 조정돼도 대부분의 보유자는 크게 불안해하지 않는다. 100달러에 산 비트코인이 10만 달러까지 상승했다가 7만 달러로 내려와도 마찬가지다. 수백~수천 퍼센트의 미실현 이익이 남아 있어 아직 크게 이득 중이라는 안정감이 압도적이다. 이 지점에 도달한 자산은 더 이상 투기 대상이 아니라 진정한 소유물이 된다. 자연스럽게 팔 이유가 사라진다. 버핏이 1988년 코카콜라를 매수한 뒤 30년 넘게, 2016년 애플을 매수한 뒤 수 배 상승했음에도 한 주도 매도하지 않는 이유다.

투자의 진짜 목표는 '보유자의 영역'에 도달한 자산을 하나둘씩 늘려가는 것이다. 이 영역에 들어서면 팔지 않는 것이 가장 합리적 전략이 된다. 이를 가능하게 하는 핵심 메커니즘은 원금 회수다. 원금이 회수되는 순간 해당 자산은 실질적으로 '공짜'가 되고, 이후 모든 수익과 배당은 순수한 이익으로 남는다. 버핏은 버크셔 해서웨이라는 플랫폼으로 원금을 여러 차례 회수하며 안정적 현금흐름을 만들었고, 피터 린치 역시 10배 이상 오른 종목에서 원금을 회수한 뒤 남은 지분으로 복리를 이어갔다.

보유자의 영역에 이르기까지는 긴 인내가 필요하다. 내가 틀렸다는 증거가 매일 쏟아지고 주변에서는 다른 자산이 폭등하며 부를 과시하는 사람이 넘쳐난다. 버핏은 1960~70년대 여러 번 -50% 이상 하락을 겪었고, 1999년 닷컴 버블 때는 3년 연속 시장 하회로 혹독한 비판을 받았다. 피터 린치는 1987년 블랙먼데이 때 -20% 폭락을 겪었지만 보유 주식을 끝까지 지켰다. 이런 터널을 통과한 사람만이 보유자의 영역에 들어갈 수 있다.

보유자의 영역에 가장 확실히 도달하는 방법은 두 가지다. 첫째, 애초부터 좋은 자산을 사는 것. 둘째, 그게 어렵다면 최대한 싸게 사거나 투자금을 최소화하는 것. 이 두 가지가 보유 체력을 극대화하고 평균 단가를 낮춰 원금을 빨리 회수하게 만든다. 시장이 미쳐 날뛸 때도 흔들리지 않고 끝까지 들고 있을 수 있게 한다.

5~10% 오를 때마다 매도 계획을 세울 것이 아니라, 2배, 3배, 10배가 돼도 팔지 않을 자산을 축적하는 데 집중하자. 원금을 회수한 자산은 영원히 나를 위해 일하는 수단이 된다. 그런 자산이 2~3개만 있어도 돈 때문에 살지 않아도 되고, 돈이 나를 위해 일하게 된다. 그때 비로소 깨닫게 된다. 진짜 투자란 자산을 단순히 소유하는 것이 아니라, 자산이 나를 위해 일하게 만드는 작업임을 말이다.

07 무엇이 좋은 자산인가

사람들은 매수한 자산이 사자마자 급등해야 성공한 투자라고 여기는 경우가 많다. 누군가 추천한 상품이 다음 날 폭등하면 뛰어난 투자자라 치켜세우기도 한다. 하지만 매수 직후 가격이 치솟아야만 좋은 투자인가? 추천받은 상품이 하루 만에 오르면 그 추천자가 훌륭한 투자자인가?

비트코인을 예로 들어보자. 시장에서는 셀 수 없이 "비트코인은 끝났다"는 소리가 반복돼왔다. 하락장마다 눌림목에서 분할 매수로 꾸준히 대응하는 세일러는 나쁜 상품에 돈을 낭비하는 철없는 투자자인가? 결코 그렇지 않다. 단기 소음에 흔들리지 않고 시간과 비용을 투자해 자산의 가치를 키우는 투자자다. 스트래티지는 2020년부터 비트코인을 대규모 매입하며 시장의 극심한 변동성을 견디고 장기적으로 안정적 수익을 실현해왔다. 단순한 운이 아니라 전략적 인내의 결과다.

투자의 본질은 시간 선호도(Time Preference)를 낮추는 데 있다. 시간 선호도란 미래의 이익을 현재의 즉각적 만족보다 우선시하는 정도를 뜻하는 경제학 개념이다. 높은 시간 선호도는 지금 당장 수익을 추구하며 단기 거래에 몰두하는 태도를, 낮은 시간 선호도는 미래 가치를 위해 현재의 불확실성과 비용을 감수하는 태도를 나타낸다. 경제학자 미제스는 시간 선호도를 자본 축적의 핵심으로 보았으며, 낮은 시간 선호도가 문명과 경제 성장을 촉진한다고 주장했다. 투자에서 이는 단기 등락에 일희일비하지 않고 시간과 비용을 들여 기다리는 태도를 요구한다. 좋은 투자는 결과만으로 판단할 수 없다. 부동산을 매수했는데 바로 오르지 않는다고 나쁜 투자가 아니다. 눌림목에서 매수한 뒤 시장의 오해와 비관을 견디며 기다린 끝에 큰 성과를 얻는 것도 훌륭한 투자다.

사람마다 투자 스타일은 다르다. 이미 상승세를 타고 있는 자산에 올라타 흐름을 즐기는 사람이 있고, 남들이 비관적으로 보는 자산이지만 미래에 재평가될 가능성이 보이는 곳에 올라타 시간을 기다리는 사람도 있다. 특정 순간의 성과로 투자의 좋고 나쁨을 판단하는 건 근시안적이다. 연구에 따르면 단기 트레이더의 평균 수익률은 장기 투자자보다 낮으며, 시장 타이밍을 맞히려다 실패하는 경우가 80% 이상이라는 통계도 이를 뒷받침한다. 단기적 흥분보다 장기적 안목이 더 안정적 결과를 가져온다는 뜻이다.

나는 '남들이 오해하는 것, 지금보다 나아질 것, 저평가된 자산'에 시간과 비용을 투자하는 걸 즐긴다. 상승 중인 자산에 올라타 빠르게 수익을 내는 것도 매력적이지만 급락이나 정체의 가능성을 항상 염두에 둔다. 시장에서 실패해 떠나는 사람이 훨씬 많지만 그들은 자신의 사연을 말하지 않기에 눈에 띄지 않는다. 양극화된 시장에서 큰 수익을 얻는 이는 언제나 소수다. 그렇다고 절망하거나 조급할 필요는 없다. 내 자산이 지금 지지부진하다고 마음 아파하거나 초조해할 것이 아니라 이 순간을 컨트롤하며 차분히 나아가야 한다. 투자는 단거리 경주가 아니라 장거리 레이스이며, 시간과 비용을 투자해 기다리는 자가 승자가 된다. 눈앞의 결과로 성공과 실패를 판단하지 말자. 시장에 비관이 퍼지고 모두가 단기 성과에 몰두할 때 좋은 기회가 서서히 다가온다. 장기적 관점으로 시장을 관찰하면서 시간과 노력을 투자해 자산의 본질적 가치를 키워가는 접근이 보통 사람에게 가장 적합한 투자 방식이라고 생각한다.

세컨하우스는 삶의 질을 높이고 더 자유로운 일상을 만드는 도구가 될 수 있다. 기술 발전으로 노동 시간이 줄고 여가 시간이 늘면서 여행과 휴식에 대한 욕구가 자연스럽게 커지고 있으며, 주거도 '사는 곳'에서 '즐기는 공간'으로 바뀌고 있다. 세컨하우스는 이런 변화 속에서 개인의 만족과 지역 활성화를 동시에 추구할 수 있는 현실적 선택지다.

정부도 이 흐름을 뒷받침하고 있다. 2026년부터 비수도권 인구감소지역(기준시가 9억 원 이하)과 인구감소관심지역(기준시가 4억 원 이하)에 '세컨드홈 세제 특례'가 확대 적용된다. 양도세와 종부세에서 주택 수 산정 제외 등의 혜택이 1주택자는 물론 다주택자에게까지 주어진다. 생활인구 유입과 지역 경제 활성화를 목적으로 한 조치로, 강원도 강릉·속초나 경남 통영 같은 접근성 좋은 휴양지가 대상지다. 정부의 지역 균형 발전 전략이 개인의 삶 설계와 맞물리면서 새로운 라이프스타일 트렌드를 만들어낼 전망이다.

이 정책의 성공 여부는 크게 중요하지 않다. 해외 사례를 봐도 유휴 시간 증가, 소득 상승, 기술 편의가 자리 잡히면 이런 움직임은 자연스럽게 확산된다. 미국에서는 원격 근무 확산과 팬데믹 이후 휴양지 장기 체류가 열풍을 일으켰고, 유럽에서는 워케이션(Workation)*이 일상화됐다. 동남아 신흥 시장에서도 도시 탈출이 늘며 세컨하우스 가치가 오르고 있다. AI와 자동화가 생산성과 소득을 끌어올리면서 이런 라이프스타일은 더 퍼질 것이다.

자율주행 기술과의 연계도 미래 변화를 가속화할 요소다. 자율주행차가 보편화되면 도시와 지방 간 이동이 훨씬 수월해져 세컨하우스 방문이 일상이 될 수 있다. 노인의 이동성을 높여 소비를 촉진하며 부모의 시간을 절약하는 등 사회 전반에 긍정적 변화를 가져올 것이다.

세컨하우스는 과거 부자들의 별장에서 이제 5도2촌** 같은 라이프스타일로 자리 잡고 있다. 나만의 두 번째 동네를 만들어 주말에 운동하고 맛집을 돌며 가족·지인과 시간을 보내는 것은 단순 소비가 아니라 삶의 충만함을 더하는 행위다. 고급 외제차 대신 세컨하우스를 선택하면 감가상각 대신 가치가 유지되거나 상승할 수 있고, 단기 임대로

---

* '일(Work)'과 '휴가(Vacation)'의 합성어로, 휴가지나 새로운 환경에서 업무를 병행하는 근무 방식을 뜻한다. 업무 효율과 삶의 질을 동시에 높이기 위한 유연근무 형태로 확산되고 있다.
** 五都二村, 일주일 중 5일은 도시(직장·주거지)에서 생활하고, 나머지 2일은 농촌이나 자연 환경에서 보내는 생활 방식을 말한다. 도시와 농촌을 오가며 일과 휴식을 병행하는 라이프스타일이다.

현금흐름까지 만들어낼 수 있다. 정부 정책이 진입장벽을 낮춰주면서 지방 시장이 안정되면 이런 관점을 가진 사람이 점점 늘어날 것이다.

미래의 자유는 유연성과 이동성에서 나온다. 부동산은 여전히 튼튼한 기반이지만 세금 부담 증가, 다주택자에 대한 시선 변화, 임대법 개편 등을 고려하면 자산 분산이 필요하다. 미국 주식이나 암호화폐 접근성이 좋아진 상황에서 현실적 구성은 주거용 1채, 투자·증여용 1채, 여유가 된다면 실사용 세컨하우스 1채를 추가하는 것이다. 세컨하우스를 제3자에게 단기 임대해 수익을 내고 베트남 나트랑 같은 곳에서 한 달 살기를 하며 물가 차이로 생활비를 아끼는 전략도 가능하다. 나이가 들수록 겨울에 따뜻한 지역으로 이동하는 것은 건강과 삶의 질을 위한 실질적 선택이 된다.

돈과 수익이 자본주의의 핵심이지만 끝까지 돈에만 매달릴 수는 없다. 초반에 중요한 가치를 놓치고 달려왔다면 중후반부터는 미뤄뒀던 가치를 하나씩 찾아 누릴 때다. 그럴 때 자본주의를 '살아낸다'는 접근이 '누리며 살아간다'로 자연스럽게 바뀔 수 있다. 세컨하우스는 유연성과 이동성을 바탕으로 삶을 설계하는 도구다. 나만의 두 번째 동네를 찾아 애정을 쏟고 새로운 가능성을 여는 것은 자본주의를 살아내는 매력적인 방식 중 하나다.

나이를 먹어갈수록 내가 잘 아는 지역 범위를 넓혀가자. 그 자체가 소중한 자산이 된다. 정부의 세컨드홈 정책과 자율주행 기술 발전, 모듈화 주택의 국내 적용이 결합되면 세컨하우스가 사회 전체의 지속 가능한 발전을 이끄는 핵심 요소로 자리 잡을 전망이다.

09 하이브리드 자산 배분 전략

인플레이션 시대의 자산 보호와 증식에서 가장 큰 딜레마는 '안정성' 과 '성장성'을 동시에 잡을 수 있느냐는 점이다. 부동산은 물가 상승에 강하고 매달 안정적 현금흐름(임대 수익)을 만들어주지만 장기 수익률은 보통 7~10% 정도로 제한적이다. 비트코인은 폭발적 상방 잠재력을 지녔지만 극심한 변동성을 동반해 단독으로는 위험하다. 이 두 자산을 하나만 고를 것인가, 서로 보완하는 하나의 시스템으로 만들어 운용할 것인가가 핵심 질문이다.

이 질문에 실천적 답을 내놓은 사람이 그랜트 카돈(Grant Cardone)이다. 그는 2025년부터 실물 자산과 디지털 자산의 경계를 허무는 하이브리드 모델을 본격 실행에 옮겼고, 2026년 현재 이 전략은 더욱 확장되며 실행력이 입증되고 있다.

카돈 캐피털(Cardone Capital)은 2025년 말부터 2026년 초까지 여러 차례 비트코인 추가 매입을 단행했다. 2025년 11월 플로리다 보카 레이턴의 고급 멀티패밀리 아파트 단지 101 미즈너(Mizner)를 2억 3,500만 달러에 인수한 뒤, 1,000BTC(당시 약 1억 달러 상당)를 결합해 101 미즈너 비트코인 하이브리드 펀드(101 Mizner Bitcoin Hybrid Fund)를 출시했다. 구조가 다른 10X 보카레이턴 비트코인 펀드(10X Boca Raton Bitcoin Fund)도 함께 만들었다. 888BTC를 추가 매입해 1,000BTC 목표를 완수한 이 펀드는 역사상 가장 큰 규모의 부동산-비트코인 하이브리드 투자로 기록됐다.

2026년 들어서도 이 모델은 확대되고 있다. 1월에만 650BTC를 추가 매입했고, 카돈은 시장 하락장에서도 장기 보유를 강조하며 현금 흐름을 활용한 축적을 이어가고 있다.

〈도표 5-3〉 카돈 캐피털이 매입한 고급 주거 단지 101 미즈너

 월급쟁이 루지 부의 설계

이 전략의 핵심은 부동산에서 나오는 잉여 현금흐름을 비트코인 매입에 재투자한다는 점이다. 매월 순현금흐름으로 비트코인을 자동 매수함으로써 자산 총량을 유지한다. 상방 잠재력을 극대화하는 자동화된 복리 시스템을 구축한 셈이다. 비트코인 가격이 오르면 펀드 전체 가치 상승→부동산 재평가와 임대료 인상→더 많은 현금흐름→더 많은 비트코인 매입이라는 선순환이 작동한다. 101 미즈너 펀드에서는 연간 약 1,000만 달러 수준의 운영 순수익을 비트코인 구매에 할당하고 있다.

2026년 현재 카돈의 로드맵은 이 하이브리드 모델을 체계적으로 확장하는 방향이다. 10X 스페이스 코스트 비트코인 펀드(10X Space Coast Bitcoin Fund, 플로리다 멜버른 300세대 주택+15만 달러어치 비트코인), 10X 마이애미 리버 펀드(10X Miami River Fund, 마이애미 리버 346세대 주택+3억 달러어치 비트코인 목표) 등 추가 펀드를 론칭했다. 목표는 2026년 내 총 10개 펀드를 출시해 1만 5,000개 이상 아파트 세대와 1만 BTC를 결합하는 것이다. 단기적으로는 2026년 말까지 3,000BTC 보유를 추진 중이며, 장기적으로는 카돈 캐피털 전체 포트폴리오를 비트코인 비중 70% 수준까지 끌어올릴 계획이다. 이 모델을 기반으로 한 비트코인 중심 회사를 상장할 것이라고 발표했다. 임대 수익만으로 비트코인을 축적하는 구조를 공공 시장에 선보이는 첫 사례로, 카돈은 최고 수준의 기관급 부동산과 비트코인을 장기 보유한다는 메시지를 반복 강조하고 있다.

달러는 무한정 발행되면서 구매력이 장기적으로 하락하지만, 비트코인은 총 공급량 2,100만 개로 고정돼 진정한 가치 저장 수단으로 기능한다. 부동산은 변동성을 흡수하는 방패 역할을 하고 비트코인은 무한한 상방을 여는 창이 된다. 카돈은 이 접근으로 연 35% 수준의 잠재 수익을 기대하며, 과거 비트코인 상승 시 펀드 가치가 20~30% 증가한 바 있다.

나만의 시너지 포트폴리오

한국 투자자에게도 카돈의 투자 원리를 적용할 수 있다. 아파트 월세 300만 원을 받으면 일부를 활용해 매월 0.01BTC를 사 모으는 식으로, 해외 펀드에 참여할 필요 없이 자신의 실물 자산을 기반으로 디지털 자산을 축적하는 구조를 직접 설계할 수 있다. 한국의 높은 부동산 비중과 비트코인 관심도를 고려하면 특히 매력적인 접근이다.

안정성과 성장성을 분리해서 생각할 시기는 지났다. 부동산으로 안정적 현금흐름을 만들고, 그 현금으로 비트코인을 축적하는 모델은 앞으로 10~20년간 부의 보존과 증식의 표준이 될 가능성이 크다. 자녀 세대에게 물려줄 자산도 '아파트 한 채'가 아니라 '아파트에서 나오는 현금흐름과 그 현금으로 축적한 비트코인'이라는 통합 구조가 될 것이다. 이 전략은 인플레이션 시대를 이기는 가장 현실적이고 강력한 자산 배분 방식이 될 것으로 기대된다.

10 토큰화 자산이 온다

RWA 기술은 부동산 한 채, 예술품 한 점, 국채, 상업용 건물 같은 자산을 디지털 토큰으로 분할해 24시간 365일 소액 거래가 가능하게 만든다. 이 기술이 현실화되면 강남 재건축 아파트 한 동을 여러 사람이 작은 단위로 나눠 소유하는 세상이 열린다. 각자 지분 비율만큼 매달 월세가 자동으로 지갑에 입금되고, 필요 시 토큰을 담보로 돈을 빌려 추가 레버리지를 활용하거나 디파이 시스템에서 더 높은 수익을 추구할 수 있다. 이자 농사(Yield Farming)는 디파이 플랫폼에 토큰을 예치하거나 유동성을 공급해 추가 보상이나 이자를 받는 활동이다. 은행에 돈을 넣어 이자를 받는 것처럼 디파이 플랫폼에 토큰을 맡기면 더 많은 이자나 토큰을 얻을 수 있어 '농사'라는 이름이 붙었다. 이런 활동이 활발해지면 블록체인 프로토콜에 예치된 자산의 총 가치가 크게 증가한다.

　2026년 1월 현재 RWA 시장의 TVL은 294억 달러를 넘어섰다. 2025년 말 대비 73% 이상 증가한 수치로, 사람들이 실제 돈을 투자하고 거래하며 디파이 생태계를 운용하고 있다는 증거다. 블랙록의 빌드(BUIDL) 토큰화 펀드는 블록체인에서 토큰화된 미국 국채를 중심으로 한 기관 대상 투자 펀드다. 실제 미국 국채 이자로 수익을 분배하며 유동성과 투명성을 제공한다. 단기 미국 국채, 환매조건부채권, 현금 등에 투자해 안정적 수익을 추구하며, 매일 이자가 쌓여 매월 추가 토큰으로 분배되는 구조다. 2024년 초 출시 이후 기관 자금이 몰려 투자금이 현재 25억 달러를 돌파하며 여러 블록체인으로 확장되고 있다.

　개인 투자자 입장에서도 접근하기 쉬운 플랫폼이 활발하다. 리얼티(RealT)는 미국 여러 도시의 200개 이상 주거용 부동산을 토큰화해 누구나 50달러면 작은 지분을 살 수 있게 했다. 투자자는 매주 스테이블코인으로 임대 수익을 자동 입금받는다. 디트로이트나 클리블랜드 같은 도시의 집을 전 세계 사람이 나눠 소유하면서 매주 수익을 챙기는 식이다. 다막 프로퍼티즈(DAMAC Properties)는 두바이 기반의 대형 개발사로, 만트라(MANTRA) 블록체인과 손잡고 최소 10억 달러 규모의 고급 자산을 토큰화했다. 초호화 빌라, 상업 빌딩, 호텔, 데이터센터 등 다양한 포트폴리오를 만트라 체인에 올려 전 세계 소액 투자자가 쉽게 지분을 사고팔 수 있게 했다. 중동 프리미엄 부동산이 블록체인에서 24시간 거래되며 새로운 유동성 시장이 열리고 있다.

블랙록 같은 글로벌 기관이 RWA에 적극 뛰어드는 이유는 명확하다. 새로운 수익원을 찾고 블록체인으로 거래 비용을 대폭 줄이면서 효율성과 투명성을 높일 수 있기 때문이다. 젊은 세대나 글로벌 투자자를 끌어들이는 동시에 인플레이션 시대에 안정적 가치 저장 수단을 디지털화해 더 넓은 시장을 공략하는 전략적 움직임이다.

전통 증권사와 가상자산 거래소 간 협업·인수 움직임도 급증하고 있다. 국내에서도 제도권 금융 기관이 가상자산 인프라를 확보하거나 파트너십을 맺으며 디지털 자산 시장 진입을 서두르고 있다. 미래에셋 같은 대형 그룹이 코빗(Korbit) 지분을 대거 인수하는 등 움직임이 활발하다. 증권사 앱 하나에서 주식·펀드·채권·암호화폐·RWA까지 모두 다루는 시대를 앞당기는 신호다. 고객은 별도 앱을 오갈 필요 없이 익숙한 플랫폼에서 비트코인을 사고팔고, 토큰화된 부동산 지분이나 국채를 매수하며 디파이 수익을 올릴 수 있게 된다. 젊은 층의 가상자산 친화성과 고액 자산가의 제도권 플랫폼 선호가 맞물리면서 해외로 빠져나가던 투자 자금이 국내로 유입되고 법인·기관 시장까지 확대될 가능성이 커지고 있다. RWA와 디지털 자산이 제도권 금융의 일부로 자리 잡는 과정이 가속화되고 있다.

세상이 계속 돈을 찍어내고 인플레이션이 장기화되는 환경에서 부동산, 국채, 예술품 같은 실물 자산은 여전히 가장 튼튼한 가치 저장 수단이다. 문제는 고액 자산가나 기관만 접근할 수 있고, 거래마다 중개 수수료·세금·서류 작업·시간이 많이 들며 돈이 오랫동안 묶여 효율이 떨어진다는 점이다. RWA는 중개 비용을 최대 90%까지 줄이고 거래를 365일 24시간으로 바꾸며, 전 세계 누구나 소액으로 고급 자산의 일부를 소유할 수 있게 해준다. 실물 자산에 투자할 수 있는 전체 시장 규모가 크게 확대된다. 24시간 거래 가능성은 기관 투자자에게 변동성을 활용한 수익 기회를 주고, 증권사에는 거래량 증가로 수수료 수익이 늘어나는 선순환을 만든다.

토큰화 자산과 전통 자산의 상호보완성

미국 정부 입장에서도 긍정적이다. 토큰화된 미국 국채는 RWA 시장에서 압도적 자산 비중을 차지한다. 토큰화 덕분에 글로벌 투자자가 훨씬 쉽게 접근할 수 있게 되면서 국채 수요가 자연스럽게 증가하기 때문이다. 미국 국채가 RWA에서 지배적인 이유는 세계에서 가장 안전한 자산으로 꼽히고, 유동성이 높으며 안정적 수익률을 제공하기 때문이다. 블랙록의 빌드 토큰화 펀드처럼 대형 기관이 만든 국채 상품이 나오면서 기관 자금이 쏟아지고, 디파이에서 담보로 활용되며 TVL을 끌어올리는 구조가 자리 잡았다. 미국의 국채 발행과 자금 조달을 돕는 선순환으로 이어진다.

RWA는 전통 자산을 대체하는 게 아니라 서로 보완하며 함께 성장한다. 토큰화된 지분이 디파이 안에서 거래되고 이자 농사·레버리지·

유동성 제공 등으로 활용되면 오히려 원본 실물 자산에 대한 수요가 늘어난다. 토큰 가격은 결국 실물 가치에 연동되기 때문이다. 1등급 우량 자산은 공급이 한정적이다. 기관과 고액 자본이 프리미엄을 확보하려 들고, 토큰화가 대중화될수록 지분 경쟁이 치열해지면서 실물 자산 가격에 상방 압력이 강해지고 하방은 더 단단해지는 구조가 형성된다. RWA는 인플레이션 시대에 실물 자산의 가치를 디지털로 풀어 더 많은 사람이 접근하게 하면서, 시장 전체의 효율성과 유동성을 높이는 구조적 변화다

RWA가 그리는 미래 변화상

RWA 토큰화 트렌드가 가장 강하게 적용될 분야는 부동산이다. 한국으로 치면 서울의 대표 지역과 각 지역 1등 단지 및 대표 학군지 단지(원베일리, 나인원한남, 한남더힐, 엘리트파, 시그니엘, 올림픽파크포레온, 헬리오시티, 아크로포레스트, 래미안대치펠리스 등)가 될 수 있다. 이 자산들은 높은 인프라 수준, 교육·문화·경제적 프리미엄, 지속적 수요 집중으로 안정성과 브랜드 가치를 입증받아 시장 변동성에도 탄력적이다. 반포의 고급 아파트 단지가 토큰화되면 해외 투자자가 토큰을 거래하며 참여하게 되고, 유동성 향상으로 전체 자산 가치가 상승하는 선순환을 만든다. 디파이에서 토큰을 담보로 한 대출이나 수익 창출 기회가 생겨 추가적인 가치 증폭도 기대할 수 있다. 투자자의 선제적 투자가 집중되며, 이런 단

지의 가격 상승폭은 비핵심 지역과 비교해 더 커질 수 있다. 대표성을 지닌 전통 자산부터 토큰화가 진행되는 건 자연스러운 수순으로, 지방의 무명 아파트는 토큰화 대상이 되기 어렵다.

이런 미래 변화상은 이미 현실에서 구체적 사례로 입증되고 있으며 한국에서도 비슷한 흐름이 펼쳐질 가능성이 높다. 리얼티처럼 소액부터 참여 가능한 미국 주택 토큰화 플랫폼은 수년째 운영 중이며, 다막 그룹이 만트라 블록체인에 10억 달러 규모의 프리미엄 자산을 토큰화해 글로벌 투자자를 유치하는 모델도 2025년 초부터 본격화됐다. 한국의 고급 아파트 단지도 유사한 토큰화가 적용될 가능성이 크다. 국내 금융 기관의 최근 움직임(토큰화 관련 연구, 파트너십 탐색, 규제 대응 등)이 이를 예고하고 있다.

RWA는 블록체인을 통해 전 세계 투자자에게 동시에 노출되며 훨씬 더 넓은 유동성과 관심을 끌어들인다. 막대한 글로벌 자금이 유입되면서 자산 가치의 상한선이 열린다. 한국의 경우 원베일리나 나인원한남 같은 랜드마크 단지가 토큰화되면 국내외 투자자가 대거 몰려들어 기존 가격 한계를 뛰어넘는 상승 압력을 받을 가능성이 크다. 해당 자산의 브랜드와 가치를 글로벌 스케일로 재정의하는 계기가 될 것이다.

2026년 초 기준 온도 파이낸스(Ondo Finance) 같은 RWA 플랫폼에서는 토큰화된 미국 국채나 기업 대출이 수십억 달러 규모로 거래되고 있으며, 기관 투자자가 디파이를 통해 5~10% 수준의 안정적 수익을 내는 사례가 늘고 있다. EU의 MiCA(Markets in Crypto-Assets)* 규제와 미국의 지니어스 액트 같은 국제적 프레임워크가 RWA의 안정적 성장을 뒷받침한다.

맥킨지(Mckinsey & Company) 분석에 따르면 토큰화된 자산 시장은 2030년까지 보수적으로 약 2조 달러 규모로 성장할 전망이다. 2026년 말까지 RWA 시장 규모가 1,000억 달러를 돌파할 가능성은 충분하다.

RWA는 실물 자산이 블록체인 위로 올라와 전 국민이 24시간 거래하며 수익을 창출하는 시대를 연다. 전통 부동산·예술품·인프라·국채의 가치를 끌어올리는 상호 강화 구조를 만들 것이다. 2026년의 TVL 증가, 각국 규제 안착, 다양한 토큰화 실행 사례가 모두 같은 방향을 가리킨다. 이 흐름은 멈출 수 없으며, 우리는 그 시작점에 서 있다.

....

* EU가 제정한 암호자산 규제로, 스테이블코인·거래소·지갑 서비스 등 암호자산 관련 사업자에 대한 발행·유통·공시·보호 기준을 통합적으로 규율하는 법체계이다. 투자자 보호와 시장 안정성을 강화하고, EU 전역에서 동일한 규제 기준을 적용하는 것을 목표로 한다.

내가 생각하는 미래

AI 기술의 발전과 노동 시장의 재구성

미래는 이미 눈앞에 펼쳐져 있다. 머스크가 테슬라의 1조 달러 규모 보상 패키지로 세상을 떠들썩하게 만들고 있지만, 이는 단순히 재산을 불리는 일이 아니다. 테슬라의 자율주행, 스페이스X의 우주 개척, xAI의 인공지능을 통해 인류의 삶 전체를 근본적으로 바꾸려는 거대한 비전의 한 조각이다. 이미 세계 최고 부자로서 돈 자체에 초점을 맞추지 않는 머스크의 의도는 더 자유롭고 의미 있는 존재로 거듭날 수 있는 세상을 만드는 데 있으며, 이 비전은 이미 현실로 다가오고 있다. 그는 AI와 로봇 기술이 10~20년 안에 일을 '해야 하는 것'에서 '하고 싶은 것'으로 바꿔놓을 것이며, 그때 돈의 의미는 크게 퇴색하고 인류는 보편적 고소득의 시대를 맞이하게 될 거라 말했다.

한국은 장기적으로 주 4.5일제를 넘어 주 4일제까지 자연스럽게 확대될 가능성이 크다. 정부와 기업 모두 생산성 향상과 일·생활 균형을 추구하는 글로벌 추세를 따른다. 개인이 이를 거스르려 애쓰는 건 시간과 에너지 낭비다. 대신 달러 자산과 비트코인을 축적하고, 내 집 마련 1채, 투자·증여용 1채, 세컨드 하우스 1채를 마련해 원화 가치 하락의 수혜를 두세 배로 누리면 된다. 원화는 달러 대비 장기적으로 약세를 보이는 경향이 뚜렷하며 이는 글로벌 통화 불균형 속에서 피할 수 없는 흐름이다.

AI 기술은 2030년대 초반부터 일상과 노동을 완전히 재구성할 전망이다. 공장 생산, 택배 배송, 식당 서빙 같은 반복적 단순 노동은 로봇과 AI가 대부분 대체하게 되고, 전 세계 노동자 중 상당수가 일자리 변화를 겪을 가능성이 높다. 세계경제포럼(WEF)의 〈미래 일자리 보고서 2025〉에 따르면 2030년까지 약 9,200만 개 일자리가 사라지지만 1억 7,000만 개의 신규 일자리가 생겨 7,800만 개 순증할 것으로 예상된다. 다만 새 일자리로의 이동 과정은 치열해질 수밖에 없다. 10년 내 AI가 대량 실업을 초래하고 유휴 시간이 크게 늘면서 보편적 기본소득제 도입 논의에 동력이 생길 것이다. 2017년 두바이 세계정부정상회의에서 머스크는 "결국 보편적 기본소득제를 도입해야 한다"며 AI로 인한 대량 실업과 소득 양극화를 경고한 바 있다. 챗GPT 같은 AI가 이미 일부 업무를 대체하기 시작했으며, 인간처럼 사고하고 행동하는 AI가 본격 상용화되면 수천만 개 일자리가 영향을 받을 수 있다. 맥킨지도 2030년까지 업무 활동의 상당 부분이 자동화될 가능성을 지적하며 실업률 상승을 전망했다.

AI가 따분하고 반복적인 일을 대신해주면 남는 시간을 창의적 활동이나 휴식, 인간관계에 투자할 수 있다. 테슬라 자율주행차는 출퇴근 시간을 책 읽기나 영화 감상으로 바꿔주고, 아마존 AI 배송은 쇼핑 시간을 최소화한다. 이런 기술은 소비자에게 시간을 되돌려주고 삶의 질을 높인다. AI를 제대로 이해하고 활용하는 사람은 늘어난 여유를 새로운 기회로 바꿔나가지만, 그렇지 못한 사람은 일자리 상실로 뒤처질 가능성이 크다. 지금부터 AI의 본질과 '시간 경제'라는 개념을 깨닫고 적응하는 게 중요하다.

이 모든 흐름의 중심에는 미국이 있다. 미국은 기축통화국으로서 달러를 발행해 전 세계에 풀고, 그 대가로 원하는 자원과 상품을 가져온다. 풀린 달러가 미국 안에서 큰 인플레이션을 일으키지 않는 이유는 전 세계가 그 인플레이션 부담을 나눠 떠안기 때문이다. 여기에 AI와 기술 혁신이 더해지면서 생산 비용은 급격히 떨어지고 디플레이션 압력이 생긴다. 동시에 부동산·주식 같은 자산 가격은 계속 올라간다. 미국은 돈을 찍어도 실물 물가 부담이 상대적으로 가볍고, 풀린 유동성은 대부분 자산 시장으로 흘러들어 부의 규모를 키운다. 다른 나라에서 값싼 상품을 수입하는 덕분에 미국 내 실질 생활물가는 안정되거나 오히려 낮아지는 구조가 만들어진다. 로봇과 AI가 대거 투입되면서 기술 혁신은 디플레이션을 더 강하게 밀어붙이지만 자산 가격 상승은 멈추지 않는다. 풀린 돈은 지분 소유 비중에 따라 흡수될 수밖에 없다.

미국은 기축통화라는 돈의 힘과 AI를 위시한 기술 패권이라는 힘을 동시에 쥐고 있다. 미국을 향한 숏베팅은 역사적으로 늘 위험했다. 금융 위기 때마다 달러는 오히려 안전자산으로 떠올랐다. 세계 최대 소비시장인 데다 AI 원천기술을 가진 빅테크가 글로벌 시장을 장악하면서 수익도 계속 늘어날 전망이다. 미국은 그 기술의 선두에서 돈을 찍어도 괜찮은 독보적 지위를 유지하고 있다.

생산성 향상과 기본소득의 역할

AI와 휴머노이드 로봇은 풍요로운 미래를 가져올 것이다. 옵티머스 같은 휴머노이드 로봇이 연간 수천만 대 이상 생산되면 제조 원가는 2~3만 달러 이하로 떨어질 가능성이 크다. 전기와 센서 비용을 제외하면 인건비가 거의 들지 않고, 24시간 가동에 오류율은 인간의 100분의 1 수준이다. 로봇 한 대가 한국 평균 연봉 수준의 노동력을 1년 이내에 회수한 뒤 거의 무한정 가동된다면, 농업·제조·건설·물류·소매·외식·의료 보조·청소 등 실물 경제에서 생산 비용이 90% 가까이 급감할 수 있다. 소비자 물가는 빠르게 하락하고, 명목 소득이 다소 줄어들더라도 실질 구매력은 상당히 증가하는 구조가 만들어진다.

과거 1~3차 산업혁명에서는 새로운 기술이 가져온 풍요가 대중에게 체감되기까지 보통 수십 년, 길게는 50~100년 가까이 걸렸다. 초기에는 불평등이 커지거나 노동 환경이 악화되는 경우도 많았고, 실질 구매력 상승과 생활 수준 향상이 본격적으로 퍼지는 데 시간이 필요했다.

그러나 이번 4차 산업혁명은 속도가 훨씬 빠르다. 기술 확산이 디지털 시대답게 폭발적이기 때문이다. 2025년을 기점으로 10~20년 안에 과거 혁명이 수십 년 걸려 이룩한 생산성 향상과 노동시간 단축 효과를 상당 부분 따라잡거나 넘어설 가능성이 있다. 재분배 속도가 과거와 비교할 수 없을 만큼 빨라질 수 있다는 점이 주목할 만하다. AI와 로봇이 반복·위험 노동을 대체하면서 실질 구매력이 1.5배 정도 오르고 노동시간이 30~50% 줄어드는 변화가 비교적 짧은 기간 안에 일어날 수 있다는 전망이 나오고 있다.

이런 급격한 변화를 관리할 핵심 열쇠는 기본소득이다. AI가 일자리를 대량으로 대체하면 정부가 국민에게 매월 일정 금액을 지급해 기본 생활을 보장해주는 시스템이 필요하다. 그래야 사람들은 일자리 불안에 시달리지 않고 새로운 기술을 배우거나 창의적 일에 집중할 수 있다. 미국에서는 AI로 생겨난 부를 국민과 어떻게 나누느냐에 대한 논의가 활발히 진행 중이다. 독일의 2021~2024년 기본소득 실험(월 1,200유로 지급) 결과를 보면 참가자들은 오히려 풀타임 근로를 유지하면서 직업 만족도가 올라갔고, 교육을 받거나 가족과 시간을 보내며 정신 건강까지 좋아졌다. 기본소득이 노동 의욕을 떨어뜨리지 않고 오히려 삶의 질을 높일 수 있다는 강력한 증거다. 주 4.5일제가 현실화되는 상황에서 자녀 세대에는 주 4일제가 기본값이 될 가능성이 높다.

급속한 재분배가 현실적으로 가능하다는 선례도 확인된다. 알래스카의 영구기금 배당은 1982년부터 40년 넘게 중단 없이 주민 전체에게 석유 수익 일부를 매년 현금으로 지급하고 있으며, 안정적이고 지속 가능한 현금 재분배 제도의 살아있는 사례다. 코로나 팬데믹 때 전 세계적으로 시행된 대규모 현금 지원 프로그램도 빈곤율을 역사상 최저 수준으로 낮추는 데 결정적 역할을 했다. 핀란드, 케냐 등 기본소득 실험에서도 참가자의 노동 의욕이 떨어지지 않았을 뿐 아니라 건강·교육·취업률이 유지되거나 오히려 좋아지는 결과가 반복됐다. 기본소득이나 유사한 현금 재분배가 빈곤 감소에 그치지 않고 건강, 교육, 심리적 안정, 사회적 연결 등 삶의 전반적 질을 동시에 높일 수 있음을 보여준다.

새로운 세금 체계와 부의 재분배

EU에서는 AI와 로봇 관련 초과 이익에 대한 과세(일명 '로봇세'나 AI 세제 강화)를 지속 검토하고 있으며, 한국·미국·독일·캐나다 등 여러 나라에서도 로봇세, 시민 배당 같은 아이디어가 정책 논의 주제로 떠오르고 있다. 2026년 EU 세제 전략에서도 AI 관련 과세를 강화하며 자본과 노동 간 균형을 모색할 전망이다.

다만 전 세계 인구가 무조건 기본소득을 받는다는 것은 현실적이지 않다. 경제 성장성과 AI 기술 혁신을 주도하는 기업을 보유한 선도 국가나 자원이 풍부한 특정 지역에 한정될 가능성이 훨씬 크다. 포퓰리즘에 휩쓸려 무작정 국채를 찍어내거나 재정 건전성을 무시한 채 기본소득을 도입하면 인플레이션 폭등이나 국가 신용 붕괴로 이어져 경제가 망가질 위험이 크기 때문이다. 재분배는 지속 가능한 재원을 기반으로 신중하게 설계돼야 하며, 기술 혁신을 저해하지 않는 선에서 이뤄져야 한다.

머스크와 같은 기술 리더들은 AI로 창출되는 막대한 부를 사회에 환원해야 한다는 입장을 오랫동안 유지해왔다. 2035년까지 주요 선진국에서 기본소득 또는 그에 준하는 제도가 본격 도입될 가능성은 상당히 높아 보인다. 전환 과정에서 대량 실업, 사회적 불안정, 지정학적 긴장, 재원 마련의 난항 같은 리스크가 분명 존재하지만, AI가 만들어낼 풍요의 절대적 규모와 정치·사회적 학습 속도를 고려하면 충분히 극복 가능한 수준으로 평가된다.

그러나 핵심을 잊어서는 안 된다. AI 혁명으로 초기에 생겨나는 새로운 부의 70~80%는 대부분 자본소득 형태로 집중되며, 주주와 기업 소유주에게 먼저 돌아간다. 진정한 의미의 기본소득은 이 1차 분배가 끝난 다음 단계에서야 가능해지는 2차 재분배 과정이다. 빅테크 기업과 AI 패권을 쥔 국가가 AI·자동화 관련 초과 이익에 효과적인 세금을 부과하고, 그 세수를 기본소득 형태로 재분배하는 메커니즘을 구축할 가능성이 가장 크다. 이는 관세를 통해 무역 흑자를 거둬 국민에게 직접 나눠주는 구조와 유사하다. 코로나 팬데믹 때 미국이 1인당 최대 1,400달러 지원금을 지급했을 때, 그 현금이 대거 주식 시장

　　　　　　　　월급쟁이 루지 부의 설계

으로 유입돼 증시가 폭등한 현상은 단순한 우연이 아니었다. 돈을 푸는 행위 자체가 자산 가격을 끌어올리는 강력한 순환 고리를 만들어 낼 수 있다는 실증적 증거였다.

트럼프 대통령이 대법원에서 IEEPA(국제긴급경제권한법)의 관세 권한 심리를 두고 "국민에게 돈을 못 주게 하려는 시도"라고 프레임화하며 지지층을 결집시킨 것도 같은 맥락이다. 관세 논쟁을 국민 배당·재분배 문제로 뒤집는 정치적 재구성은 매우 효과적이었으며, 미래 AI 재분배 논의에서도 비슷한 프레임 전환이 반복될 가능성이 높다.

AI 시대의 진짜 승자는 기술 패권을 확보한 국가·기업뿐이다. 이들은 시장 지배력과 혁신으로 실질적 부를 창출한 뒤 일부를 국민에게 재분배하는 구조를 만들어낼 수 있다. 반대로 자국 통화나 지역 통화를 마구 찍어내는 부채 중심 재분배를 강행하려는 국가는 통화 가치 급락, 인플레이션 악화, 국제 신용 하락이라는 악순환에 빠질 위험이 훨씬 크다. 지속 가능한 기본소득은 '창출된 부의 일부를 나누는' 모델에서만 가능하며, '빚을 내서 나누는' 모델에서는 붕괴할 수밖에 없다. AI 시대의 재분배는 기술 패권과 재정 건전성이라는 두 축이 동시에 충족돼야 실현 가능한 꿈이다.

미래 자산 설계와 개인적 대비 전략

엔비디아가 시가총액 4.5조 달러를 넘긴 것처럼, 테슬라는 옵티머스와 로보택시만으로도 10~15조 달러 기업 가치를 충분히 정당화할 수 있는 단계에 들어섰다. 마이크로소프트, 구글, 애플, 아마존 같은 AI·플랫폼 핵심 기업의 향후 10~15년 현금흐름은 중견 국가 GDP를 가볍게 뛰어넘을 전망이다. 미래 기본소득 재원의 상당 부분은 이 기업들이 만들어낸 천문학적 이익 일부에서 나올 것이다. 하지만 가장 먼저 그 파이를 챙기는 건 주주다. 국가가 로봇세나 초과이익세로 걷어 국민에게 나누는 건 다음 단계일 뿐이다. 주주가 되지 않으면 아무리 열심히 일하고 세금을 내도 풍요의 가장 큰 덩어리는 남의 손에 들어간다는 걸 기억해야 한다. 2035년쯤 부의 계층은 극명하게 갈릴 가능성이 크다.

상위 계층: 테슬라, 엔비디아, 오픈AI 관련 기업이나 구글·마이크로소프트·아마존 등 AI·로봇 생태계 핵심 기업의 지분을 꾸준히 장기적으로 모아가는 주주

중위 계층: 기업 지분을 어느 정도 보유했거나, AI·로봇 산업 세수를 넉넉히 기본소득 형태로 돌려주는 국가의 국민

하위 계층: 그 외 대부분

이 순위는 한 번 고착되면 되돌리기 매우 어려울 것이다. 기본소득을 받는 일반 국민도 풍요의 일부를 누리겠지만, 게임의 판을 바꾸는 진짜 힘은 주주에게 있다. 지금부터 핵심 AI·로봇 기업 주식을 사 모으는 건 단순한 투자가 아니라 인류 역사상 가장 빠르고 큰 부의 물결에 올라타는 행위다.

금리 사이클과 기회

많은 사람이 투자 타이밍을 정반대로 이해한다. 2022~2023년에 한국은행 기준금리가 3.5%로 올랐을 때 대출금리가 너무 높아서 투자하기 어렵다며 현금만 쌓아두고 저금리 시기를 기다리겠다는 생각이 대표적이다. 은행 주택담보대출 금리가 가산금리를 더해 5~7%대까지 올라 부담이 컸고, 부동산 가격이 일시적으로 조정받자 "금리가 더 떨어지면 그때 사자"는 판단이 널리 퍼졌다.

이것은 금리 사이클의 본질을 오해한 접근이다. 금리는 돈의 가격이며, 금리가 하락하면 돈의 상대적 가치가 떨어지면서 동일한 실물 자산을 취득하는 데 필요한 명목 화폐량이 증가한다. 경험자는 이런 역학을 감각적으로 알았으나, 공포를 자극하는 기사와 주변 소음으로 행동에 옮기지 못한 사람이 대부분이었다.

2024년부터 기준금리가 점진적으로 인하돼 2025년 12월 2.5%대로 낮아진 상황에서 자산 가격은 다시 상승 압력을 받고 있으며, 뒤늦게 시장에 들어오려는 투자자는 이미 재평가된 더 높은 가격을 받아내야 한다. 중금리 시기에 실질 대출금리가 높아 매수가 망설여지더라도 그 눌림을 견디며 자산을 축적한 사람은 저금리 국면에서 낮아진 이자 비용과 자산 가치 상승이라는 이중 이득을 누린다. 현금을 쌓으며 기다린 사람은 동일한 자산을 얻기 위해 훨씬 더 많은 비용을 지불하게 된다.

코로나19 팬데믹 이후 초저금리 시기에는 부동산과 주식 등 자산 가격이 급등했지만, 임금 상승은 그 속도를 따라가지 못해 자산을 보유하지 않은 계층의 실질 구매력은 오히려 약화됐다. 한국에서도 2020~2021년 초저금리 국면에서 서울 아파트 가격이 급등하면서 혜택은 이미 주택을 보유한 사람에게 집중됐고 무주택자는 더 높은 진입장벽에 직면했다.

투자자는 장기적 관점에서 담보 가치를 활용하고 화폐의 실질 구매력을 헤지하는 데 초점을 맞춰야 한다. 저금리 시대에 유리한 위치를 선점하는 사람은 결국 중금리 시기의 일시적 어려움을 감내하며 꾸준히 자산을 모은 사람이다.

2035년, 평범한 직장인 A 씨의 하루

아침 7시. 로봇이 밤새 청소·세탁·식기 정리·간단한 요리를 끝내놓고, 갓 구운 빵과 방금 내린 커피를 테이블에 차려준다. 지금 가격으로 커피 한 잔이 500원도 안 되는 수준이다. A 씨는 여유롭게 샤워하고 출근 준비를 한다. 출근은 주 3일, 근무 시간은 오전 9시~오후 1시이다. 나머지 시간은 자유다. 회사에 도착하면 AI가 어젯밤 완성한 보고서 초안과 마케팅 콘텐츠를 띄워놓는다. A 씨의 일은 그걸 감성적으로 다듬고 인간적 뉘앙스를 더해 최종 승인하는 정도다. 월 명목 급여는 10년 전보다 30% 줄었지만 실질 구매력은 2배 가까이 뛰었다. 교육·의료·교통·주거 비용이 70% 이상 하락했기 때문이다. 대학 등록금은 국가가 AI·로봇 기업에서 걷는 로봇세·AI세로 거의 전액 지원된다. 점심은 회사 근처 한정식집에서 3,000원에 먹는다. 오후 1시 퇴근 후에는 아이들과 공원에서 놀거나 집에서 그림을 그리거나 당일치기 강원도 드라이브를 다녀온다. 통장에는 회사 월급 250만 원과 국가 기본배당 150만 원이 꼬박꼬박 들어온다. 기본배당의 재원은 대부분 AI·로봇·자동화 기업이 창출한 초과 이익에서 나온다.

AI 시대가 본격화되면 생계를 위한 '억지로 하는 노동'은 거의 사라진다. 대부분의 사람은 '돈 때문에 하는 일'과 '의미·창의·즐거움 때문에 하는 일'이 완전히 분리된 삶을 살게 될 가능성이 높다. Z세대와 알파세대는 이미 워라밸과 자아실현을 가장 중요한 가치로 여기며 자랐고, 이런 변화에 가장 자연스럽고 빠르게 적응하는 세대가 될 것이다. 2035년쯤 누군가 "요즘 뭐 해?"라고 물으면 "회사 다녀" 대신 "그림 그리고 있어", "친구들이랑 동네에 카페 차렸어", "작은 스튜디오에서 콘텐츠 만들고 있어" 같은 대답을 훨씬 많이 할 것이다.

한국은 노동권 보호 수준이 높고 노사 관계가 비교적 경직돼 있어 기본배당 같은 새로운 소득보장 제도를 도입하는 데 다른 나라보다 시간이 더 필요할 수 있다. 핵심 문제는 도입 속도가 느리다는 점이 아니라, 생산성이 낮은 상태로 방치될 경우 경쟁국 대비 경제력이 급격히 하락할 수밖에 없는 구조다. 생산성 정체 → 임금 상승 압력 → 기업 경쟁력 약화 → 고용 위축 → 세수 감소 → 복지 축소라는 악순환이 현실화될 위험이 크다. 지금 시점에서 기본배당을 선제적으로 검토하고, AI·자동화 시대에 맞는 새로운 노동·소득·복지 체계를 과감하게 재설계하는 게 장기적으로 한국 경제의 생존 가능성과 국민의 안녕을 동시에 지키는 길이다. 좌파적 이념이나 복지 확대 논리가 아니라, 기술 변화의 충격을 국민 전체가 부드럽게 흡수할 수 있는 구조를 만드는 문제다.

이 흐름을 주도하는 글로벌 빅테크 기업은 대부분 미국 중심으로 움직이고 있다. 한국은 AI 산업을 제대로 키우고 국민이 AI를 이해하고 활용할 수 있는 문해력과 창의력 교육 환경을 서둘러 만들어야 한다. 미래는 시간 경제를 제대로 이해한 개인과 국가가 이끈다. AI가 반복적 노동에서 시간을 돌려주지만, 그 빈 시간을 어떻게 채우고 어떤 의미를 부여할지는 결국 우리 몫이다.

AI 시대에도 자녀 교육과 부동산은 여전히 중요하다. 로봇과 AI는 계산·기억·반복 업무는 완벽하게 해내지만, 내 나이에 내가 해야 할 일을 끝까지 해내는 성숙함, 그 과정에서 쌓이는 인간관계·신뢰·존경은 쉽게 모방할 수 없기 때문이다.

- 10대에는 공부, 독서, 운동으로 뇌와 몸의 기반을 제대로 다지는 게 중요하다.
- 20대에는 새로운 시도와 실패를 거듭하면서 자신만의 깊이를 쌓아간다.
- 30대에는 가정과 직장에서 실질적인 성과를 내고, 책임감을 다지며 안정감을 만든다.

- 40대에는 후배와 조직을 이끌며 사회에 실질적으로 기여하는 위치에 선다.
- 50대 이상에는 쌓아온 경험과 지혜를 자연스럽게 나누면서, 동년배들 사이에서 "저 사람은 믿을 수 있다"라는 평가를 받는 사람만이 진짜 엘리트로 남는다.

삶의 각 단계에서 주어진 시간을 제대로 채우고 다음 단계로 넘어가면서 끊임없이 성장하는 사람이 진정한 엘리트다.

땅은 AI가 새로 만들어낼 수 없고, 각 나이대에 해야 하는 일을 제대로 해낸 사람만 쌓을 수 있는 네트워크와 존경도 AI가 흉내 낼 수 없다. 강남·목동·분당 같은 주요 학군지는 여전히 가치가 지속적으로 오를 것이고, 부모들은 비싼 돈을 주고라도 아이들이 제대로 경쟁하고 성장할 수 있는 환경을 사려 할 것이다.

10년 뒤를 보고 자산을 설계해야 한다. 미국 주식은 혁신을 가속화하며 장기 우상향할 가능성이 높고, 비트코인은 디지털 금으로서 금 시총을 향해 꾸준히 상승할 것이다. 주요 부동산도 최소 2~3배 이상 상승을 이어갈 것이다. 부동산은 주식이나 코인에 비해 상방이 제한적이니, 담보대출과 세입자 보증금을 적극 활용해 레버리지를 키우고 원화에 숏베팅하는 개념으로 접근하는 게 효과적이다. 레버리지가 부담스러우면 달러 자산과 비트코인 비중을 더 가져가는 것도 훌륭한 선택이다.

로봇과 AI가 아무리 완벽해도, '저 사람은 믿을 만하고, 함께 일하고 싶고, 존중받아 마땅한 사람'이라는 평가는 절대 모방할 수 없는 가치다. 지금 하는 장기 투자는 빠르면 10년, 늦어도 15년 안에 돌아올 인류 역사상 가장 빠르고 큰 부의 기회이자 가장 강력한 경제적 안전판이다. AI는 시간을 해방해주지만, 그 시간과 풍요를 최대한 누리는 사람은 지금부터 미래 현금흐름을 미리 소유한 주주다. 개인 차원에서 가장 현실적이고 강력한 대비는 핵심 AI 기업의 주주가 되는 것이다.

부의 설계도를 그려 나갈 당신의 여정을 응원합니다

재테크와 자산 투자를 통해 수익을 올렸다고 서둘러 직장을 그만두는 것은 삶의 균형을 고려할 때 심각하게 고민해봐야 할 문제다. 비트코인이 올랐다, 부동산 가격이 뛰었다, 주식 포트폴리오가 불어났다며 바로 퇴사를 꿈꾸는 사람이 많지만, 진짜 핵심은 '시간'을 어떻게 자유롭게 쓸 수 있느냐에 있다.

이 책에서 강조한 세 가지 자산은 경제적 자유를 얻기 위한 강력한 도구다. 하지만 단순히 돈을 불리는 수단에 그쳐서는 안 된다. 진정한 부자가 되는 것은 통장 잔고가 아니라, 돈의 제약 없이 원하는 대로 시간을 배분할 수 있는 상태다. 하고 싶은 일을 함께하고 싶은 사람과, 원하는 장소에서, 원하는 시점에 할 수 있는 선택권이야말로 재정적 자유의 본질이다.

꾸준히 자산을 사서 모아가면 분명 경제적 여유는 생긴다. 다만 그 여유가 생겼을 때 시간을 어떻게 채울지 미리 생각해두지 않으면, 서둘러 퇴사한 뒤 공허함이나 후회가 더 빨리 찾아올 수 있다. 시간을 벌기 위해 애썼던 만큼, 그 시간을 제대로 즐기고 의미 있게 쓰는 준비도 해야 진짜 자유를 누릴 수 있다.

직장은 준비의 무대다

직장은 겉으로는 비효율적이고 스트레스가 쌓이는 공간처럼 느껴지지만, 그 안에서 당신은 나도 모르게 '안티프래질(Antifragile)'하게 단련되고 있다. 안티프래질이란 스트레스와 압박을 통해 더 강해지고 성장하는 상태를 말한다. 상사의 날카로운 피드백, 매일 반복되는 업무 속 실수를 줄여가는 과정, 동료와 부딪히고 타협하고 협력하는 순간이 자기 통제력과 감정 조절 능력, 문제 해결력을 자연스럽게 키워준다. 퇴사하면 이런 외부 자극이 갑자기 사라지면서 모든 책임과 동기가 온전히 자신에게 쏠리고, 예상보다 쉽게 루틴이 무너지는 경험을 하게 된다. 자유로운 시간이 생겨도 매일 주도적으로 움직이는 습관과 리듬이 없으면 시간은 빠르게 흩어지고 공허함으로 바뀐다. 벌어들인 시간을 제대로 사용할 중심과 방향이 없으면, 시간을 벌기 위해 쏟았던 노력과 인내가 퇴색되고 의미를 잃는다.

직장을 다음 단계로 넘어가기 위한 가장 현실적이고 강력한 준비

무대로 활용해야 하는 이유다. 현금흐름이 안정적으로 자리 잡지 않았고, 자신을 컨트롤하는 루틴이 단단하지 않은 상태에서 자산 가격이 올랐다는 이유만으로 서둘러 퇴사하는 건 다시 생각해보자.

회사에 올인하는 사람은 발전이 없는 사람이라는 시각은 지나치게 편협하다. 지금 회사에 남아 있는 사람 중에는 이미 현금흐름의 기반을 잡고, 루틴을 단단히 세우고, 더 큰 점프를 위해 준비를 다지는 사람도 분명 많다. 퇴사 타이밍을 신중하게 기다리며 회사라는 환경이 주는 자극과 학습 기회, 네트워크, 안정적 현금흐름을 최대한 활용하는 사람도 있고, 회사라는 구조 속에서 더 빠르게 성장할 수 있다고 판단해 의도적으로 남아 있는 사람도 있다.

직장은 여전히 남 밑에서 배우는 법, 조직 안에서 영향력을 키우는 법, 체력과 인내와 실행력을 동시에 단련하는 몇 안 되는 인생 실전 훈련장이다. 함부로 속단하지 말자. 누군가는 아직 출발선 근처에 있을 수 있고, 누군가는 결승선이 보이는 지점에서 마지막 담금질을 하고 있을 수 있다. 겉모습만으로는 그 차이를 알 수 없으니 타인의 선택과 속도를 섣불리 판단하기보다 열린 시선으로 바라보는 게 맞다.

각자의 준비 정도와 타이밍은 다를 수밖에 없다. 누군가 "회사 다니는 애들은 다 노예" 같은 말을 서슴없이 내뱉는다면 비판적 시선으로 봐야 한다. 성장 과정 없이 운 좋게 자산 가격이 올라 퇴사한 사람일 가능성이 높고, 그런 마인드로 인해 결국 무너질 수도 있을 것이다. 주식이나 비트코인, 부동산 가격이 좀 올랐다고 그런 생각이 든다면, 그건 당신을 여기까지 있게 해준 직장을 무시하는 태도이자 자신을 과

신하고 있다는 신호다. 그럴수록 오히려 더 긴장하고 깊이 돌아봐야 한다. 지금까지 쌓아온 자산이 어디서 왔는지, 어떤 환경과 기회와 인내가 그걸 가능하게 했는지, 아직 부족한 루틴은 없는지, 자유가 왔을 때도 의미를 잃지 않고 나아갈 중심이 잡혀 있는지 진지하게 점검해야 한다.

직장은 떠나기 직전까지도 가장 값지고 날카로운 훈련과 자극을 주는 곳이다. 그 무대를 충분히 밟고 단련한 뒤 감사한 마음으로 떠나는 것이 더 의미 있는 자유로 이어지는 길이다.

자유는 만들어가는 것

이 책에서 만난 투자 원칙을 하나씩 실천해 나가면, 목표는 경제적 자유 그 자체보다 시간적 자유에 더 가까워진다. 자본주의 시스템이 주는 가장 강력한 도구를 현명하게 활용해 진짜 내 시간을 조금씩 확보하는 것이다. 가족과 더 깊이 연결되는 순간, 오랫동안 미뤄왔던 취미나 배움, 누군가에게 도움이 되는 일로 그 시간을 채워갈 수 있다면 그 자유는 공허함이 아니라 충만함으로 느껴진다. 미리 그런 그림을 조금씩 그려두는 게 자유를 진짜 내 것으로 만드는 첫걸음이다.

지금의 반복되는 일상, 작은 스트레스, 익숙한 피로도 결코 헛되지 않다. 그 모든 게 당신을 단련하고 나중에 더 큰 선택을 감당할 수 있는 그릇을 키워주는 과정이다.

서두를 필요는 없다. 천천히 꾸준히 가면 된다. 부동산으로 안정적 기반을 다지고, 미국 주식으로 시간이 쌓여가는 성장의 궤적을 만들고, 비트코인으로 앞으로의 큰 변화에도 중심을 잃지 않을 대비를 마련하면서 새로운 시장의 흐름 속에 함께 서는 것이다.

자산을 쌓아가는 과정에서 변하지 말아야 할 규칙이 있다. 복리라는 시간의 힘, 분산과 장기 보유라는 원칙, 시장의 극단적 감정에 휘둘리지 않는 중심 같은 것이다. 각자가 지켜야 할 몫도 있다. 매일 조금씩 실천하는 루틴, 흔들려도 다시 중심을 잡으려는 마음, 자유를 얻었을 때조차 게을러지지 않고 의미를 찾아 나아가려는 자세. 이 값이 무너지면 아무리 자산이 커져도 진짜 자유는 오지 않는다.

인생은 혼자만의 힘으로 되는 게 아니다. 실력과 노력에 운과 도움의 손길까지 더해져야 비로소 결과가 나온다. 시간적 자유를 향해 갈수록 지금 누리고 있는 것에 조용히 감사하고, 나중에 여유가 생기면 그 일부를 자연스럽게 나누는 마음을 잃지 않는 게 중요하다. 그런 태도가 당신을 더 오래, 더 단단하게 지켜준다.

지금부터 작은 실천을 이어가면서 자신만의 시간을 조금씩 되찾아가길 바란다. 느리게 느껴질 때도 있고 흔들릴 때도 있겠지만, 변하지 않는 중심을 붙잡고 계속 걸어가는 것 자체가 이미 가장 의미 있는 여정이다. 시간도, 마음도, 의미도 충만한 삶에 한 걸음씩 가까워지길 진심으로 응원한다.

부동산으로 지키고 주식으로 키우고 비트코인으로 대비하라

월급쟁이 루지 부의 설계

제1판 1쇄 인쇄 | 2026년 4월 22일
제1판 1쇄 발행 | 2026년 4월 29일

지은이 | 루지
펴낸이 | 서정환
펴낸곳 | 한국경제신문 한경BP
출판본부장 | 이선정
책임편집 | 남궁훈
저작권 | 백상아
홍보마케팅 | 김규형·서은실·이여진·박도현
디자인 | 이승욱·권석중

주　　소 | 서울특별시 중구 청파로 463
기획편집부 | 02-360-4556, 4584
홍보마케팅부 | 02-360-4595, 4562　FAX | 02-360-4837
H | http://bp.hankyung.com　　E | bp@hankyung.com
F | www.facebook.com/hankyungbp
등　　록 | 제 2-315(1967. 5. 15)

ISBN 978-89-475-0262-7 03320